AVR ATMEGA128로

제 2 판

시작하는 마이크로프로세서 프로그래밍

박신성 저

B.C.Info

AVR ATMEGA128로 시작하는 마이크로프로세서 프로그래밍

박신성 저

복두출판사

Prologue

4차 산업혁명 시대는 로봇이나 인공지능으로 무장한 컴퓨터 개발관련 기술이 빠르게 발전하고 있으며 일상생활의 모든 분야에 폭넓게 확대되고 있다. 이러한 기술발전의 핵심부품인 마이크로프로세서는 범용 컴퓨터를 구성하는데 사용될 뿐만 아니라 IoT, 로봇, 드론 그리고 자율주행 자동차 등의 제어에도 사용되고 있다. 이에 산업현장에서는 마이크로프로세서의 개념을 이해하고 하드웨어 제어하는 프로그램을 개발할 수 있는 프로그래머에 대한 수요가 지속적으로 증가하고 있다.

이 책은 마이크로프로세서 제어 프로그램을 시작하고자 하는 초보자들이 8비트 마이크로컨트롤러인 AVR ATmega128을 통해서 마이크로프로세서에 대한 기초 지식을 공부할 수 있도록 그 구조와 기능을 자세히 다루었으며, 실습용 장비에서 동작하도록 C언어로 제작된 예제 프로그램을 통해 다양한 하드웨어를 구동시키면서 마이크로프로세서의 내부 구조 및 동작 방식을 이해하고 이를 응용하는 프로그래밍 기법을 익히는 데 초점을 맞추고 있다.

마이크로프로세서를 이용하여 제어할 수 있는 분야는 다양하지만, 이 책에서는 LED, TEXT LCD, 7-세그먼트, 키패드, 초음파센서, 조도센서, 시리얼 통신, 스탭 모터제어 등의 동작 및 제어를 프로그램을 통해 실습하면서, 마이크로프로세서 전반 및 레지스터, GPIO 포트, 인터럽트, 타이머, A/D 컨버터 등의 개념을 이해할 수 있도록 하였다.

저자 씀

CONTENTS

CHAPTER 1

마이크로프로세서의 구조와 기능

1.1 마이크로프로세서란?

마이크로프로세서(Microprocessor)는 'Micro(작다'+'Processor(처리장치)'의 합성어로, 한 개의 IC 칩으로 집적되어 소형화된 CPU를 의미한다. 인텔이 1971년 세계 최초로 4비트 마이크로프로세서를 개발하여 마이크로프로세서를 사용한 최초의 계산기를 만들어진 이후 마이크로프로세서는 성능, 가격, 사용 환경, OS지원 정도, 개발 환경에 따라 새로운 마이크로프로세서가 개발되거나 변형되어 개발사용자의 환경과 요구에 맞추어 발전하였다. 그리하여 지금은 대형 메인프레임에서부터 개인용 일반기기까지 정말 폭넓은 분야에서 사용되고 있다. 이러한 마이크로프로세서는 빠른 산술연산, 논리연산, 데이터처리 등을 수행할 수 있는 레지스터, ALU, 멀티플렉서, 디코더 등의 소자들을 조합해서 설계할 수가 있다.

저렴한 가격과 작은 크기로 인해 마이크로프로세서가 이전에는 경제성이 없던 구조를 설계 가능하게 해줌으로써 컴퓨터 설계기법에 있어 변혁을 가져오게 했다.

마이크로프로세서의 정의에 대해 자세히 살펴보면 컴퓨터의 CPU(중앙연산처리장치)의 기능만을 LSI(대규모 집적회로)에 갖추도록 한 것으로 CPU 기능만을 IC화 한 것이 협의의 마이크로프로세서이며, 이에 대해 기억 기능, 데이터의 입출력 제어 그리고 특수한 제어기능 등도 추가하여 원칩(One Chip)화 한 것이 마이크로컨트롤러이다. 하지만 이 책에서는 마이크로컨트롤러를 광의의 마이크로프로세서로 다루어 설명하였다.

1.1.1 마이크로프로세서의 일반적 특징

마이크로프로세서는 어떠한 것을 제어하기 위한 목적으로 만들어졌다는 것을 염두에 두면 몇 가지 공통적인 특징들을 발견할 수 있다. 다음과 같은 특징은 거의 모든 마이크로프로세서에 존재한다.

■ 비트단위 입출력

입출력이 비트 단위로 자유롭게 이루어진다.

이는 각 비트에 대한 제어를 통해 임의의 제어 대상을 제어할 수 있도록 하는 것이다. 좀 더 구체적으로, 8비트의 입출력을 가지는 포트를 연상해 보자. PC와 같은 범용 컴퓨터 시스템의 경우는 1바이트 단위로 제어할 수밖에 없으므로 8비트 입력이거나 8비트 출력 중 하나로 고정한다. 그리고 0번 비트의 출력을 위해서는 1바이트인 "B00000001"를 출력해야 한다. 하지만 마이크로프로세서는 8비트 입출력 포트의 각 비트별 입출력을 마음대로 결정할 수 있다. 0번 비트의 출력을 위해서는 그 비트만 1로 설정할 수 있다.

■ **인터럽트 처리**

인터럽트 처리 기능이 강조된다. 마이크로프로세서는 작업을 수행하는 것과 별개로 하드웨어적으로 외부/내부의 상태변화를 인지할 수 있다. 이를 통해 동시에 여러 가지 일을 하는 것처럼 사용할 수 있다. 내부적인 변화로는 타이머 오버플로 등이 있고, 외부적인 변화로는 핀의 상태 변화들이 있다.

■ **특별한 장치 내장**

제어를 위한 특별한 장치를 내장한다. 제어가 목적인 마이크로프로세서이기 때문에 대부분의 핀들은 입출력과 동시에 특별한 기능을 가질 수 있다. 예를 들어 A/D 컨버터나 카운터, LCD 제어기, PWM 발생기, 직렬 통신기, 버스 제어기 등의 기능을 내장하여 이들을 특수기능으로 사용하거나 입출력으로 사용할 수 있다. 즉 내부적인 제어로 한 개의 핀을 입출력 핀으로 설정하거나 특별한 기능을 위한 핀으로 설정할 수 있다.

■ **타이머 내장**

타이머를 내장한다. 타이머를 통해서 다른 작업과 무관하게 정확한 시간을 알 수 있다. 각종 제어에 있어서 시간은 중요한 요소이다. 독립적으로 동작하여 인터럽트와 연계되어 타이머가 특정할 수 있는 한계시간이 지났다는 타이머 오버플로를 발생시켜 마이크로프로세서는 이를 인지할 수 있도록 한다.

■ **저 선력**

전력 소모가 작다. 마이크로프로세서는 그 특성상 휴대용 기기에 많이 응용되기 때문에 전력 소모가 작으며 전력 소모를 억제하는 모드를 가지는 경우가 많다 보통 수 mA의 동작 전류와 수 uA의 대기모드를 지원한다.

1.1.2 마이크로프로세서의 구성

마이크로(Micro)란 말은 각 부품들의 물리적인 크기가 작음을 뜻한다. 또한 프로세서(Processor)란 말은 '처리기' 혹은 중앙처리장치(Central Processor Unit)를 줄인 말이다. 마이크로컴퓨터는 [그림 1-1]과 같이 다음의 세 가지 기본 유닛으로 이루어진다.

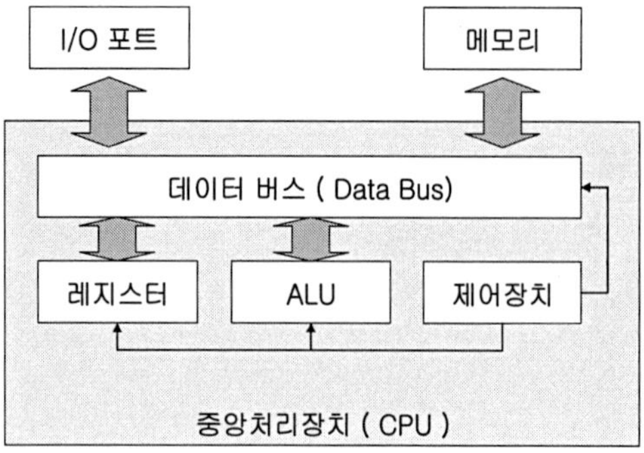

[그림 1-1] 마이크로프로세서의 구조

■ **중앙처리장치(CPU)**

이것은 컴퓨터 시스템 전체의 데이터 흐름을 제어한다. 즉 메모리로부터 프로그램의 각 명령을 판독해 그것을 해석하고 어느 데이터에 어떤 처리를 해야 하는가 판단해서 그것을 실행하고, 다음에 실행해야 할 명령을 결정한다. [그림 1-1]의 하단부에 표시하는 바와 같이 CPU는 레지스터, ALU, 제어장치의 3가지 주요 부분으로 구성된다. 그것들은 서로 접속되어 있기도 하고, I/O 포트와 메모리에도 데이터 버스에 의해서 접속되어 있다

■ **메모리(Memory)**

프로그램과 프로그램으로 처리하는 데이터를 보관한다. 이것은 영구적인 프로그램을 넣는 프로그램 가능 판독 전용 메모리(PROM)와, 데이터 및 변경 가능한 프로그램용인 읽고 쓰기 랜덤 액세스 메모리(RAM : Random Access Memory)로 분류된다.

■ **I/O(입출력) 포트**

인터페이스 장치(Interface Unit)로 마이크로프로세서와 외부의 입출력 장치간의 정보 교환을 하는 역할을 한다. 마이크로프로세서는 입출력 장치로부터의 정보와 입출력 장치의 상태를 받기도 하고 제어신호나 정보를 주기도 한다

1.1.3 CPU의 구조

■ **레지스터(Register)**

데이터를 일시적으로 보관하는 조그만 메모리로, 프로그램의 실행 중에 사용되며 고속 액세스를 할 수 있다. CPU 내에는 여러 종류의 레지스터가 있으며, 이들 중 연산된 결과를 저장하는 레지스터를 누산기 또는 어큐뮬레이터(Accumulator)라 한다.

■ **ALU(Arithmetic Logic Unit) : 산술-논리 연산장치**

덧셈, 뺄셈, 곱셈, 나눗셈 등의 산술 연산과 AND, OR, 보수(complement) 같은 논리 연산을 행한다.

■ **제어장치**

명령을 해석하고 그것을 실행하는데 필요한 컴퓨터 내부의 각 장치 사이의 데이터의 흐름을 제어한다.

1.1.4 기억 장치

기억 장치는 마이크로프로세서를 구성하는 중요한 한 부분으로 데이터와 프로그램을 저장하는 장치이며, 주 기억 장치와 보조 기억 장치가 있다.

주기억장치는 주로 반도체 소자로 기억된 내용을 임의로 읽어 내거나 새로운 내용을 기억시킬 수 있는 램과 기억된 내용을 읽기는 가능하나 임의로 기억시킬 수 없는 롬으로 구성된다.

보조 기억장치는 마이크로프로세서 외부에 부착하는 대용량 기억 장치로 하드디스크, 플로피디스크 등이 많이 사용되고 있다.

CPU에 따라 1회의 조작으로 전송할 수 있는 데이터의 비트수가 있다. 이 폭은 일반적으로 레지스터에 기억되고 연산장치(ALU) 조작으로 처리되는 비트수와 같다. 마이크로프로세서에 있어서, 이 폭은 4, 8, 16, 32, 64비트 등이 있다.

■ **RAM(Random Access Memory)**

프로그램 실행 중에 CPU가 읽고 쓰는 데이터 혹은 명령을 보관하기 위해 사용된다.

■ **SRAM(Static RAM)**

전원 공급이 유지되는 한 저장 내용을 계속 기억하는 RAM으로 제어가 간단하며 고속이므로 소용량의 기억 장치 구성에 적합하다. 특징으로는 플립플롭 논리 게이트에 의한 기억 소자로 회로가 복잡하며 기억 밀도가 작고 읽기 쓰기를 고속으로 실행할 수 있다. 또한 DRAM처럼 Refresh 할 필요가 없다.

■ DRAM(Dynamic RAM)

미소한 콘덴서에 전하를 축적함으로써 정보를 기억한다. 콘덴서가 스스로 방전하므로 일정 시간마다 기억 내용을 다시 재생(Refresh)해 주는 재생 회로가 필요하다. 전력 소모가 작고 칩 당 기억 용량이 매우 크므로 고밀도화를 이룰 수 있다.

■ ROM(Read Only Memory)

읽기 전용 메모리로 CPU가 읽기만 할 수 있으며, 주로 변경되지 않는 프로그램을 보관하는데 사용된다. 전원을 끊어도 내용이 지워지지 않으므로 비휘발성 메모리라 한다.

■ MASK ROM

공장에서 대량 주문으로 미리 쓰여서 나오는 것으로 한번 쓰면 지울 수가 없다.

■ EPROM(Erasable PROM)

여러 번 쓸 수가 있는 것으로 ROM Writer로 라이트가 가능하며 지울 때는 자외선 Eraser로 지울 수 있다. EPROM은 최종적으로 ROM이나 PROM에 넣는 프로그램의 개발에 사용된다.

■ EEPROM(Electrically EPROM)

자외선 대신 전기 신호에 의해 그 내용을 지울 수 있는 ROM

■ Flash 메모리

전원이 꺼지더라도 저장된 데이터를 보존하는 롬(ROM)의 장점과 정보의 입출력이 자유로운 램(RAM)의 장점을 동시에 지닌 특성 때문에 디지털 카메라, MP3, 휴대전화, USB 드라이브 등 휴대형 기기에서 대용량 정보 저장 용도로 사용된다.

플래시 메모리는 반도체 칩 내부의 전자회로 형태에 따라 NAND(데이터 저장)형과 NOR(코드 저장)형으로 구분된다. 낸드플래시는 용량을 늘리기에 쉽고, 노어 플래시는 읽기 속도가 빠른 장점을 가지고 있다.

1.2 마이크로프로세서의 분류

마이크로프로세서는 데이터 버스, ALU 및 레지스터들의 크기에 따라 8비트, 16비트, 32비트, 64비트 프로세서로 나눌 수 있으며, 메모리 구성에 따라 폰 노이만 아키텍처, 하버드 아키텍처로, 명령어의 구조에 따라 CISC(Complex Instruction Set Computer)와 RISC(Reduced Instruction Set Computer) 형태로 구분할 수 있다.

1.2.1 데이터 크기에 따른 분류

8비트, 16비트, 32비트, 64비트 프로세서로 나눌 수 있으며, 마이크로컨트롤러는 주로 8비트, 범용프로세서와 임베디드 제품에서 사용되는 프로세서는 32비트, 고성능 범용 프로세서로는 64비트 프로세서가 사용된다.

1.2.2 메모리 구성에 따른 분류

마이크로프로세서에서 사용되는 메모리는 용도에 따라 프로그램이 저장되는 메모리와 데이터가 저장되는 메모리로 구분될 수 있다.

폰 노이만 아키텍처는 프로그램과 데이터가 동일 메모리에 저장이 되는 방식으로 하드웨어 구성이 단순한 장점이 있다.

하버드 아키텍처는 프로그램 저장용 메모리와 데이터 저장용 메모리가 따로 구성되어 있는 방식으로 동시에 2개의 메모리 접근이 가능하여 메모리 대역폭이 증가되는 장점이 있다.

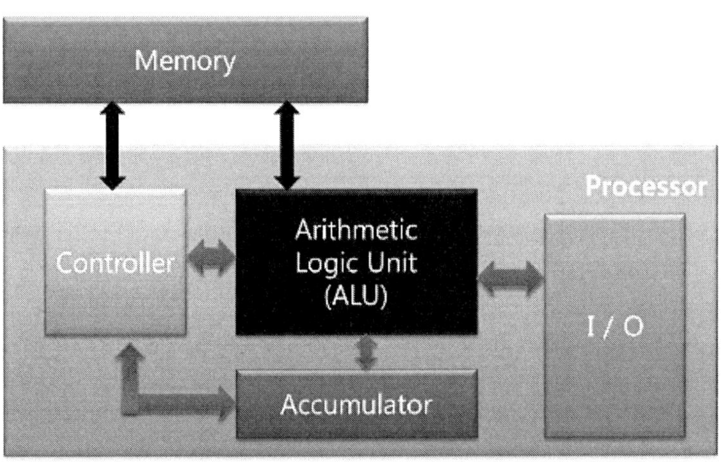

[그림 1-2] 폰 노이만 아키텍처

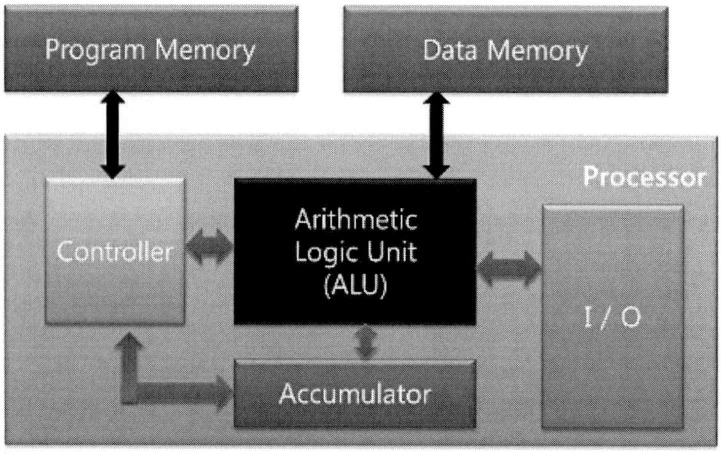

[그림 1-3] 하버드 아키텍처

1.2.3 명령어 구조에 따른 분류

명령어의 구조에 따라 CPU는 CISC(Complex Instruction Set Computer)와 RISC(Reduced Instruction Set Computer) 형태로 구분할 수 있다. CISC는 기존의 개인용 컴퓨터에서 사용되던 일반적인 CPU들이 이에 해당되고 RISC는 고성능의 작업처리가 필요했던 시스템에서 CPU로 사용되어 왔다. 하지만 오늘날에는 CISC와 RISC 사이에서 서로간의 장점을 수용하는 방향으로 발전하고 있기 때문에 이들 간의 구분이 점점 모호해지고 있다.

CISC와 RISC의 차이는 크게 프로그램에서 사용되는 명령어의 개수와 명령어의 처리시간에서 차이를 나타내고 있다. 일반적으로 CISC는 다양한 형태의 여러 가지 명령어들을 제공하여서 프로그래머가 프로그램을 작성하는데 있어서 융통성이 많다는 장점을 가지고 있다. 하지만 다양한 명령어를 제공하기 위하여 복잡한 구조를 가지게 되어 RISC에 비해 실행 속도가 느리다. 반면에 RISC는 몇 가지 제한된 개수의 명령어들만 제공하게 되어, 복잡한 기능을 수행하기 위해서는 제공되는 명령어들을 조합하여 사용하여야 한다. 하지만 CISC에 비해 실행속도가 일반적으로 빠르다는 장점이 있다.

인텔의 x86, 8051 마이크로컨트롤러, 모토롤라의 68계열들이 CISC에 속하며, PowerPC, MIPS, ARM, AVR, PIC 등이 RISC에 속한다.

CHAPTER 2

장비 설명 및 실습 환경 구축

2.1 WOW-Multi 마이크로프로세서 장비 설명

WOW-Multi 마이크로프로세서 장비는 각종 센서의 이론 및 특징에 대한 기초 실습부터 다양한 기능의 센서를 활용한 전자제어 시스템을 공부할 수 있는 장비이다. 또한 LED, FND ARRAY, TEXT LCD, KEYPAD, RELAY, SOUND, STEPPING MOTOR, Sensor류, UART 등의 마이크로프로세서와 연동 가능한 주변장치들로 구성되어 있다.

본 장비를 통해 마이크로프로세서의 기초 이론부터 응용 기술까지 쉽게 배우며 익힐 수 있도록 하였다. 또한 MCU 모듈인 ATmega128 MCU 모듈의 교체만으로 여러 마이크로프로세서들을 모두 실습해 볼 수 있기 때문에 하나의 장비로 여러 가지의 마이크로프로세서 특징과 구조, 소프트웨어 기술까지 모두 배울 수 있는 장비이다.

2.1.1 장비 기본 사양

WOW-Multi 마이크로프로세서 장비는 기본 사양으로 하나의 MCU 모듈과 9개의 주변장치와 3개의 센서로 구성되어 있으며, 상세한 내용은 아래와 같다.

■ ATmega128 MCU 모듈

- 8MIPS @ 16MHz 시스템 클럭
- ISP 포트
- 32.768KHz RTC 클럭

■ LED

- 16 고휘도 확산형 LED
- 8 x 적색 LED

■ FND

- 4 x FND

■ TEXT LCD

- 16 * 2 라인 Text LCD
- Backlight 기능
- 소형 사이즈 Text LCD

■ RELAY

- 2 Dual RELAY
- DC 30V, 2A RELAY

■ STEP 모터

- 1-2여상 제어 STEP 모터

■ DIP SWITCH

- 4폴 DIP 스위치

■ KEYPAD

- 3 * 4 KEYPAD
- 4열, 3행
- 12 푸시버튼 스위치

■ UART

- UART-to-USB 인터페이스
  최대 1M bps Baud rate
- RS-232 인터페이스
  최대 115.2kbps Baud rate

■ SENSOR

- CDS, Thermistor
- 초음파 센서

2.1.2 사용 전 주의 사항

- WOW-Multi 마이크로프로세서 장비는 AC220V 전압 전용으로 설계되어 있다. 정격출력 이상 부하를 가해서는 안 된다.
- WOW-Multi 마이크로프로세서 장비와 PC간의 케이블 연결은 장비의 메인 전원이 OFF인 상태에서 연결해야 한다.
- 메인 전원 스위치가 OFF 상태인지를 확인 후 AC220V 전원 플러그를 콘센트에 삽입한다.

- 장비의 각 연결단자에 케이블 접속할 때, 본사에서 제공한 것을 사용하며 정확한 위치에 연결한다.
- 모듈의 탈/부착 시 장비의 메인 전원을 OFF 상태에서 결합 및 분리를 해야 한다.
- 실습 종료 후 장비의 전원 OFF시에는 PC의 Download program 종료 후 메인 전원을 OFF해야 한다.

2.2 실습 환경 구축

2.2.1 AVR Studio 설치

① https://www.microchip.com/mplab/avr-support/atmel-studio-7을 접속하면 아래와 같은 다운로드 사이트로 이동한다.

Title	Date Published	Size	D/L
Windows (x86/x64)			
Atmel Studio 7.0 (build 2397) web installer (recommended) - This installer contains Atmel Studio 7.0 with Advanced Software Framework 3.47 and Toolchains. Use this installer if you have Internet access while installing.	October 2019	2.5 MB	
Atmel Studio 7.0 (build 2397) offline installer - This installer contains Atmel Studio 7.0 with Advanced Software Framework 3.47 and Toolchains. Use this installer if you do not have Internet access while installing. SHA1: 8797e8e81ae0438459809fa0552f4f27998e46d1 Version number: 7.0.2397	October 2019	874 MB	

[그림 2-1] Atmel Studio 7 다운로드 사이트

위의 두 가지 방법 중 하나를 선택하여 다운로드 후 설치를 한다.

본 교재에서는 첫 번째 "Atmel Studio 7.0 (build 2397) web installer (recommended)"를 선택하여 설치하는 방법을 설명하겠다.

② 설치를 실행하면 이 프로그램의 법적 고지에 대한 설명이 나오면 동의한다고 체크한다.

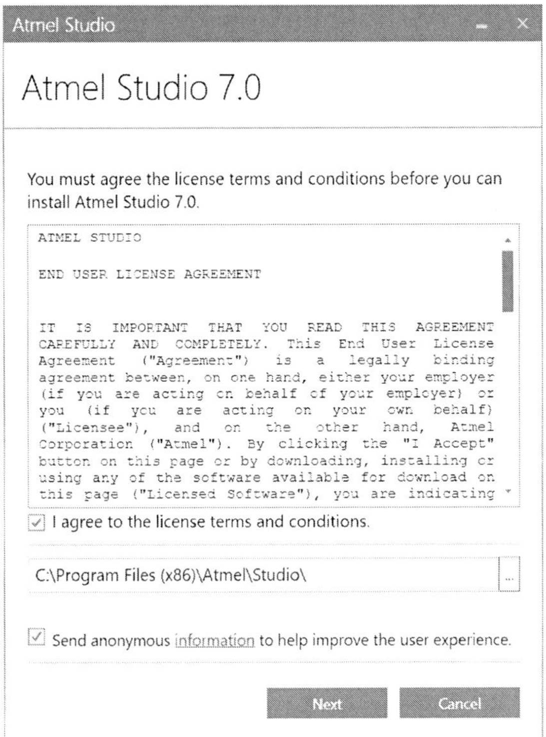

[그림 2-2] Licence 동의

③ Next를 클릭하면 설치할 아키텍처를 묻는데 본 교재에서 사용하는 장비는 8비트 MCU Atmega128을 사용하므로 AVR 8-bit MCU를 체크하고 Next를 클릭한다. 물론 추후에 다른 장비를 프로그램 할 경우를 대비하여 모두 체크해도 무방하다.

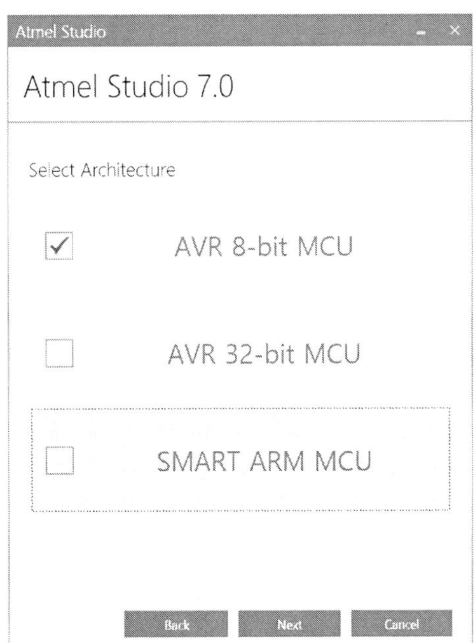

[그림 2-3] 설치할 아키텍처 선택

④ 다음은 확장프로그램 설치 여부를 묻는데 체크하고 Next를 클릭한다.

[그림 2-4] 확장 프로그램 설치 선택

⑤ 설치될 프로그램 목록 확인 후 Next 하면 [그림 2-6] 같이 설치를 시작한다.

[그림 2-5] 설치될 프로그램 확인

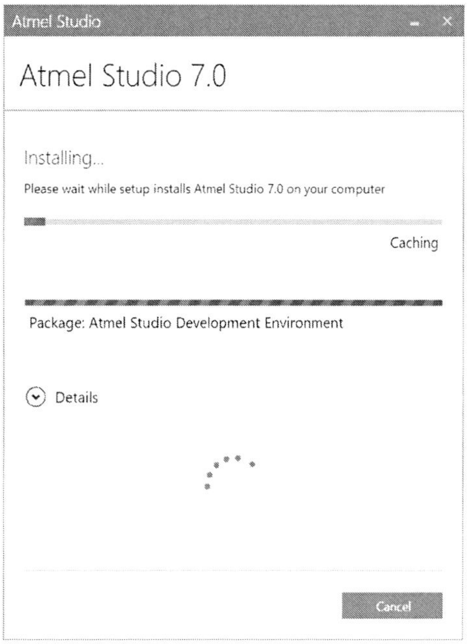

[그림 2-6] 설치 진행

⑥ Close를 클릭하면 설치가 끝나게 된다.

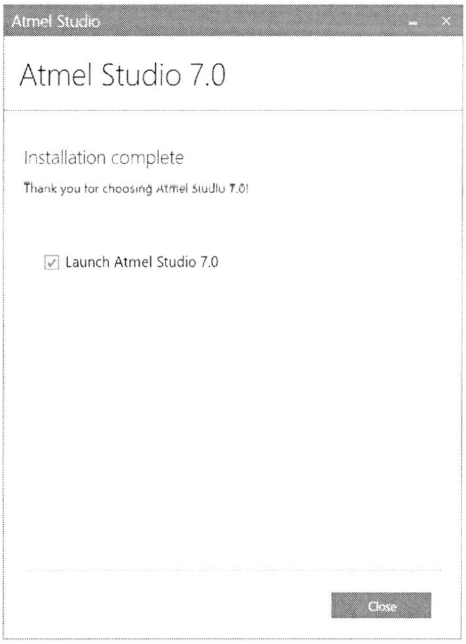

[그림 2-7] 설치 완료

2.3 Atmel Studio 7 사용법

Atmel Studio 7은 모든 AVR® 및 SAM 마이크로 컨트롤러 애플리케이션을 개발하고 디버깅하기 위한 통합 개발 플랫폼(IDP)이다. Atmel Studio 7 IDP는 C/C++ 또는 어셈블리 코드로 작성된 응용 프로그램을 작성, 빌드 및 디버깅할 수 있는 원활하고 사용하기 쉬운 환경을 제공한다. 또한 AVR® 및 SAM 장치를 지원하는 디버거, 프로그래머 및 개발 키트에 원활하게 연결된다.

2.3.1 새로운 프로젝트 생성

Atmel Studio 7을 실행하면 아래와 같은 창이 생성되며 실행된다. 새로운 프로젝트를 생성하려면 좌측 Start 부분의 New Project...를 선택한다.

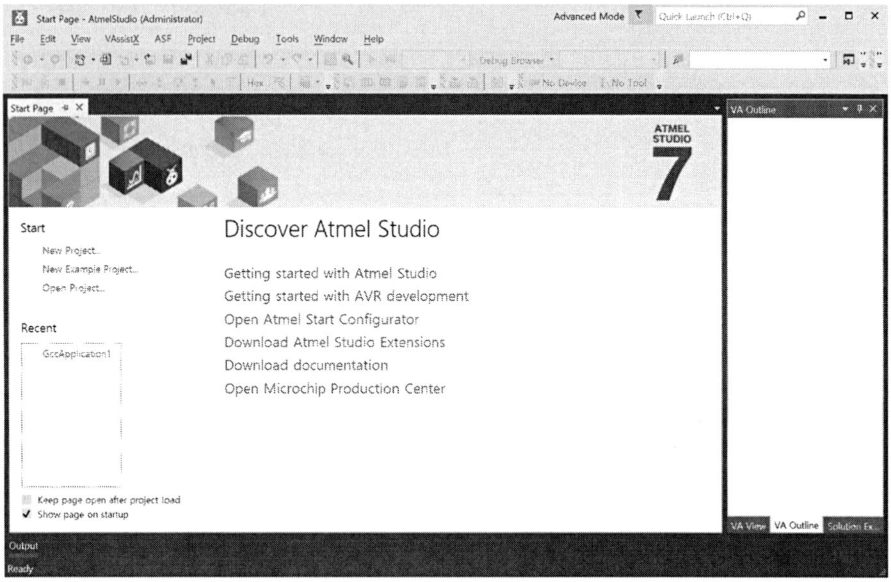

[그림 2-8] Atmel Studio 7 초기 화면 구성

① 새로운 프로젝트를 작성하기 위하여 New Project...를 더블 클릭하여 [그림 2-9] 같이 프로젝트 유형을 선택할 수 있는 화면에서 GCC C Executable Project를 선택하고 프로제트명과 프로젝트 저장 위치를 작성자가 편리하게 변경한 후 OK를 클릭한다.

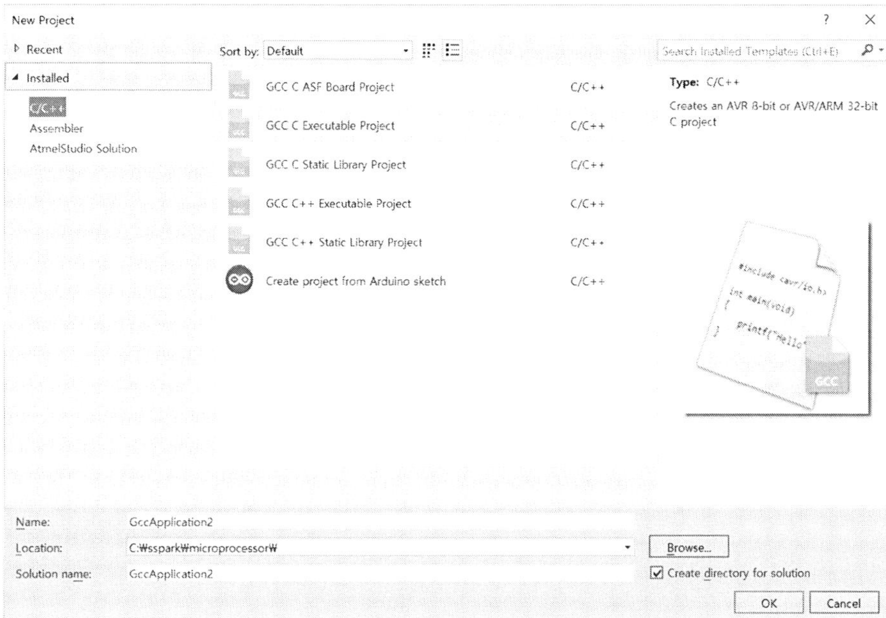

[그림 2-9] Atmel Studio 7 프로젝트 유형 선택

② 다음에 나오는 [그림 2-10]에 나타낸 디바이스를 선택하는 화면에서 실습에 사용할 장비의 프로세서인 ATmega128을 선택하고 OK를 클릭한다.

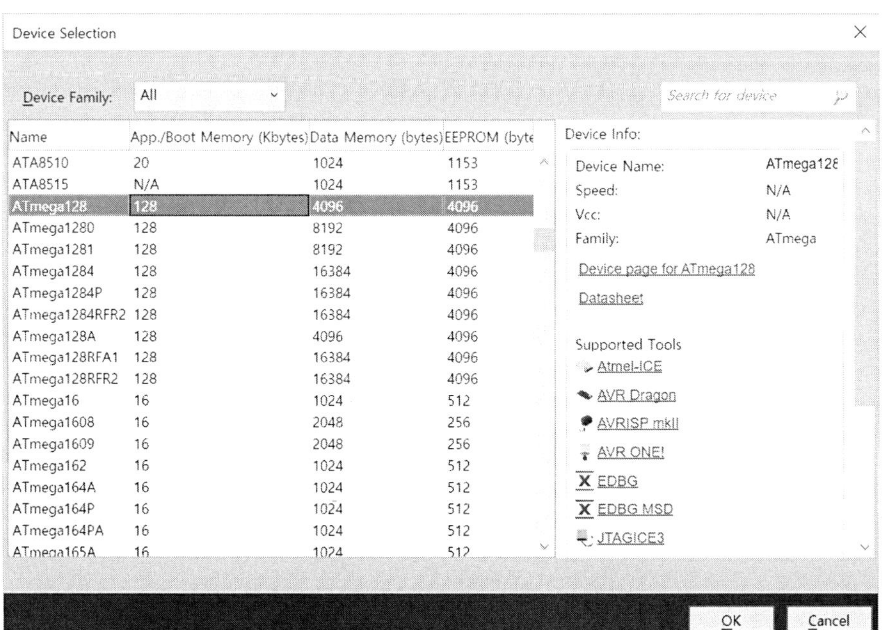

[그림 2-10] 디바이스 선택

③ [그림 2-11]의 화면은 구현하고자 하는 코드를 C언어를 이용하여 작성하는 프로젝트 구현 화면이다.

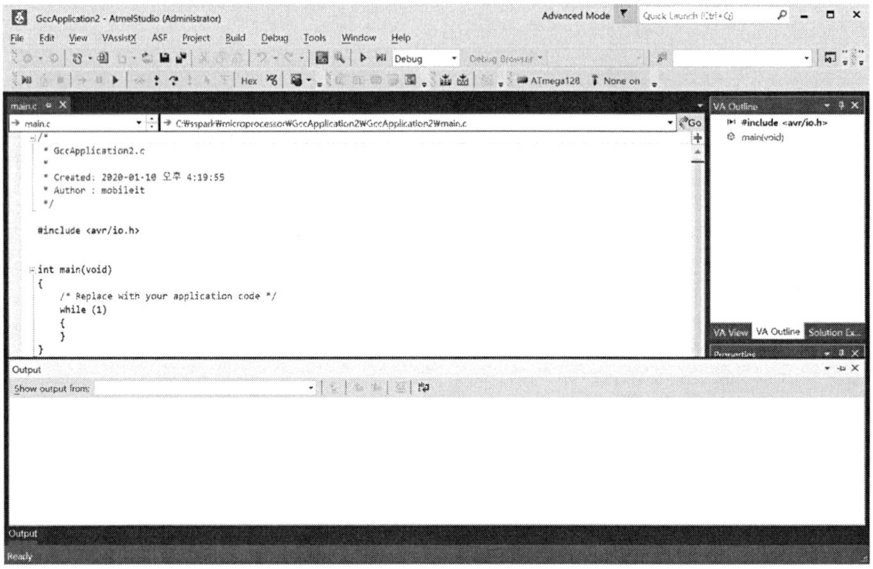

[그림 2-11] 새 프로젝트 작성

2.3.2 프로젝트 옵션 설정

새로운 프로젝트를 생성했다면 상단의 Project 메뉴에서 Project ⇒ **프로젝트명** Properties...(Alt F7) ⇒ Toolchain ⇒ Symbols ⇒ Defined Symbol에서 첫 번째 Add Item 버튼을 클릭해서 F_CPU=16000000ul을 추가하여 실습장비의 시스템 클럭을 16000000Hz (16MHz)로 설정한다. #define F_CPU 16000000ul을 코드 상단에 추가하는 방법도 있으니 편한대로 선택해서 설정하면 된다.

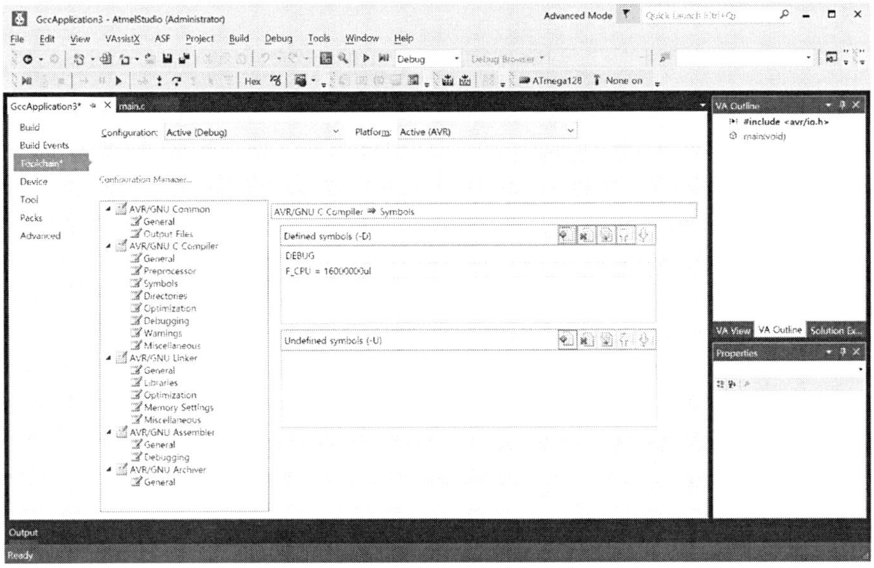

[그림 2-12] 프로젝트 옵션 설정

2.3.3 소스 코드 작성 및 빌드

이렇게 프로젝트 환경 설정이 완료되면 이제 필요한 소스 및 헤더 파일을 작성 및 추가한다.

신규로 프로그램을 작성하는 경우를 알아보기 위해 ATmega128의 GPIO 포트 C에 0x00과 0xFF를 500ms마다 반복하여 출력하여 해당 포트에 연결된 8개의 LED를 전부 껐다 켰다 하는 간단한 테스트용 프로그램을 Editor 창에서 작성한다.

```
#include <avr/io.h>
#include <util/delay.h>


int main(void)
{
    /* Replace with your application code */
    char data = 0;

    PORTC = 0x00; // PORTC 를 초기값 0x00 으로 설정
    DDRC = 0xFF;  // DDRC를 모두 0xFF로 하여 모두 출력포트로 설정
    while (1)
    {
        PORTC = data; // data 값은 0.5초 단위로 0x00 혹은 0xFF로 변하게 됨
        _delay_ms(500); // 0.5초(500미리초) 대기
        data = (data)? 0x00: 0xFF; // data 값이 0이 아니면 0x00으로 0이면 0xFF로 data 값을 바꿈
    }
}
```

[그림 2-12] 프로그램 작성

소스 코드 작성이 완료되었다면 아래 그림과 같이 Toolbar에서 빌드 버튼을 클릭하거나 키보드의 단축키 F7를 눌러 빌드를 시작한다.

[그림 2-13] 빌드 버튼

빌드가 완료되면 Output View에서 빌드 과정에서 오류나 경고 메시지가 발생했는지를 확인한다.

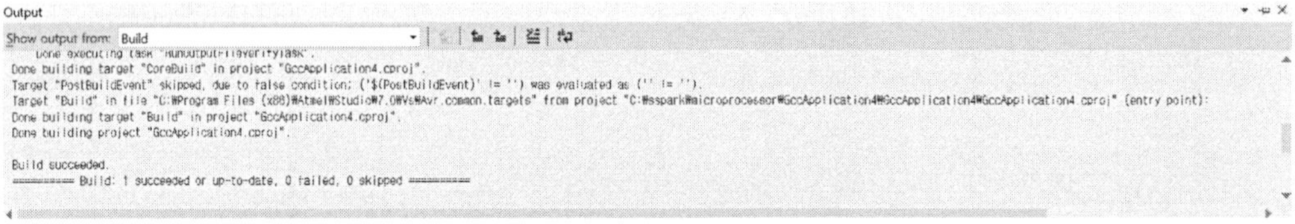

[그림 2-14] 빌드 상태창 확인

2.3.4 실행파일 장비에 다운로드

프로그램을 작성하고 빌드를 수행해서 생성된 실행파일을 장비에 다운로드하는 방법을 나타낸다. 진행하는 과정에서 사용된 디바이스는 ATmega128이며 사용된 다운로더는 AVR ISP를 이용하여 실행파일을 장비로 다운로드 할 수 있다.

① 작성된 프로그램 빌드하고 실행파일을 장비에 다운로드하여 실행하기 위해 AVR-ISP를 사용하려면 먼저 PC와 AVR-ISP간의 통신포트를 맞추어 주어야 한다. 이때 WOW-Multi 보드에 있는 Device select DIP 스위치를 ISP로 설정해 주어야 한다.(자세한 내용은 본 교재의'8.3.1 UART 통신 Loopback 실습 회로' 부분에 자세히 나와 있다) 그 후 [그림2-15]와 같이 PC에 USB 포트에 AVR-ISP 케이블을 연결하고, 내 컴퓨터 제어판에서 장치관리자로 들어가 AVR-ISP USB 드라이버가 몇 번 COM 포트에 연결이 되었는지 확인한다. 현재 작업자의 PC는 COM15로 설정된 것을 볼 수 있다.

[그림 2-15] 실습장비 연결

[그림 2-16] 장치관리자에서 AVR-ISP COM 포트 확인

② 실행파일을 장치에 다운로드할 때 사용하는 AVR-ISP 연결방법을 설정하기 위하여 Tools - Add target 메뉴에서 Select tool 옵션에서 STK500을 선택하고 USB Serial Port 옵션으로 장치관리자에서 확인된 COM15를 선택하고 Apply 버튼을 클릭한다. 연결된 포트는 작업환경에 따라 변경될 수 있다.

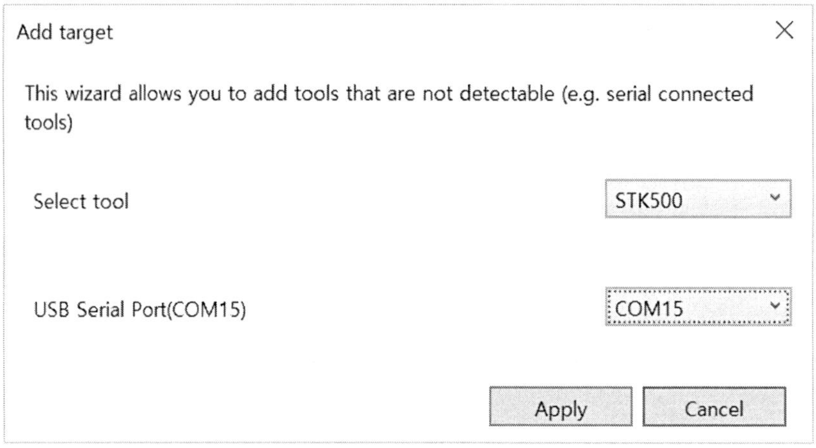

[그림 2-17] Add target 실행화면

③ 실행파일을 장치에 다운로드하려면 Tools - Device Programming 메뉴를 사용한다. Tools 항목에서 AVR_ISP 연결방법으로 설정해놓은 STK500을 선택하고 Device 항목은 ATmega128로 Interface는 ISP로 선택하고 Apply를 클릭하면 AVR_ISP 방식으로 [그림2-18]과 같이 PC와 장비가 연결된다.

④ [그림 2-18]과 같이 좌측 항목의 Memory를 클릭하여 장비로 다운로드 하고자하는 elf 확장자 파일을 선택한 후 Program 버튼을 클릭하면 실행파일이 장비로 전송되고 실행된다.

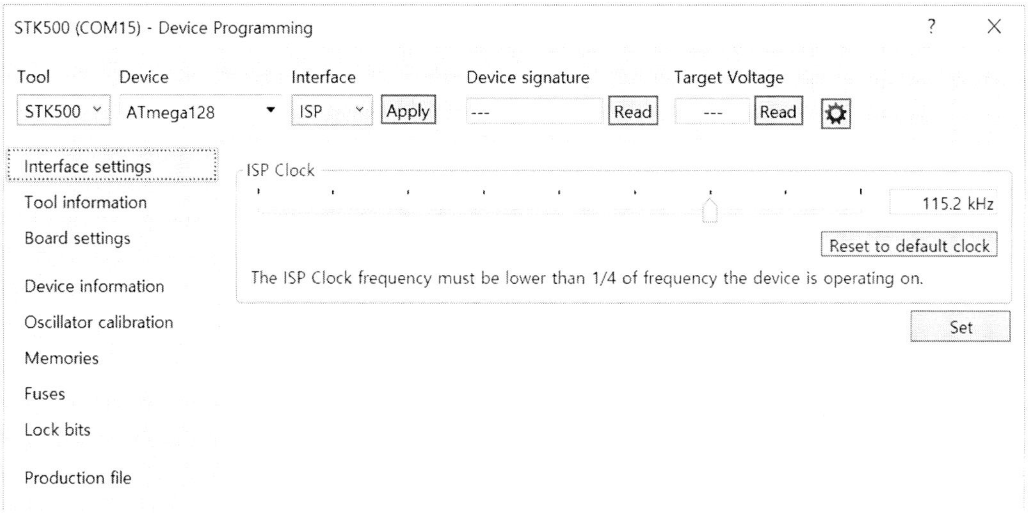

[그림 2-18] AVR-ISP 연결

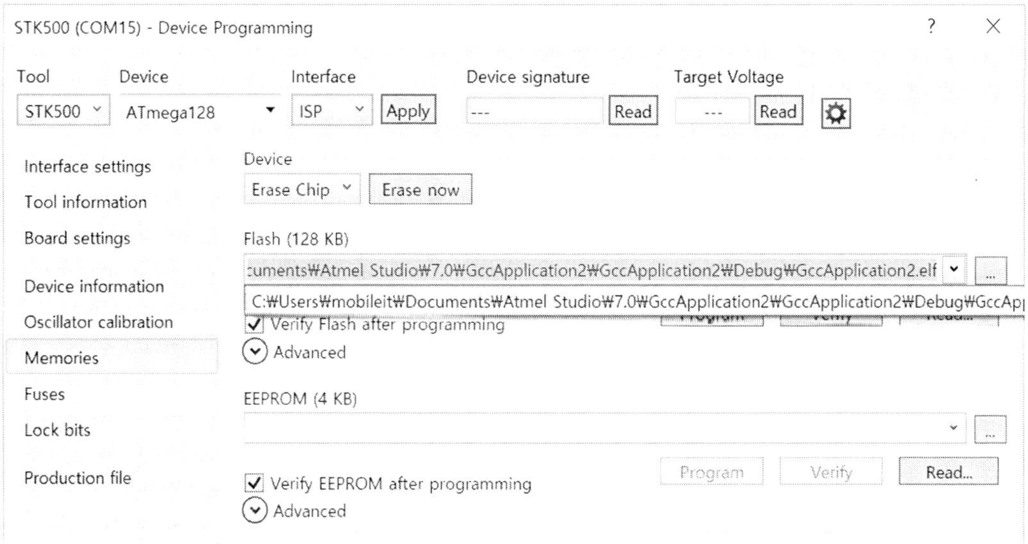

[그림 2-19] 실행파일 다운로드

CHAPTER 3

AVR ATmega128의 구조와 기능

3.1 AVR의 특징

이번 장에서는 8비트 MCU중에서 본 교재에서 다루는 실습장비에서 사용된 Atmel사에서 만든 AVR계열의 ATmega128에 대해서 알아본다.

먼저 AVR의 특징에 대해 살펴보면, AVR은 프로그램 메모리와 데이터 메모리를 액세스하기 위한 버스를 독립적으로 사용하는 하버드 구조와 파이프라인 처리방식을 기반으로 하는 RISC 기술을 적용하여 매우 높은 성능을 발휘한다. 뿐만 아니라 AVR은 이를 Atmel사의 장점인 플래시 메모리 기술과 접목시켜 칩 내에 프로그램 코드용 플래시 메모리를 내장하고 여기에 사용자 프로그램을 쉽게 다운로드 할 수 있는 ISP(In-System Program)방식을 적용하였다. 이러한 장점 때문에 AVR은 가장 늦게 출시되었음에도 불구하고 그 당시 이미 시장을 상당부분 지배하고 있던 8051시리즈나 PIC 시리즈 마이크로컨트롤러를 능가하는 인기를 단시간 내에 얻게 되었다.

ATmega128은 1984년 창립된 미국의 Atmel 사에서 1997년에 처음 발표한 8비트 제어용 마이크로프로세서로서, 이는 Alf-Egil Bogen과 Vegard Wollan의 진보된 RISC 기술을 기반으로 설계되었다고 하여 이것들의 첫 글자를 따서 AVR 이라고 명명된 것으로 알려져 있으며, 혹자는 Advanced Virtual RISC의 약어라고 말하기도 한다.

PIC보다 처리속도가 빠르고 8051보다 기본적으로 갖추고 있는 자원이 풍부하여 사용의 편리성 때문에 다양한 분야(통신기기, 산업용 제어기 등)에서 많이 활용되고 있으며, 디지털 제어 산업기사 실기시험에서 사용되고 있는 마이크로컨트롤러 중 하나이므로 이러한 국가기술 시험을 준비하는 학생들에게는 꼭 알아야 할 프로세서 중의 하나이다.

3.1.1 AVR의 특징

■ ISP (In System Programming)

ISP 기능이 있어 칩을 기판에 장착한 상태에서 칩 내부의 FLASH 롬과 EEPROM에 여러 번 프로그래밍이 가능하다.

■ C 언어에 적합하다

CPU 설계단계에서 레지스터/메모리/명령어 등이 C 언어에 적합하도록 설계했다. 따라서 어셈블러보다 편리한 C 언어를 사용하여 개발기간 단축 및 유지보수에 유리하다.

■ RISC 구조

RISC 구조로서 고속처리가 가능하다. 동일한 클럭으로 작동할 경우 PIC보다 4배 정도 빠르고 8051보다는 10배 이상 빠르다. 1MHz에 1MIPS의 처리능력이 있어 10MHz로 동작하는 경우 10MIPS의 처리능력을 발휘한다.

■ 다양한 제품군

다양한 AVR 제품군이 있어 용도에 적합한 CPU를 선정하여 사용할 수 있으므로 양산 제품에 적용 시 원가절감도 기대할 수 있다.

■ 편리한 개발환경

개발환경이 편리하고 다양한 응용 자료가 많다.
www.atmel.com에서 다양한 응용자료를 참조할 수 있다.

■ 막강한 기능

내부자원 즉, SRAM, 통신포트, A/D 변환기, 타이머, 워치독, PWM, 디지털 및 아날로그 입출력 장치 등이 풍부하여 별도의 외부장치를 장착하지 않아도 된다.

일반적으로 마이크로프로세서의 구동 프로그램은 C 언어보다는 어셈블리어로 작성하는 것이 연산속도 면에서 유리하다. 그러나 AVR 계열의 마이크로프로세서는 Atmel사에서 칩 설계 당시부터 C 언어를 염두에 두고 내부 메모리 및 명령어 체계를 설계하였다. 따라서 어셈블리어로 프로그램을 작성하는 것보다 C 언어로 구동 프로그램을 작성하는 것이 훨씬 효과적이라고 할 수 있다. 이는 C 언어자체의 장점인 구조적 기법 등을 활용한 프로그램의 최적화와 자연언어 방식의 프로그래밍 기법을 그대로 살리면서 연산속도 면에서도 유리할 수 있다는 의미이다. 또한 프로그램을 수정하거나 마이크로프로세서를 변경하여도 C 언어로 작성되어 있는 소스 프로그램은 어셈블리어에 비해 상대적으로 약간의 수정만 하면 그대로 사용할 수 있는 장점이 있다.

[그림 3-1] ATmega128 외형

3.1.2 ATmega128의 특징

ATmega128의 주요 특징은 다음과 같다.

■ **고성능 저전력 소모의 RISC 구조**

- 138개의 강력한 명령어가 대부분 1 클럭 사이클로 실행됨
- 32×8 범용 레지스터 + 주변장치 제어 레지스터
- 최대 16MHz에서 16MIPS까지 동작

■ **비휘발성 데이터 및 프로그램 메모리**

- 128KB ISP(In System Programmable) Flash 메모리
- 4K Byte 내부 SRAM
- 4K Byte ISP 가능한 EEPROM
- FLASH 메모리 프로그램 잠금 기능과 EEPROM 데이터 보안 기능
- 직렬 통신 포트 및 프린터 포트를 이용한 ISP 기능

■ **JTAG(IEEE std. 1149.1 Compliant) 인터페이스**

- JTAG 표준을 따르는 바운더리 스캔 방식
- 확장된 원칩 디버깅
- JTAG 인터페이스를 이용한 Flash, EEPROM, Fuse, Lock 비트 프로그래밍

■ **다양한 주변장치**

- 8 채널 10 비트 A/D 변환기
- 비동기 직렬통신 (UART)

- 별도의 프리스케일러와 PWM 기능이 있는 2개의 8비트 타이머/카운터
- 별도의 프리스케일러와 비교, Capture, PWM(8, 9, 10비트) 기능이 있는 16비트 타이머/카운터
- On-Chip 아날로그 비교기
- 내부 오실레이터로 작동하는 워치독 타이머(Watch-Dog timer)
- 마스터/슬레이브 SPI 직렬통신
- 별도의 오실레이터로 작동이 가능한 실시간 카운터(RTC)

■ **특수기능 및 특징**

- Low-power Idle, Power Save & Power Down 모드
- 외부 및 내부 인터럽트
- 저 소비 전력(4MHz, 3V, 섭씨 20도)
  동작 : 6.4mA
  Idle 모드 : 1.9mA
  Power Down 모드 : 1uA 이내
- 다수의 입출력 포트 및 패키지
  프로그램 가능한 양방향 입출력 : 53개
  64핀 TQFP 형태
- 동작 전압
  2.7V ~ 5.5V (ATmega128L)
  4.5V ~ 5.5V (ATmega128)

3.2 ATmega128의 핀 기능

마이크로프로세서를 설계할 때 가장 중요한 것이 타이밍과 핀의 기능이다. 타이밍에 대한 부분은 각 마이크로프로세서의 데이터시트에 상세하게 기술되어 있으며 핀의 기능에 대해서는 계열별로 약간의 차이가 있을 뿐 동일한 계열에서는 동일한 기능을 나타낸다.

각 마이크로프로세서 개발회사 홈페이지에 접속하면 각 계열의 마이크로프로세서에 대한 요약표를 제공한다. 이를 통해서 각자의 시스템에 맞는 마이크로프로세서를 선택하고 그에 따른 어플리케이션 노트 등을 이용하여 설계를 한다.

모든 입출력 포트(포트A ~ 포트G)는 내부 풀업되어 있는 8피트 양방향 디지털 신호 입출력 단자이며, 출력포트로 사용할 때 각 핀은 8개의 LED를 직접 구동할 수 있을 정도의 20mA 전류를 공급한다. 또한 각각의 핀은 입력이나 출력으로 설정해 사용할 수 있다.

다음은 ATmega128의 각 핀에 대한 기능들을 나타낸다.

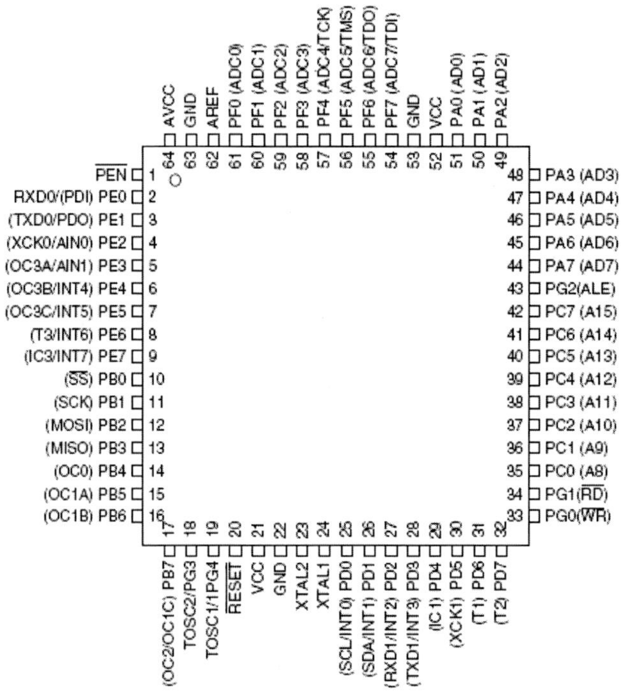

[그림 3-2] ATmega128 핀 배치

3.2.1 VCC (5V)

디지털 전원 단자 5V 전원에 연결한다.

3.2.2 GND

디지털 접지 단자 GND에 연결한다.

3.2.3 포트 A (PA0 ~ PA7)

- 입출력 단자 외에 다음 표와 같은 외부메모리를 접근하는 용도로 사용할 수도 있다.

[표 3-1] 포트 A 추가기능

Port Pin	Alternate Functions
PA0	AD0 (External memory interface address and data bit 0)
PA1	AD1 (External memory interface address and data bit 1)
PA2	AD2 (External memory interface address and data bit 2)
PA3	AD3 (External memory interface address and data bit 3)
PA4	AD4 (External memory interface address and data bit 4)
PA5	AD5 (External memory interface address and data bit 5)
PA6	AD6 (External memory interface address and data bit 6)
PA7	AD7 (External memory interface address and data bit 7)

3.2.4 포트 B (PB0 ~ PB7)

- 입출력 단자 외에 다음 표와 같은 용도로 사용할 수도 있다.

[표 3-2] 포트 B 추가기능

Port Pin	Alternate Functions
PB0	/SS(SPI Slave Select Input)
PB1	SCK(SPI Bus Serial Clock)
PB2	MISO(SPI Bus Master Input/Slave Output)
PB3	MOSI(SPI Bus Master Output/Slave Input)
PB4	OC0(Output Compare and PWM Output for Timer/Counter0)
PB5	OC1A(Output Compare and PWM Output A for Timer/Counter1)
PB6	OC1B(Output Compare and PWM Output B for Timer/Counter1)
PB7	OC2/OC1C(Output Compare and PWM Output for Timer/Counter2 or Output Compare and PWM Output C for Timer/Counter1)

3.2.5 포트 C (PC0 ~ PC7)

- 입출력 단자 외에 다음 표와 같은 외부메모리를 접근하는 용도로 사용할 수도 있다.

[표 3-3] 포트 C 추가기능

Port Pin	Alternate Functions
PC0	A8 (External memory interface address bit 8)
PC1	A9 (External memory interface address bit 9)
PC2	A10 (External memory interface address bit 10)
PC3	A11 (External memory interface address bit 11)
PC4	A12 (External memory interface address bit 12)
PC5	A13 (External memory interface address bit 13)
PC6	A14 (External memory interface address bit 14)
PC7	A15 (External memory interface address bit 15)

3.2.6 포트 D (PD0 ~ PD7)

- 입출력 단자 외에 다음 표와 같은 매우 중요한 또 다른 기능으로 사용될 수 있다.

[표 3-4] 포트 D 추가기능

Port Pin	Alternate Functions
PD0	INT0/SCL (External Interrupt0 Input or TWI Serial CLock)
PD1	INT1/SDA (External Interrupt1 Input or TWI Serial Data)
PD2	INT2/RXD1 (External Interrupt2 Input or UART1 Receive Pin)
PD3	INT3/TXD1 (External Interrupt3 Input or UART1 Transmit Pin)
PD4	IC1 (Timer/Counter1 Input Capture Trigger)
PD5	XCK1 (USART1 External Clock Input/Output)
PD6	T1 (Timer/Counter1 Clock Input)
PD7	T2 (Timer/Counter2 Clock Input)

3.2.7 포트 E (PE0 ~ PE7)

- 입출력 단자 외에 다음 표와 같은 매우 중요한 또 다른 기능으로 사용될 수 있다.

[표 3-5] 포트 E 추가기능

Port Pin	Alternate Functions
PE0	PDI/RXD0 (Programming Data Input or UART0 Receive Pin)
PE1	PDO/TXD0 (Programming Data Output or UART0 Transmit Pin)
PE2	AIN0/XCK0 (Analog Comparator Positive Input or USART9 external clock input/output)
PE3	AIN1/OC3A (Analog Comparator Negative Input or Output Compare and PWM Output A for Timer/Counter3)
PE4	INT4/OC3B (External Interrupt4 Input or Output Compare and PWM Output B for Timer/Counter3)
PE5	INT5/OC3C (External Interrupt 5 Input or Output Compare and PWM Output C for Timer/Counter3)
PE6	INT6/T3 (External Interrupt 6 Input or Timer/Counter3 Clock Input)
PE7	INT7/IC3 (External Interrupt 7 Input or Timer/Counter3 Input Capture Trigger)

3.2.8 포트 F (PF0 ~ PF7)

- 입출력 단자 외에 다음 표와 같은 ADC 기능으로 사용될 수 있다.

[표 3-6] 포트 F 추가기능

Port Pin	Alternate Functions
PF0	ADC0 (ADC input channel 0)
PF1	ADC1 (ADC input channel 1)
PF2	ADC2 (ADC input channel 2)
PF3	ADC3 (ADC input channel 3)
PF4	ADC4/TCK (ADC input channel 4 or JTAG Test Clock)
PF5	ADC5/TMS (ADC input channel 5 or JTAG Test Mode Select)
PF6	ADC6/TDO (ADC input channel 6 or JTAG Test Data Output)
PF7	ADC7/TDI (ADC input channel 7 or JTAG Test Data Input)

3.2.9 포트 G (PG0 ~ PG4)

- 입출력 단자 외에 다음 표와 같은 매우 중요한 또 다른 기능으로 사용될 수 있다.

[표 3-7] 포트 G 추가기능

Port Pin	Alternate Functions
PG0	/WR (Write strobe to external memory)
PG1	/RD (Read strobe to external memory)
PG2	ALE (Address Latch Enable to external memory)
PG3	TOSC2 (RTC Oscillator Timer/Counter0)
PG4	TOSC1 (RTC Oscillator Timer/Counter0)

3.2.10 Reset

- 외부에서 RESET 단자에 신호를 인가하는 방법과 내부 워치독 타이머에서 리셋하는 방법이 있다.
- 외부에서 신호를 인가하는 경우 입력으로 액티브 LOW 즉, RESET 입력단자에 LOW가 입력되면 마이크로프로세서는 리셋 된다. ATmega128에서 리셋이 되기 위해서는 보통 50ns 이상 LOW를 유지해 주어야 한다.
- 전원 스위치를 ON 하는 순간 리셋 된다.

3.2.11 AVCC

- 포트 F를 A/D 변환기로 사용할 때 A/D 변환기의 전원공급 단자이다.
- A/D 변환기의 전원으로 사용할 경우 반드시 VCC 전원을 저역필터를 거쳐 AVCC로 연결 사용해야 한다.

3.2.12 AGND

- CPU 보드에 아날로그 접지가 있으면 아날로그 접지에 연결하고 그렇지 않으면 GND에 연결한다.

3.2.13 AREF

- A/D 변환기의 기준 전압 입력 핀으로 AVCC와 AGND 사이의 전압을 인가한다.

3.2.14 XTAL1

- 입력 단자이며 발진기의 증폭기가 인버팅 되어서 입력된다.

3.2.15 XTAL2

- 출력 단자이며 발진기의 증폭기가 인버팅 되어서 출력된다.

3.3 ATmega128의 구조

ATmega128의 내부 구조를 자세한 블록도로 보이면 [그림 3-3]와 같다. 이 마이크로컨트롤러는 하버드 구조라는 특징을 가지므로 내부 버스가 2가지로 구성되어 있다.

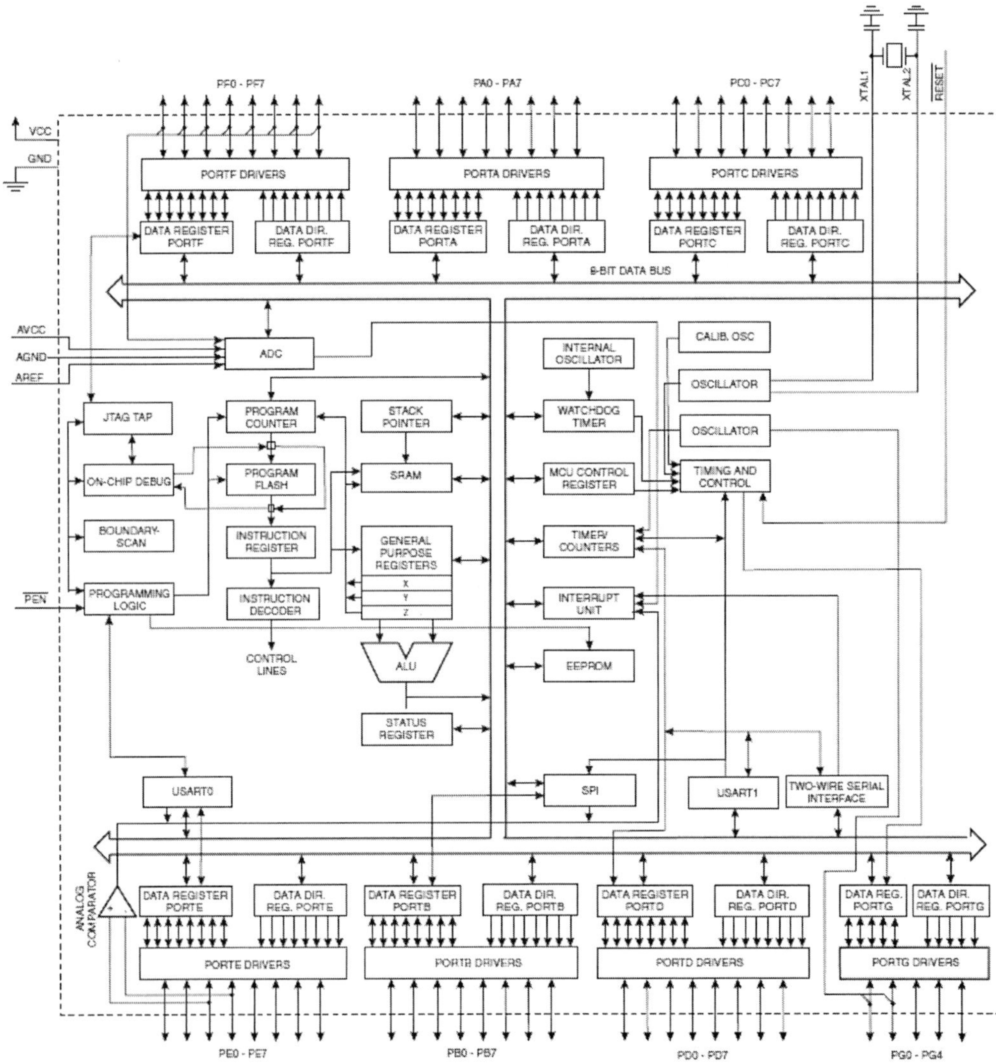

[그림 3-3] ATmega128의 내부구조

ATmega128의 프로그램 메모리는 소자의 내부에만 존재하므로 이를 위한 버스도 내부에만 있게 되는데, 이 그림에서 프로그램 카운터(Program counter), 프로그램 플래시(Program flash), 명령레지스터(instruction register), 명령어 해독기(instruction decoder) 등을 연결하는 버스가 바로 프로그램 엑세스용 버스에 해당한다. 또한 이 그림에서 굵은 버스선으로 표시된 것이 데이터 엑세스용 버스인데, 이것은 내부에서 범용 레지스터, SRAM이나 EEPROM과 같은 데이터 메모리는 물론이고 각종 내장 I/O들을 모두 연결하고 있으며, 외부에 데이터 메모리를 확장할 수 있도록 시스템 버스에 접속되어 있다.

ATmega128의 내부구성에서 CPU 코어 부분을 다시 그려보면 [그림 3-4]와 같다. 이 CPU코어는 ATmega128의 핵심 부분으로서 프로그램 카운터가 지시하는 플래시 메모리 번지에서 명령을 인출하고 해독하는 부분과 ALU(Arithmetic and Logical Unit), 32개의 범용 레지스터, 상태 레지스터, 스택 포인터 등의 명령처리 관련 부분 그리고 데이터 메모리 및 인터럽트 처리기 등으로 구성된다.

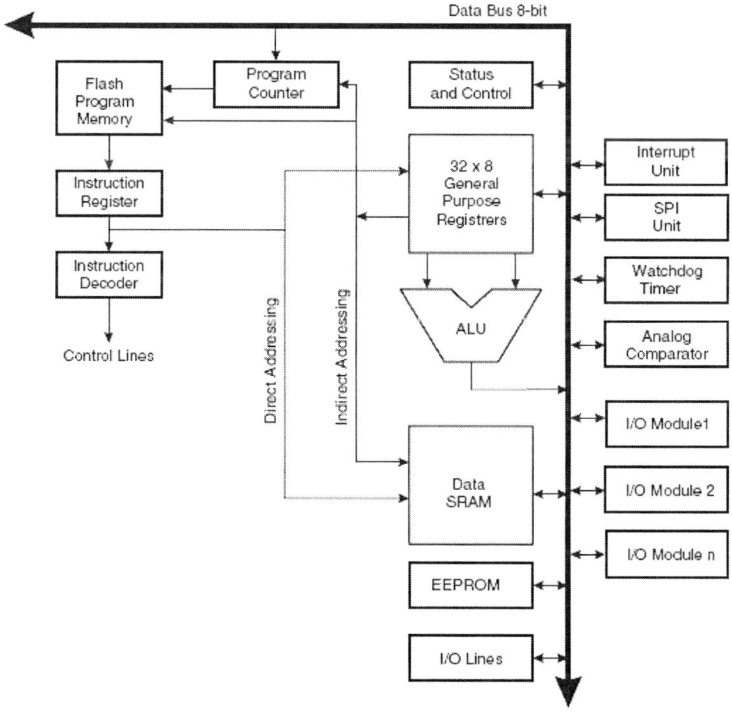

[그림 3-4] ATmega128의 CPU 코어 블록도

3.3.1 범용 레지스터

ATmega128은 레지스터 중심형의 진보된 RISC 마이크로컨트롤러이므로 누산기(Accumulator)가 없으며 [그림 3-5]에 보인 바와 같이 32개의 8비트 범용 레지스터 R0~R31을 가지고 있다. 이들 32개의 레지스터는 모두 대등한 자격으로 기본적인 사칙연산을 수행할 수 있으며, 즉치(Immediate) 데이터를 사용하는 일부의 연산명령은 R16~R31에서만 수행된다.

7 0	Addr.
R0	$00
R1	$01
R2	$02
...	
R13	$0D
R14	$0E
R15	$0F
R16	$10
R17	$11
...	
R26	$1A
R27	$1B
R28	$1C
R29	$1D
R30	$1E
R31	$1F

[그림 3-5] ATmega128의 범용 레지스터

32개의 범용 레지스터 중에서 마지막의 6개인 R26~R31은 각각 2개씩 합해져서 3개의 16비트 레지스터인 X레지스터, Y레지스터, Z레지스터로 사용될 수 있다. 이러한 16비트 레지스터들은 주로 데이터 메모리의 16비트 어드레스를 간접 지정하는 어드레스 포인터로 사용되며, 또한 Z레지스터는 LPM/ELPM/SPM 명령에서 프로그램 메모리 영역의 상수를 엑세스하는데 사용되기도 한다.

	16					0
X-레지스터	7	XH	0	7	XL	0
	R27($1B)			R26($1A)		
	16					0
Y-레지스터	7	YH	0	7	YL	0
	R29($1D)			R28($1C)		
	16					0
Z-레지스터	7	ZH	0	7	ZL	0
	R31($1F)			R30($1E)		

[그림 3-6] X, Y, Z-레지스터 구조

3.3.2 상태 레지스터 (Status Register) – SREG

상태 레지스터(Status Register)는 가장 최근에 실행된 산술연산 명령의 결과에 따른 상태를 나타내며 SREG라고 표시한다. 여기에 저장된 상태 정보는 조건부 처리명령에 의하여 프로그램의 흐름을 변경하는데 사용될 수 있다. 상태 레지스터는 인터럽트를 처리할 때 자동으로 저장되거나 복귀되지 않으므로 필요한 경우 사용자가 이를 소프트웨어로 처리하여야 한다.

Bit	7	6	5	4	3	2	1	0	
	I	T	H	S	V	N	Z	C	SREG
Read/Write	R/W	R/W	R/W	R/W	R/W	R/W	R/W	R/W	
Initial Value	0	0	0	0	0	0	0	0	

[그림 3-7] 상태 레지스터 구조

■ Bit 7 – I : Global Interrupt Enable :

전체적으로 인터럽트를 허용하도록 설정하는 비트. SEI 및 CLI명령으로 이 비트를 각각 세트 또는 리셋시킬 수 있다. 인터럽트 처리가 시작되면 이 비트는 강제로 클리어되며, 나중에 RETI 명령을 만나면 다시 원상태로 복구된다. 각 인터럽트를 개별적으로 허용하는 것은 인터럽트 마스크 레지스터에 의하여 설정된다.

■ Bit 6 – T : Bit Copy Storage

BLD 및 BST 명령을 사용하여 이 비트와 어느 레지스터의 한 비트 사이에 비트 복사가 가능하다.

■ Bit 5 – H : Half Carry Flag

산술연산자의 가산에서 half carry가 발생하거나 감산에서 half borrow가 발생하였음을 나타낸다. 이는 BCD 연산에서 유용하다.

■ Bit 4 – S : Sign Bit

플래그 N과 플래그 V의 exclusive OR로 결정되는 값을 저장한다. 이는 부호가 없는 정수 및 부호가 있는 정수들의 상대 크기를 판단할 때 유용하다.

■ Bit 3 – V : Two's Complement Overflow Flag

2진 보수의 연산에서 오버플로(overflow)가 발생하였음을 나타낸다.

■ Bit 2 – N : Negative Flag

산술연산 및 논리연산 결과 최상위 비트가 1로 되었으므로 2의 보수 표현법을 사용하는 경우 연산 결과가 음수라는 것을 나타낸다.

■ Bit 1 – Z : Zero Flag

산술연산 및 논리연산 결과 0이 되었음을 나타낸다.

■ Bit 0 – C : Carry Flag

산술연산의 가산 및 논리연산 결과 캐리(carry)가 발생하였음을 나타낸다. 감산에서는 이 비트가 바로우(borrow)를 나타낸다.

3.3.3 스택 포인터 (Stack Pointer) – SP

스택(stack)은 서브루틴 호출이나 인터럽트 발생 시에 복귀주소(return address)를 저장하며, C언어 프로그램에서 지역변수(local variable)를 저장하고 어셈블리 프로그램에서 임시 데이터를 저장하는 용도로도 사용되는 특별한 데이터 메모리이다. 이 메모리가 특별하다는 것은 다른 데이터 메모리처럼 임의접근(random access) 방식으로 처리되지 않고 LIFO(Last-In First-Out)방식으로 처리되기 때문이다.

스택 포인터(Stack Pointer)는 항상 스택의 상단(top of stack)을 가리키는 16비트 레지스터로서 SP라고 표시되는데, 이는 데이터 저장이 가능한 스택의 번지를 의미한다. PUSH 명령을 사용하면 1바이트의 데이터를 SP가 가리키는 스택 메모리 번지에 저장하고 나서 SP값을 1만큼 감소(post-decrement)시킨다. 반대로 POP 명령을 사용하면 먼저 SP값을 1만큼 증가(pre-increment)시킨 후에 SP가 가리키는 스택 메모리 번지에서 1바이트의 데이터를 꺼낸다. 그러나 서브루틴을 호출하거나 인터럽트 발생 시에는 16비트의 복귀주소를 저장해야 하므로 SP 레지스터의 값이 2만큼 감소하며, RET또는 RETI 명령을 수행하면 레지스터의 값이 2만큼 증가한다. 사용자 프로그램에서 SP 레지스터의 초기값은 적어도 0x0100 번지 이상의 값으로 설정하여야 한다.

Bit	15	14	13	12	11	10	9	8	
$3E($5E)	SP15	SP14	SP13	SP12	SP11	SP10	SP9	SP8	SPH
$3D($5D)	SP7	SP6	SP5	SP4	SP3	SP2	SP1	SP0	SPL
	7	6	5	4	3	2	1	0	
Read/Write	R/W	R/W	R/W	R/W	R/W	R/W	R/W	R/W	
	R/W	R/W	R/W	R/W	R/W	R/W	R/W	R/W	
Initial Value	0	0	0	0	0	0	0	0	
	0	0	0	0	0	0	0	0	

[그림 3-8] 스택 포인터 구조

3.3.4 RAMPZ 레지스터

RAMPZ 레지스터(RAM Page Z Select Register)는 ATmega128 내부의 플래시 프로그램 메모리에서 64KB 단위로 구분되는 2개의 페이지 중에서 어느 것을 사용하지를 지정하는 역할을 수행한다. 프로그램 메모리 번지의 상수를 액세스할 때는 ELPM 및 SPM 명령에 의하여 Z 레지스터가 사용되는데 이는 16비트 레지스터이므로 64KB의 영역만을 처리할 수 있기 때문에 RAMPZ 레지스터을 이용하여 현재의 액티브 페이지(active page)가 페이지 0인지 페이지 1인지를 미리 지정해야만 하는 것이다.

Bit	7	6	5	4	3	2	1	0	
	-	-	-	-	-	-	-	RAMPZ0	RAMPZ
Read/Write	R	R	R	R	R	R	R	R/W	
Initial Value	0	0	0	0	0	0	0	0	

[그림 3-9] RAMPZ 레지스터 구조

이 레지스터는 단지 최하위 비트 1개만을 사용하는데. 이를 RQMPZ0=0으로 설정하면 프로그램 메모리는 페이지 0 즉 0x0000~0x7FFF 영역의 하위 64KB가 엑세스되고, RQMPZ0=1로 설정하면 프로그램 메모리는 페이지 1즉 0x8000~0xFFFF 영역의 상위 64KB가 엑세스된다.

그러나 LPM 명령은 이 RAMPZ 레지스터의 설정에 관계없이 동작한다는 점에 유의하여야 한다.

3.3.5 ATmega128의 메모리 구조

ATmega128의 메모리 구조는 크게 프로그램 메모리와 데이터 메모리로 나눌 수 있다. 이 마이크로컨트롤러는 하버드 구조를 채택하고 있으므로, 프로그램 메모리와 데이터 메모리가 각각 서로 분리된 메모리 버스를 가지고 있다. 이 구조는 마이크로컨트롤러의 성능 및 병렬처리를 극대화 하는 장점을 가진다.

■ 프로그램 메모리

ATmega128은 내부에 프로그램 메모리로 사용하는 128KB의 플래시 메모리를 가지고 있다. ATmega128은 8비트 마이크로컨트롤러지만 이 프로그램 메모리는 각 번지가 16비트 구조로 되어 있어서 64KB×16의 용량을 갖는다. 따라서 모든 명령이 16비트 또는 32비트 구조로 되어 있으므로 각 명령은 프로그램 메모리에서 1~2개의 번지를 차지하게 된다. 프로그램 메모리는 부트 프로그램 섹션(또는 부트로더 섹션)과 응용 프로그램 섹션으로 나뉘어 사용될 수 있다.

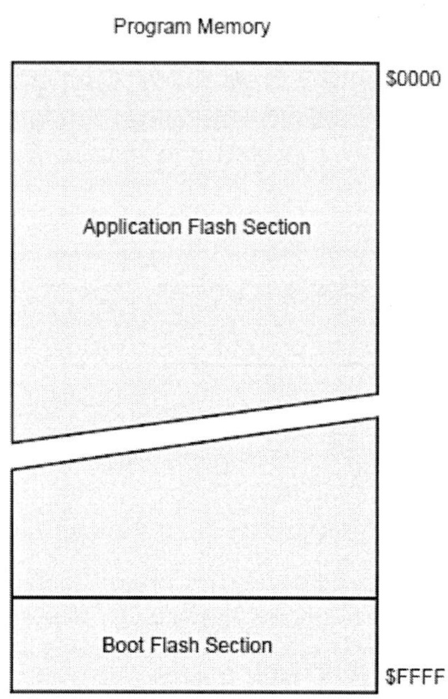

[그림 3-10] 프로그램 메모리 맵

이 플래시 메모리는 SPI(Serial Peripheral Interface) 통신방식을 이용한 ISP(In-System Programing) 기능을 가지고 있어서 사용자가 작성한 프로그램을 쉽게 탑재할 수 있다. 사용자 프로그램은 플래시 메모리에 10,000번 까지 재사용이 가능(Re-programmable)하다. 플래시 메모리에 프로그램을 다운로드 하는 방법은 SPI 이외에도 JTAG 에뮬레이터를 사용하는 방법과 병렬 프로그래밍(Parallel Programming) 모드를 이용하는 방법이 있다.

프로그램 메모리 영역에 정의된 상수를 액세스하는 데는 LPM/ELPM/SPM 명령을 사용한다. 이중에서 ELPM/SPM 명령에서는 16비트 구조의 프로그램 메모리를 8비트씩 액세스하기 위하여 번지수가 2배로 증가한다. 즉, 64K×16비트 구조의 프로그램 메모리를 128K×8비트로 간주한다. 그런데, 이 번지를 간접 지정하는 Z 레지스터는 16비트이므로 128K×8비트를 2개의 64K×8비트 페이지 영역으로 분할하여 1개의 페이지만을 액티브 상태로 지정한다. 이러한 프로그램 메모리의 액티브 지정에는 RAMPZ 레지스터를 사용한다.

■ 데이터 메모리

ATmega128의 데이터 메모리는 32개의 범용 레지스터와 64개의 I/O 레지스터 및 160개의 확장 I/O 레지스터가 존재하는 내부 레지스터 영역, 내부 4K 바이트 SRAM 메모리 영역, 그리고 64K 바이트(61184 바이트 - Normal Mode) 외부 SRAM 메모리 영역, 이렇게 3가지 영역으로 크게 나누어 생각할 수 있다. 160개의 확장 I/O 레지스터 영역은 Normal Mode에서 사용되는 영역으로, ATmega103 Compatibility Mode에서는 이 영역은 내부 SRAM 메모리 영역으로 포함되어 사용된다.

외부 SRAM 메모리 영역은 내부 SRAM 메모리만으로 부족할 경우 또는 메모리 인터페이스로 동작되는 주변장치들을 제어할 경우, ATmega128 칩 외부에 필요한 용량의 SRAM 메모리 또는 주변장치를 별도로 부착하여 사용할 수 있는 영역으로 최대 64K 바이트까지 확장 가능하다.

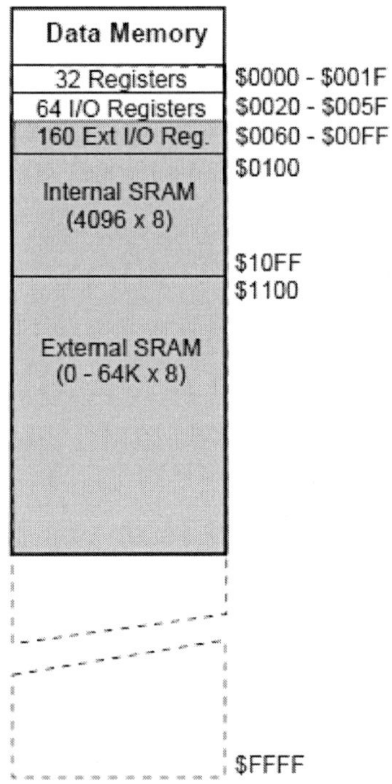

[그림 3-11] 데이터 메모리 맵

3.3.6 ATmega128의 외부 인터페이스

ATmega128의 외부 데이터 메모리영역은 0x1100~0xFFFF번지의 약 60KB 영역을 사용할 수 있으며 다음과 같은 기능을 갖는다.

① 인터페이스 할 소자의 액세스 시간에 적합하도록 소프트웨어적으로 0~3개의 대기 사이클을 설정할 수 있다.
② 외부 데이터 메모리 영역은 서로 다른 대기 사이클을 갖는 2개의 섹터로 분할할 수 있다.
③ 16비트 어드레스의 상위 바이트에 있는 8비트 중에서 필요한 수만큼을 어드레스 버스로 동작하게 할 수 있다.
④ 데이터 버스의 신호들이 동작할 때 전류 소비량이 감소되도록 버스 키퍼 등을 설정하여 사용할 수 있다.

■ 외부 인터페이스의 기본 동작

ATmega128에서 외부 인터페이스에 사용되는 신호는 A15~A8, AD7~AD0, ALE, RD, WR 등인데, 이들은 MCUCR 레지스터로 설정한다. CPU가 외부데이터 메모리 영역인 0x1100~0xFFFF 번지를 액세스 하려면 74573소자에 ALE 신호를 사용하여 [그림 3-12]처럼 분리시켜야 한다.

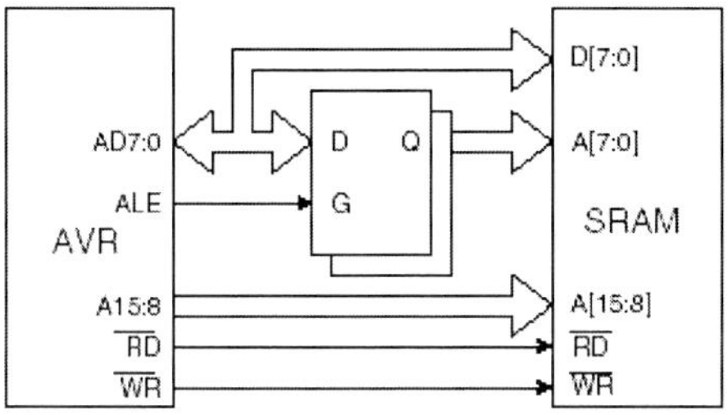

[그림 3-12] ATmega128과 SRAM 메모리간의 연결방법

■ 외부 인터페이스와 관련된 레지스터 설정

ATmega128에서 외부 데이터 메모리영역은 사용자가 임의로 경계선을 지정하여 사이즈를 설정하는 방법으로 2개의 섹터로 나눌 수 있다. 각각의 섹터에는 독립적으로 대기 사이클을 설정할 수 있다.

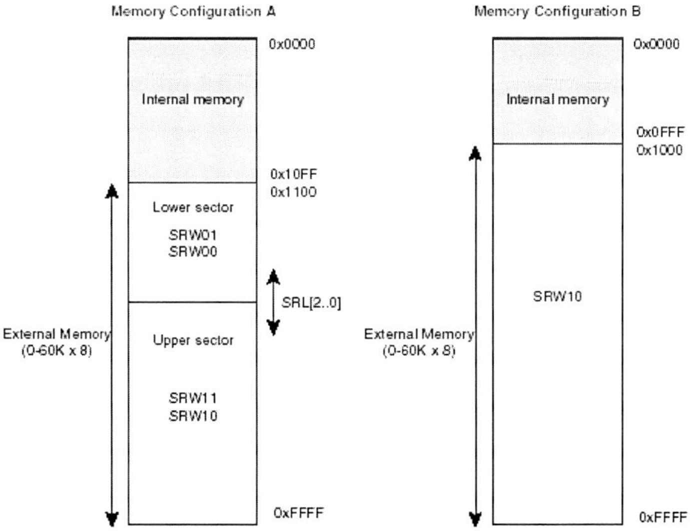

[그림 3-13] ATmega128에서 외부 데이터 메모리 영역의 섹터 분할

외부 데이터 메모리와 관련된 레지스터는 MCUCR, XMCRA, XMARB 3가지가 있다.

3.3.7 MCU 제어 레지스터 – MCUCR

MCUCR(MCU Control Register) 레지스터는 대체로 CPU의 전체적인 시스템기능을 설정하는데 사용되며 이중에서 외부 데이터 메모리 영역의 설정과 관련된 비트는 비트7~6 이다.

Bit	7	6	5	4	3	2	1	0	
$35($55)	SRE	SRW10	SE	SM1	SM0	SM2	IVSEL	IVCE	MCUCR
Read/Write	R/W	R/W	R/W	R/W	R/W	R/W	R/W	R/W	
Initial Value	0	0	0	0	0	0	0	0	

[그림 3-14] MCU 제어 레지스터 구조

- Bit7 – SRE : External SRAM/XMEM Enable

외부 메모리를 사용하기 위해서는 1로 설정되어 있어야 한다. SRE의 값이 1일 경우에 AD7:0, AD15:8, ALE, /WR, /RD의 기능을 사용할 수 있다.

1 = Enable, 0 = Disable

- Bit6 – SRW10 : Wait-state Select Bit

Atmega103과의 호환을 위한 Wait state 설정을 하는 비트이다.

1 = Enable, 0 = Disable

- Bit5 – SE : Sleep Enable

슬립 명령으로 슬립 모드로 들어가기 전에 SE가 1 상태가 되어 있어야 한다.

1 = Enable, 0 = Disable

슬립 명령 실행 직전에 SE = 1로 하는 것이 좋다.

- Bit4~2 – SM2~0 : Sleep Mode Select bits 2, 1, and 0

SM2	SM1	SM0	Sleep Mode
0	0	0	Idle
0	0	1	ADC Noise Reduction
0	1	0	Power – Down
0	1	1	Power – save
1	0	0	Reserved
1	0	1	Reserved
1	1	0	Standby
1	1	1	Extended Standby

- Bit1 – IVSEL : Interrupt Vector Select

  IVSEL = 0이면 인터럽트 벡터의 위치는 플래시 메모리이다.
  IVSEL = 1이면 인터럽트 벡터의 위치는 부트로더 플래시 메모리이다.
  부트로더 메모리에서의 실제 시작 주소는 BOOTSZ 퓨즈비트로 결정한다.

- Bit0 – IVCE : Interrupt Vector Change Enable

  IVSEL 비트를 변경하기 위해서는 반드시 IVCE의 값이 1로 설정되어 있어야 한다.

■ **슬립모드로 들어가는 방법**

- MCUCR 레지스터의 SE 비트를 1로 설정한 직후 SLEEP 명령을 실행

■ **슬립모드에서 깨어나는 방법**

- 리셋이 발생하였거나
- 인터럽트 발생(슬립모드에서 깨어나면 슬립 다운 명령부터 계속 실행)

■ **슬립모드의 종류**

- Idle 모드 : CPU만 동작 정지하고, SPI, UART, 아날로그 비교기, A/D 변환기, 타이머/카운터, Watchdog, 인터럽트는 동작을 계속한다. 인터럽트로 CPU를 깨워 Idle 모드에서 빠져나온다.
- Power Down 모드 : CPU 및 외부 발진기 정지하고, 외부 인터럽트와 Watchdog(enable 시켜놓은 경우)은 동작을 계속한다. 외부 리셋, Watchdog 리셋, 외부 레벨 인터럽트만이 CPU를 깨울 수 있다. 외부 레벨 인터럽트로 CPU를 깨울 때 CPU가 깨어날 때까지 Low 레벨을 유지해야 한다.
- Power Save 모드 : Power Down 모드와 유사하나 타이머/카운터0이 비동기 클럭으로 동작하다가 Overflow 혹은 Output Compare 발생시 CPU를 깨울 수 있는 점이 다르다.

3.3.8 XMCRA 레지스터

XMCRA(External Memory Control Resister A) 레지스터는 메모리 영역을 분할하거나 대기 사이클을 설정하는데 사용된다.

Bit	7	6	5	4	3	2	1	0	
($6D)	-	SRL2	SRL1	SRL0	SRW01	SRW00	SRW11	-	XMCRA
Read/Write	R	R/W	R/W	R/W	R/W	R/W	R/W	R	
Initial Value	0	0	0	0	0	0	0	0	

[그림 3-15] XMCRA 제어 레지스터 구조

• Bit6~4 – SRL2~0 Wait-state Sector Limit 비트
외부 데이터 메모리 영역을 2개의 섹터에 별도로 대기 사이클을 설정할 수 있도록 한다.

SRL2	SRL1	SRL0	Sector Limits
0	0	0	Lower sector = N/A Upper sector = 0x1100 - 0xFFFF
0	0	1	Lower sector = 0x1100 - 0x1FFF Upper sector = 0x2000 - 0xFFFF
0	1	0	Lower sector = 0x1100 - 0x3FFF Upper sector = 0x4000 - 0xFFFF
0	1	1	Lower sector = 0x1100 - 0x5FFF Upper sector = 0x6000 - 0xFFFF
1	0	0	Lower sector = 0x1100 - 0x7FFF Upper sector = 0x8000 - 0xFFFF
1	0	1	Lower sector = 0x1100 - 0x9FFF Upper sector = 0xA000 - 0xFFFF
1	1	0	Lower sector = 0x1100 - 0xBFFF Upper sector = 0xC000 - 0xFFFF
1	1	1	Lower sector = 0x1100 - 0xDFFF Upper sector = 0xE000 - 0xFFFF

• Bit1 – SRW11, SRW10(MCUCR) Wait-state Select Bit for Upper Sector비트
외부 데이터 메모리의 상위 섹터에 해당하는 사이클을 설정한다.

• Bit3~2 – SRW01, SRW00 Wait-state Select Bit for Lower Sector비트
외부 데이터 메모리의 하위 섹터에 해당하는 사이클을 설정한다.

SRWn1	SRWn0	Sector Limits
0	0	대기 사이클 추가 없음.
0	1	읽기/쓰기 Strobe동안 1사이클의 대기 사이클이 추가됨.
1	0	읽기/쓰기 Strobe동안 2사이클의 대기 사이클이 추가됨.
1	1	어드레스를 출력하기 전에 1사이클의 대기 사이클이 추가되고 읽기/쓰기 Strobe동안 2사이클의 대기 사이클이 추가됨.

3.3.9 XMCRB 레지스터

XMCRA(External Memory Control Resister B) 레지스터는 버스 키퍼 기능을 설정하고 외부 데이터 메모리 어드레스 상위 비트들에 대한 마스킹을 설정하는데 사용된다.

Bit	7	6	5	4	3	2	1	0	
($6C)	XMBK	-	-	-	-	XMM2	XMM1	XMM0	**XMCRB**
Read/Write	R/W	R	R	R	R	R/W	R/W	R/W	
Initial Value	0	0	0	0	0	0	0	0	

[그림 3-16] XMCRB 제어 레지스터 구조

- Bit7 – XMBK(External Memory Bus-kepper ENable) 비트

  AD7~AD0 라인 신호가 Tri-state로 되는 타이밍에 High(1) 또는 Low(0)를 출력하여 Tri-state로 되는 것을 방지한다.

- Bit7 – XMM2~0(External Memory High Mask) 비트

  포트C와 기능을 겸하고 있는 어드레스 버스의 상위 비트들 중 어느 부분까지 어드레스 버스 신호로 사용될지를 설정하는 기능을 수행한다. 이를 이용하여 A15~A8의 일부분만을 어드레스 버스로 사용할 수 있으며, 그 나머지 비트들은 포트C의 기능으로 사용할 수 있다.

XMM2	XMM1	XMM0	외부 메모리 어드레스로 사용될 비트 수	마스킹 포트 핀
0	0	0	8 (Full 60KB 영역 어드레싱)	None
0	0	1	7	PC7
0	1	0	6	PC7 – PC6
0	1	1	5	PC7 – PC5
1	0	0	4	PC7 – PC4
1	0	1	3	PC7 – PC3
1	1	0	2	PC7 – PC2
1	1	1	상위 어드레스 비트 모두 사용안함.	PC7 – PC0

4

CHAPTER

GPIO (범용 I/O 포트)

ATmega128의 GPIO 포트는 범용 입출력 포트로서 6개의 8핀 GPIO 포트(PA~PF)와 1개의 5핀 GPIO 포트(PG)를 갖고 있다. 모든 GPIO 핀들은 각각의 핀에 부여된 특수 기능(메모리 AD[0-7], UART의 RxD/TxD, 인터럽트 INT[0-7], ... 등과 같은) 목적으로 사용되지 않을 경우, 범용 목적의 입력 또는 출력으로 설정하여 사용할 수 있는 양방향성 핀들이다.

각각의 GPIO 포트 핀은 3개의 레지스터 즉 DDRx 레지스터와 PORTx 레지스터 그리고 PINx 레지스터의 비트들로 구성되어 있다. DDRx 레지스터 내의 비트 DDRxn은 해당 포트 핀의 입출력 방향을 설정하기 위해 사용된다. 그리고 PORTx 레지스터 내의 비트 PORTxn은 해당 포트 핀이 입력으로 설정되어 있을 경우 내부 풀업 저항의 사용 여부를 결정하기 위해 사용되며, 만약 해당 포트 핀이 출력으로 설정되어 있을 경우 해당 핀에 HIGH(통상 3.3V 혹은 5V) 또는 LOW(통상 0V)를 출력하기 위해서 사용된다. 여기서, x=포트 A~G를, n=핀 0~7을 의미한다.

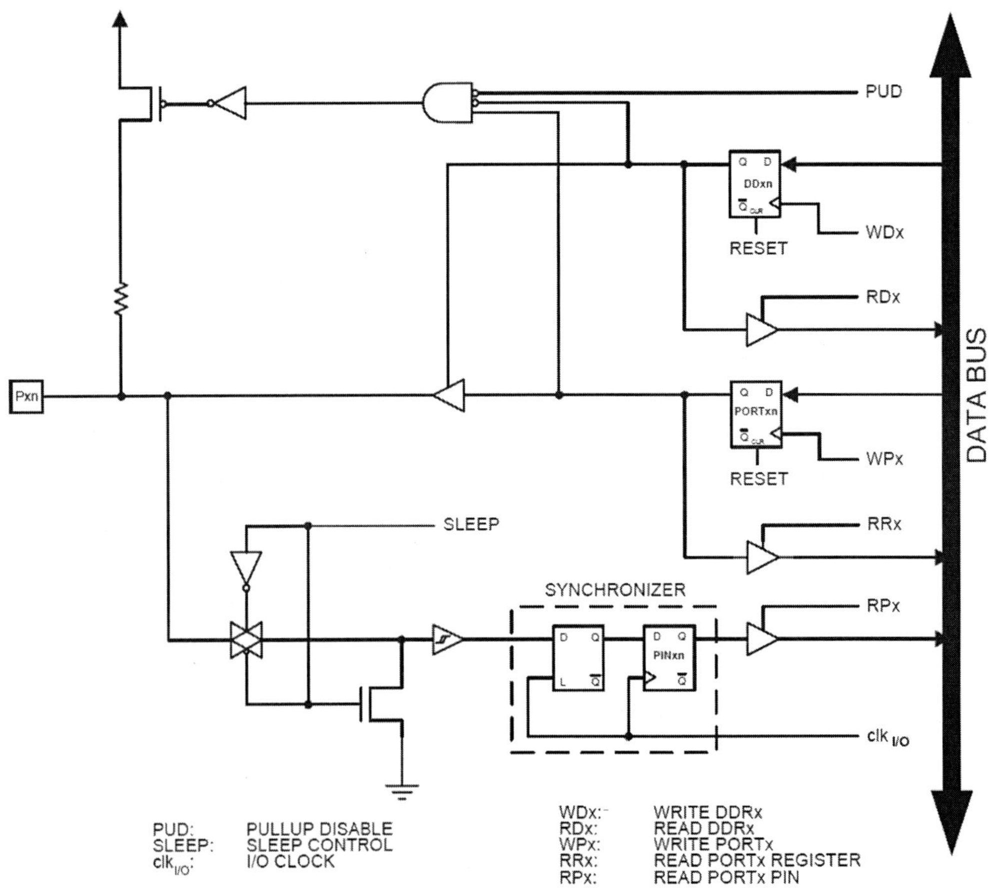

[그림 4-1] GPIO 내부 구조

PINx 레지스터 내의 비트 PINxn은 해당 포트 핀의 입출력 방향 설정에 관계없이 해당 핀의 값(HIGH 또는 LOW)을 읽기 위해 사용된다. 입력으로 사용되는 포트의 값을 읽기 위해서는 반드시 PINx 레지스터를 사용해 읽어야 하며, PORTx 레지스터를 사용하는 것은 포트 핀의 값을 읽는 것이 아니라 레지스터 자체 값을 읽어오는 것에 불과하다.

각각의 GPIO 포트 핀은 내부 풀업저항을 갖고 있으며 DDRx 레지스터와 PORTx 레지스터 설정 값에 의해 풀업저항의 사용여부를 결정할 수 있다.

[표 4-1] DDRx레지스터와 PORTx 레지스터 설정 값

DDxn	PORTxn	PUD (in SFIOR)	I/O	Pull-Up	설 명
0	0	-	입력	No	Tri-state (Hi-Z)
0	1	0	입력	Yes	외부 핀에 Low가 입력되면 전류 유출
0	1	1	입력	No	Tri-state (Hi-Z)
1	0	-	출력	No	0 출력(전류 유입)
1	1	-	출력	No	1 출력(전류 유출)

4.1 GPIO 포트 관련 레지스터

앞서 설명한 것과 같이 GPIO 포트 제어에 사용되는 레지스터는 DDRx 레지스터, PORTx 레지스터와 PINx 레지스터 그리고 모든 GPIO 포트 핀의 풀업저항을 Disable하는데 사용하는 SFIOR 레지스터(PUD 비트)가 있다.

4.1.1 포트 Data Direction 레지스터 (DDRx)

DDRx 레지스터는 해당 포트 핀의 입출력 방향을 설정하기 위해 사용된다. 여기서, x = 포트 A~G를, n = 핀0~7을 의미한다.

Bit	7	6	5	4	3	2	1	0	
	DDx7	DDx6	DDx5	DDx4	DDx3	DDx2	DDx1	DDx0	DDRx
Read/Write	R/W	R/W	R/W	R/W	R/W	R/W	R/W	R/W	
Initial Value	0	0	0	0	0	0	0	0	

[그림 4-2] DDRx 레지스터 구조

DDxn = 0이면, 해당 포트 핀을 입력으로 설정.
DDxn = 1이면, 해당 포트 핀을 출력으로 설정.

4.1.2 포트 Data 레지스터 (PORTx)

PORTx 레지스터는 해당 포트 핀이 입력으로 설정되어 있을 경우 내부 풀업저항의 사용 여부를 결정하기 위해 사용되며, 만약 해당 포트 핀이 출력으로 설정되어 있을 경우 해당 핀에 HIGH 또는 LOW를 출력하기 위해서 사용된다. 여기서, x = 포트 A~G를, n = 핀 0~7을 의미한다.

Bit	7	6	5	4	3	2	1	0	
	PORTx7	PORTx6	PORTx5	PORTx4	PORTx3	PORTx2	PORTx1	PORTx0	**PORTA**
Read/Write	R/W	R/W	R/W	R/W	R/W	R/W	R/W	R/W	
Initial Value	0	0	0	0	0	0	0	0	

[그림 4-3] PORTx 레지스터 구조

- 출력모드 : PORTxn = 0이면 해당 포트 핀에 LOW(통상 0V) 출력.
  PORTxn = 1이면 해당 포트 핀에 HIGH(통상 3.3V 혹은 5V) 출력.
- 입력모드 : PORTxn = 0이면 해당 포트 핀의 내부 풀업저항을 Disable.
  PORTxn = 1이면 해당 포트 핀의 내부 풀업저항을 Enable.

4.1.3 포트 Input Pins Address 레지스터 (PINx)

PINx 레지스터는 해당 포트 핀의 입출력 방향 설정에 관계없이 해당 핀의 값(HIGH 또는 LOW)을 읽기 위해 사용된다. 입력으로 사용되는 포트 핀의 값을 읽기 위해서는 반드시 PINx 레지스터를 사용해 읽어야 하며, 포트 데이터 레지스터(PORTx)를 사용하는 것은 포트 핀의 값을 읽는 것이 아니라 레지스터 자체 값을 읽어오는 것에 불과하다.

Bit	7	6	5	4	3	2	1	0	
	PINx7	PINx6	PINx5	PINx4	PINx3	PINx2	PINx1	PINx0	**PINx**
Read/Write	R	R	R	R	R	R	R	R	
Initial Value	N/A	N/A	N/A	N/A	N/A	N/A	N/A	N/A	

[그림 4-4] PINx 레지스터 구조

PINxn = 0이면 해당 포트 핀의 현재상태가 LOW(통상 0V).
PINxn = 1이면 해당 포트 핀의 현재상태가 HIGH(통상 3.3V 혹은 5V).

4.2 GPIO 포트 출력 제어를 이용한 LED 구동 실습

■ 실습 목적:

ATmega128의 범용 I/O 포트인 GPIO 포트 핀을 출력으로 설정하여 마이크로컨트롤러의 가장 기본적인 주변장치인 LED를 구동하는 방법을 이해한다.

4.2.1 GPIO 포트 제어를 이용한 LED 구동 실습 회로

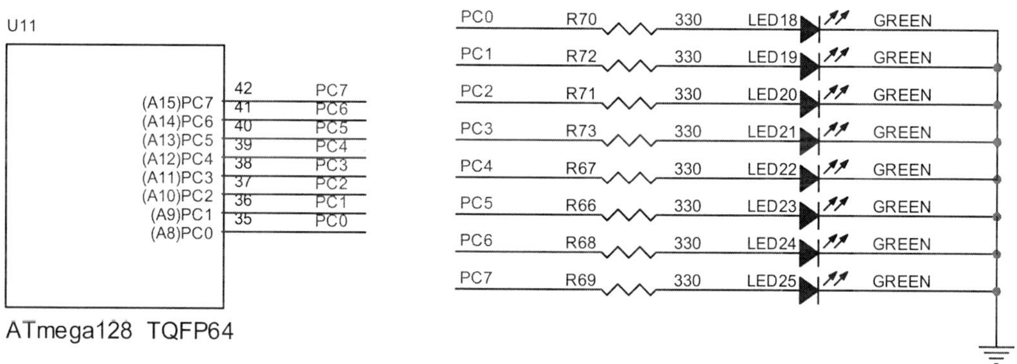

[그림 4-5] LED 구동 실습 회로도

ATmega128의 범용 I/O 포트인 PC[0-7](포트 C의 핀 0부터 7까지)이 330옴 시리즈 저항들을 통해 8개 LED 소자의 Anode에 연결되어 있고, 이 LED 소자들의 Cathode는 GND에 공통으로 연결되어 있다. 여기에 사용된 330옴 직렬저항은 LED에 흐르는 전류의 양을 제어함으로서 LED에 과전류가 흘러 LED가 파괴되는 것을 방지하는 보호저항의 역할을 한다.

이들 LED를 ON시키기 위해선 이들과 연결된 GPIO 포트 핀에 HIGH(통상 3.3V 혹은 5V)를 출력해야 하며 LED를 OFF시키기 위해선 이들과 연결된 GPIO 포트 핀에 LOW(통상 0V)를 출력해야 한다.

GPIO 포트 C의 모든 핀을 출력으로 사용할 수 있도록 포트 Data Direction 레지스터 즉 DDRC의 8 비트의 값 모두를 1로 세팅하여 출력포트로 설정하고 포트 C의 해당 핀으로 HIGH

혹은 LOW 값을 출력하여 LED를 켜거나 끄기 위하여 포트 Data 레지스터의 각 비트를 1 혹은 0으로 설정한다.

4.2.2 LED 기본 지식

LED는 전기적인 신호를 빛에너지로 변환하는 소자이다.

Light Emitting Diode의 약자로 발광 다이오드를 뜻하며 이는 화합물반도체의 특성을 이용해 전기 신호를 적외선 또는 빛으로 변환시켜 신호를 보내고 받는 데 사용되는 반도체의 일종으로 가정용 가전제품, 리모콘, 전광판, 표시기, 각종 자동화기기 등에 사용된다.

LED는 크게 IRED(Infrared Emitting Diode)와 VLED(Visible Light Emitting Diode)로 나뉜다.

부품 외형 A (일반 LED) | 부품 외형 B (Bar LED) | 회로도 기호

[그림 4-6] LED 외형

① Infrared LED chip

IRED(Infrared Emitting Diode)Chip을 뜻하는 것이다. 이 칩은 가공되어 IR Emitter, TV 리모컨, 광학스위치, IR LAN, 무선 디지털 데이터 통신용 모듈 등에 쓰인다.

② Visible LED chip

VLED(Visible Light Emitting Diode)Chip을 뜻하며 빨강, 녹색, 오렌지색 등이 개발되어 있다. 이 칩은 램프로 조립(LED)되어 각종 전자제품의 표시나 신호등 및 전광판 등의 광원으로 쓰인다.

③ LED 부분별 명칭

LED는 반도체라는 특성으로 인해 처리속도, 전력소모, 수명 등의 제반사항에서 큰 장점을 보여 각종 전자제품의 전자표시부품으로 각광받고 있다. 그리고 높은 휘도의 제품들이 생산되면서 앞으로 조명기구의 역할도 대치할 수 있을 것이다.

기존 전구램프처럼 눈이 부시거나 엘리먼트가 단락되는 경우가 없는 LED는 소형으로 제작되어 각종 표시소자로 폭넓게 사용되고 있으며 반영구적인 수명(약 1백만 시간)으로 그 활용도가 높다. 특히 청색LED의 상용화로 LED의 풀 컬러 구현이 가능해지고 가격도 크게 낮출 수 있게 되면서 제품의 활용도는 급속히 높아질 전망이다.

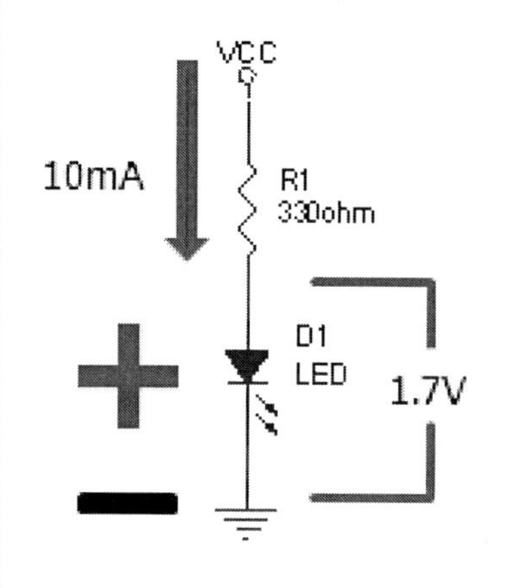

기본 구동 회로

R = V / I
R=(VCC−1.7V) / 10mA
R=(5V-1.7V) / 10mA
R=3.3V / 10mA
R=3300mV / 10mA
R=330

옴의 법칙에 의한 계산

[그림 4-7] LED 기본 구동 회로

■ **LED와 직렬 저항**

LED는 보통 위의 그림과 같이 직렬저항과 함께 사용되는데, 이 저항은 LED에 흐르는 전류의 양을 제어함으로서 LED에 과전류가 흘러 LED가 파괴되는 것을 방지하는 보호저항의 역할을 한다.

또한 LED 소자는 공급되는 전류량에 의해서 밝기를 조정할 수 있으며, 위 그림에서와 같이 직렬저항과 구동 전압으로 구현된 회로에서는 구동전압을 변경하거나 직렬저항 값을 변경함으로서 공급되는 전류량을 조절할 수 있다.

4.2.3 GPIO 포트를 이용한 LED 제어 프로그램

본 실습에서는 포트 C의 8개 핀에 연결되어 있는 8개의 LED 모듈의 LED0~ LED7에 0.5초(500ms) 주기로 모두 켜고 하나 걸러서 켜고, 모두 끄는 것을 반복하는 프로그램을 구현하고자 한다.

io.h 헤더파일은 AVR-GCC에서 지원하는 AVR I/O 레지스터들에 대한 정의를 사용하기 위해 선언한다.(예: PORTC, DDRC, …) 이 헤더파일은 Atmel Studio 7 설치 경로인 C:₩Program Files (x86)₩Atmel₩Studio₩7.0₩toolchain₩avr8₩avr8-gnu-toolchain₩avr₩include₩avr 폴더 안에 위치해 있다.

delay.h 헤더파일은 Delay 함수인 _delay_ms() 함수를 사용하기 위해 선언되어 있다. 이 헤더파일은 Atmel Studio 7 설치 경로인 C:₩Program Files (x86)₩Atmel₩Studio₩7.0₩toolchain₩avr8₩avr8-gnu-toolchain₩avr₩include₩util 폴더 안에 위치해 있다.

```
#include <avr/io.h>
#include <util/delay.h>
```

① GPIO 포트 PORTC의 PC[0-7]에 연결된 8개의 LED를 모두 끄고 시작하기 위하여 PORTC 데이터 레지스터를 0x00으로 초기화하고 DDRC 레지스터에 0xFF를 셋팅하여 PC[0-7]을 모두 출력으로 설정한다.

② while(1)로 이루어진 무한 반복문 안에서 PORTC의 PC[0-7]에 연결된 8개의 LED를 모두 켜기 위하여 PORTC 데이터 레지스터를 2진수 0b11111111(0xFF)로 설정하고 _delay_ms(500) 함수를 이용하여 500ms 동안 대기 하도록 한다.

③ PC[0-7]에 연결된 8개의 LED를 하나씩 걸러서 켜기 위하여 PORTC 데이터 레지스터를 0b01010101(0x55)로 설정하고 _delay_ms(500) 함수를 이용하여 500ms 동안 대기 하도록 한다.

④ PC[0-7]에 연결된 8개의 LED를 모두 끄기 위하여 PORTC 데이터 레지스터를 0b00000000(0x00)로 설정하고 _delay_ms(500) 함수를 이용하여 500ms 동안 대기 하도록 한다.

⑤ 위 ②~④ 부분을 무한 반복한다.

```
int main (void)
{
  PORTC    = 0x00; // PORT C를 0x00 설정하여 LED를 모두 끔
  DDRC     = 0xFF; // PORT C의 0~7비트를 모두 출력으로 설정

  while (1)
  {
        PORTC = 0b11111111; // 0xFF, LED 모두 켜기.
        _delay_ms(500);      // 500ms동안 대기.

        PORTC = 0b01010101; // 0x55, LED 하나씩 번갈아 켜기
        _delay_ms(500);      // 500ms동안 대기.

        PORTC = 0b00000000; // 0x00, LED 모두 끄기
        _delay_ms(500);      // 500ms동안 대기.
  }
}
```

프로그램 소스 작성을 완료했다면 프로그램을 빌드(F7)하고 장비에 다운로드(Ctrl+Shift+p) 한 후 그 결과를 확인한다. 프로그램이 장비에 다운로드 완료되면 LED 모듈의 LED0 ~ LED7에 500ms 주기로 LED가 모두 켜지고 하나씩 번갈아 켜지고 모두 꺼지는 것을 확인할 수 있을 것이다.

4.2.4 LED를 이용한 이진 카운팅 프로그램

본 실습에서는 포트 C의 8개 핀에 연결되어 있는 8개의 LED모듈의 LED0~LED7에 0.5초(500ms) 주기로 LED의 각 비트로 2진수로 표현할 때 0x00~0xFF까지 1씩 증가하는 값이 표시되는 프로그램을 구현하고자 한다.

io.h 헤더파일은 AVR-GCC에서 지원하는 AVR I/O 레지스터들에 대한 정의를 사용하기 위해 선언한다.(예: PORTC, DDRC, …) 이 헤더파일은 Atmel Studio 7 설치 경로인 C:₩Program Files (x86)₩Atmel₩Studio₩7.0₩toolchain₩avr8₩avr8-gnu-toolchain₩avr₩include₩avr 폴더 안에 있다.

delay.h 헤더파일은 Delay 함수인 _delay_ms() 함수를 사용하기 위해 선언되어 있다. 이 헤더파일은 Atmel Studio 7 설치 경로인 C:₩Program Files (x86)₩Atmel₩Studio₩7.0₩toolchain₩avr8₩avr8-gnu-toolchain₩avr₩include₩util 폴더 안에 있다.

```
#include <avr/io.h>
#include <util/delay.h>
```

① GPIO 포트 PORTC의 PC[0-7]에 연결된 8개의 LED를 모두 끄고 시작하기 위하여 PORTC 데이터 레지스터를 0x00으로 초기화하고 DDRC 레지스터에 0xFF를 셋팅하여 PC[0-7]을 모두 출력으로 설정하고 8비트 변수인 data를 0으로 초기화 한다.

② while(1)로 이루어진 무한 반복문 안에서 PORTC의 PC[0-7]에 연결된 8개의 LED에 8비트 변수인 data에 저장된 값에 대응하여 LED들이 켜지도록 PORTC 데이터 레지스터에 변수 data에 저장된 값으로 설정하고 data에 저장된 값을 1 증가시킨다. _delay_ms(500) 함수를 이용하여 500ms 동안 대기하도록 한다.

③ 무한 반복문 안에서 data에 저장되는 값은 0(0x00)~255(0xFF) 범위로 1씩 증가하다가 255가 되면 다시 0으로 바뀌어 다시 1씩 증가하게 되어 LED 모듈에 0~255 값이 2진수로 표현되는 것 같이 표시된다.

```
int main (void)
{
  unsigned char data = 0;

  PORTC    = 0x00; // PORT C를 0x00 설정하여 LED를 모두 끔
  DDRC     = 0xFF; // PORT C의 0~7비트를 모두 출력으로 설정

  while (1)
  {
  /* PORT C의 데이터 레지스터(PORTC)의 값을 0x00~0xFF까지 1씩 증가. */
        PORTC = data++;
        _delay_ms(500);      // 500ms동안 대기.
  }
}
```

프로그램 소스 작성을 완료했다면 프로그램을 빌드(F7)하고 장비에 다운로드(Ctrl+Shift+p)한 후 그 결과를 확인한다. 프로그램이 장비에 다운로드 완료되면 LED 모듈의 LED0~LED7에 500ms 주기로 LED의 각 비트를 2진수로 표현할 때 0x00~0xFF까지 1씩 증가한 값이 표시되는 것을 확인할 수 있을 것이다.

4.2.5 GPIO 포트 비트 제어 LED 프로그램

본 실습에서는 GPIO 포트 PORTC[0-7] 핀들 중 한 핀만을 제어하기 위해 필요한 비트제어 방법을 이해하도록 하는 내용이 포함된다. LED 모듈의 LED0부터 LED7 순서로 500ms동안 순차적으로 하나씩 추가로 켜지고 다시 순차적으로 하나씩 꺼지는 프로그램을 구현하고자 한다.

만약 8비트 포트 PORTC[0-7] 데이터 값 중 원하는 비트만의 값을 변경하려 할 경우에 변경하려고 하는 비트의 값을 무조건 1로 바꾸고자 할 경우 (해당 비트에 연결 된 LED를 켜고자 할 때) |(비트 OR) 연산을 이용하게 되는데 이는 OR 연산은 원래 값에 상관없이 원래 값과 1을 OR 연산하면 무조건 1이 되고 원래 값과 0을 OR 하게 되면 원래 값이 유지되기 때문이다. 반대로 변경하려고 하는 비트의 값을 무조건 0으로 바꾸고자 할 경우 (해당 비트에 연결 된 LED를 끄고자 할 때) &(비트 AND) 연산을 이용하게 되는데 이는 AND 연산은 원래 값에 상관없이 원래 값과 0을 AND 연산하면 무조건 0이 되고 원래 값과 1을 AND 하게 되면 원래 값이 유지되기 때문이다.

```
#include <avr/io.h>
#include <util/delay.h>
```

① GPIO 포트 PORTC의 PC[0-7]에 연결된 8개의 LED를 모두 끄고 시작하기 위하여 PORTC 데이터 레지스터를 0x00으로 초기화하고 DDRC 레지스터에 0xFF를 셋팅하여 PC[0-7]을 모두 출력으로 설정한다.

② for 반복문 안에서 _delay_ms(500)을 통해 0.5초 간격으로 비트 이동을 순차적으로 켜게 한다.

③ for(char i=0; i< 8; i++)로 이루어진 반복문 안에서 변수 i 값은 0부터 7까지 순차적으로 변하며 그 결과 값을 2진수로 표현하면 아래와 같이 된다.

```
i = 0: 1 << i -> 0b00000001, PORTC |= 0b00000001;
        PORTC = 0b00000000 | 0b00000001; -> 0b00000001
i = 1: 1 << i -> 0b00000010, PORTC |= 0b00000010;
        PORTC = 0b00000001 | 0b00000010; -> 0b00000011
i = 2: 1 << i -> 0b00000100, PORTC |= 0b00000100;
```

```
        PORTC = 0b00000011 | 0b00000100; -> 0b00000111
i = 3: 1 << i -> 0b00001000, PORTC |= 0b00001000;
        PORTC = 0b00000111 | 0b00001000; -> 0b00001111
i = 4: 1 << i -> 0b00010000, PORTC |= 0b00010000;
        PORTC = 0b00011111 | 0b00010000; -> 0b00011111
i = 5: 1 << i -> 0b00100000, PORTC |= 0b00100000;
        PORTC = 0b00011111 | 0b00100000; -> 0b00111111
i = 6: 1 << i -> 0b01000000, PORTC |= 0b01000000;
        PORTC = 0b00111111 | 0b01000000; -> 0b01111111
i = 7: 1 << i -> 0b10000000 PORTC |= 0b10000000;
        PORTC = 0b01111111 | 0b10000000; -> 0b11111111
```

위에서와 같이 i 값에 따라 LED가 비트 단위로 순차적으로 켜진다.

④ for 반복문 안에서 _delay_ms(500)을 통해 0.5초 주기로 비트 단위로 순차적으로 끄게 한다.

⑤ for(char i=0; i< 8; i++)로 이루어진 반복문 안에서 변수 i 값은 0부터 7까지 순차적으로 변하며 그 결과 값을 2진수로 표현하면 아래와 같이 된다.

```
i = 0: ~(1 << i) -> ~0b00000001, PORTC &= ~0b00000001;
        PORTC = 0b11111111 & 0b11111110; -> 0b11111110
i = 1: ~(1 << i) -> ~0b00000010, PORTC &= ~0b00000010;
        PORTC = 0b11111110 & 0b11111101; -> 0b11111100
i = 2: ~(1 << i) -> ~0b00000100, PORTC &= ~0b00000100;
        PORTC = 0b11111100 & 0b11111011; -> 0b11111000
i = 3: ~(1 << i) -> ~0b00001000, PORTC &= ~0b00001000;
        PORTC = 0b11111000 & 0b11110111; -> 0b11110000
i = 4: ~(1 << i) -> ~0b00010000, PORTC &= ~0b00010000;
        PORTC = 0b11110000 & 0b11101111; -> 0b11100000
i = 5: ~(1 << i) -> ~0b00100000, PORTC &= ~0b00100000;
        PORTC = 0b11100000 & 0b11011111; -> 0b11000000
```

```
i = 6: ~(1 << i) -> ~0b01000000, PORTC &= ~0b01000000;
        PORTC = 0b11000000 & 0b10111111; -> 0b10000000
i = 7: ~(1 << i) -> ~0b10000000, PORTC &= ~0b10000000;
        PORTC = 0b10000000 & 0b01111111; -> 0b00000000
```

위와 같이 i 값에 따라 LED 가 비트 단위로 순차적으로 꺼진다.

```
int main (void)
{
        PORTC  = 0x00; // PORT C를 초기값 0x00 설정하여 LED를 모두 끔.
        DDRC   = 0xFF; // PORT C의 0~7비트를 모두 출력으로 설정.

        for (char i = 0; i < 8; i++)
        {
             _delay_ms(500);       // 500ms동안 대기.
            // PORT C의 0번 비트부터 7번 비트까지 순차적 1로 셋팅 PORTC |=(1<<i);

        }
        for (char i = 0; i < 8; i++) //for(char i = 7; i >= 0; i—) 결과는?
        {
            _delay_ms(500);        // 500ms동안 대기.
            // PORT C의 0번 비트부터 7번 비트까지 순차적 0으로 셋팅
            PORTC &=~(1<<i);

        }
}
```

프로그램 소스 작성을 완료했다면 프로그램을 빌드(F7)하고 장비에 다운로드한 후 그 결과를 확인한다. 프로그램이 장비에 다운로드(Ctrl+Shift+p) 완료되면 LED 모듈의 LED0부터 LED7까지 500ms동안 하나의 LED씩 순차적으로 켜지고 다시 순차적으로 꺼지는 것을 확인할 수 있을 것이다.

4.3 GPIO 포트 출력 제어를 이용한 FND 구동 실습

■ **실습 목적:**

ATmega128의 범용 I/O 포트인 GPIO 포트 핀을 출력으로 설정하여 마이크로컨트롤러의 가장 기본적인 주변장치인 FND를 구동하는 방법을 이해한다.

4.3.1 GPIO 포트 제어를 이용한 FND 구동 실습 회로

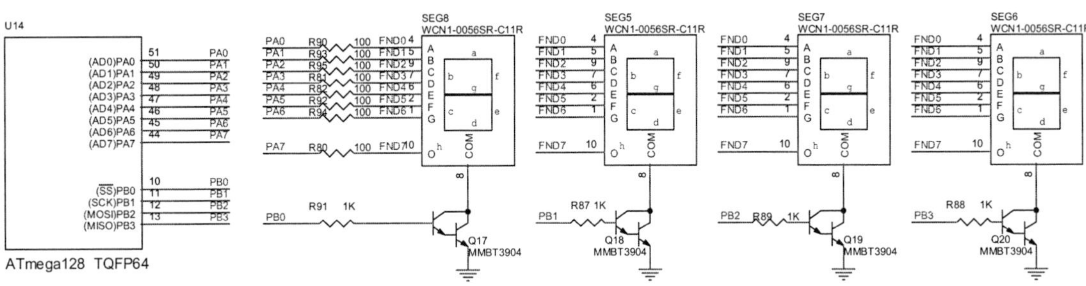

[그림 4-8] FND 구동 실습 회로도

ATmega128의 범용 I/O 포트인 포트 A의 PA[0-7]이 FND에 폰트 데이터 값을 쓰기 위해 연결되어 있고, PB[0-3]까지를 4개의 FND를 선택하기 위한 제어를 위해 연결되어 있다. 그러므로 모두 출력 포트로 설정되어져야 한다.

포트 A의 모든 핀을 출력으로 사용하기 위하여 포트 방향 레지스터 즉 DDRA 8 비트의 값 모두를 1로 세팅시켜 출력포트로 설정하고 포트 B의 하위 4핀도 출력으로 사용하기 위하여 DDRB의 하위 4개 비트를 1로 세팅시켜 출력 포트로 설정한다.

포트 B의 하위 4개 핀에 트랜지스터를 통해 연결된 FND 선택 제어 포트는 포트 B의 해당 핀에 HIGH 값이 인가되면 해당 FND가 동작이 되도록 설계되어 있고, 표시되는 폰트 데이터는 포트 A를 통해 제공되게 되어 있으며 아래 [표 4-2]에 포트 A를 통해 제공할 16진수 Hex 값에서 사용되는 숫자와 문자들의 폰트 데이터 값들을 나타내었다.

4.3.2 FND 기본 지식

디지털 회로에서 정보를 표시하는 방법에는 여러 가지가 있다. 그 중 가장 보편적인 방법으로는 LED를 사용하는 것이다. 하지만 LED로는 많은 정보를 쉽게 표현할 수가 없다는 단점이 있다. 그래서 만들어진 장치가 바로 흔히들 FND라 불리는 7-세그먼트 LED이다.

FND는 실생활에서 많이 사용되는 표시 장치로 엘리베이터에서 층을 나타내는 숫자 표시기 등에 사용된다..

7-세그먼트의 외형과 구조는 다음과 같다.

[그림 4-9] 7-세그먼트 외형

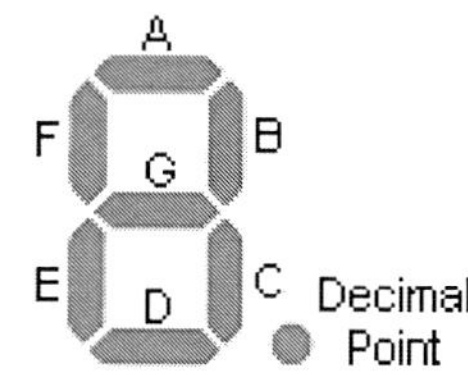

[그림 4-10] 7-세그먼트 배열

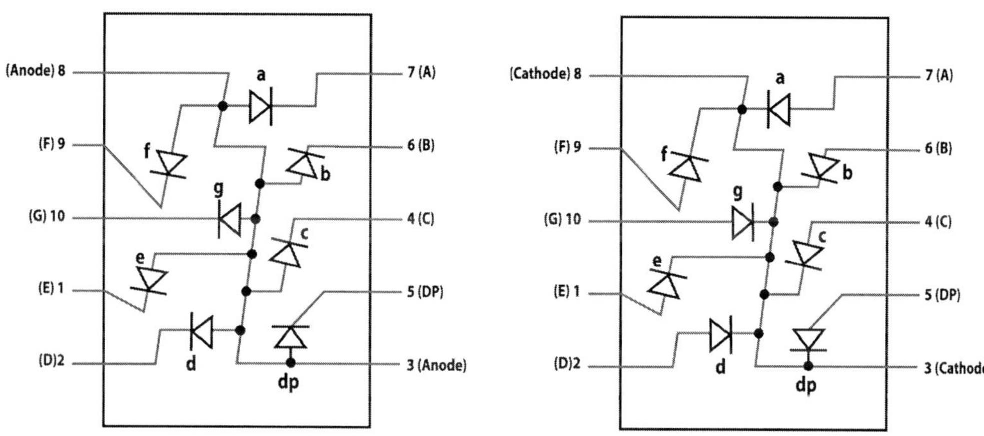

(a) Anode 공통 내부 구조

(b) Cathode 공통 내부 구조

[그림 4-11] 7-세그먼트 내부구조

사용자가 7-세그먼트의 표시를'0'으로 하려면 「세그먼트 배열」에서 a, b, c, d, e, f의 LED는 켜고, g의 LED는 끄면 된다. 다시 말해, Cathode 공통 7-세그먼트에서 a, b, c, d, e, f의 LED에 '1'을 출력하면 LED는 켜지고, g의 LED에 '0'을 출력하면 LED는 꺼지게 된다.

아래의 표는 Cathode 공통 FND의 Hex 표시 폰트 데이터를 표시하고 있다.

[표 4-2] Hex 표시 폰트 데이터

DISPLAY	HEX	dot	g	f	e	d	c	b	a
0	0x3F	0	0	1	1	1	1	1	1
1	0x06	0	0	0	0	0	1	1	0
2	0x5B	0	1	0	1	1	0	1	1
3	0x4F	0	1	0	0	1	1	1	1
4	0x66	0	1	1	0	0	1	1	0
5	0x6D	0	1	1	0	1	1	0	1
6	0x7D	0	1	1	1	1	1	0	1
7	0x07	0	0	0	0	0	1	1	1
8	0x7F	0	1	1	1	1	1	1	1
9	0x67	0	1	1	0	0	1	1	1
A	0x77	0	1	1	1	0	1	1	1
b	0x7C	0	1	1	1	1	1	0	0
C	0x39	0	0	1	1	1	0	0	1
d	0x5E	0	1	0	1	1	1	1	0
E	0x79	0	1	1	1	1	0	0	1
F	0x71	0	1	1	1	0	0	0	1
.	0x80	1	0	0	0	0	0	0	0

4.3.3 GPIO 포트를 이용한 FND 제어 프로그램

본 실습에서는 Atmega128의 포트 A의 8개 출력 핀 PA[0-7]에 공통으로 폰트 데이터 입력 핀이 연결되어 있고, 포트 B의 하위 4개 핀이 PB[0-3] 으로 4개의 세그먼트 중 표시를 할 세그먼트를 활성 시킬 수 있도록 선택 제어 핀에 연결되어 있는 4 x 7 세그먼트 FND에 숫자를

1초 주기로 우측에서 첫 번째 세그먼트에 4를 두 번째 세그먼트에 3을 세 번째 세그먼트에 2를 네 번째 세그먼트에 1을 순차적으로 켜는 프로그램을 구현하고자 한다.

io.h 헤더파일은 AVR-GCC에서 지원하는 AVR I/O 레지스터들에 대한 정의를 사용하기 위해 선언한다.

delay.h 헤더파일은 Delay 함수인 _delay_ms() 함수를 사용하기 위해 선언되어 있다.

```
#include <avr/io.h>
#include <util/delay.h>
```

① 각각의 7 세그먼트에 표시하는 시간 간격을 상수 DSP_TIME에 1000으로 정의하여 _delay_ms(DSP_TIME) 함수를 이용하여 1초 간격으로 하도록 정의한다. 추후에 이 값을 바꿔 가면서 어떻게 동작하는지 살펴 볼 것이다.

② FND의 7 세그먼트에 숫자와 문자를 표시할 수 있도록 아래 그림을 보고 조합하여 만들어 각 문자와 숫자에 대한 폰트 데이터를 배열에 정의하였다.

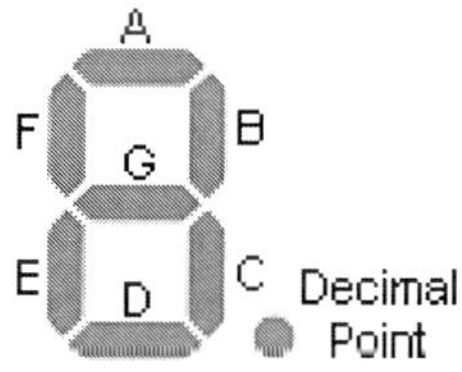

③ 배열 sel[4] 변수에 저장된 0x01, 0x02, 0x04, 0x08 값은 포트 B의 하위 4개 핀 PB[0-3]에 연결된 각각의 4개의 7 세그먼트를 순차적으로 활성화 할 때 편리하게 사용하려고 선언하였다.

```
#define DSP_TIME 1000

unsigned char FND_NUMBER[10] = {   0x3F, // 0
                                   0x06, // 1
                                   0x5B, // 2
                                   0x4F, // 3
                                   0x66, // 4
                                   0x6D, // 5
                                   0x7D, // 6
                                   0x07, // 7
                                   0x7F, // 8
                                   0x67};// 9
unsigned char sel[4] = {0x01, 0x02, 0x04, 0x08};
unsigned int number = 1234;
```

④ GPIO 포트 PORTA의 PA[0-7]에 연결된 8개의 7 세그먼트를 모두 끄고 시작하기 위하여 PORTA 데이터 레지스터를 0x00으로 초기화하고 DDRA 레지스터에 0xFF를 설정하여 PC[0-7]을 모두 출력으로 설정한다. 또한 PORTB의 하위 PB[0-3]에 연결된 4개의 7 세그먼트 활성 선택 제어 핀을 모두 비활성 시키기 위하여 PORTB 데이터 레지스터를 0xF0 와 &(비트 AND) 연산을 이용하여 PORTB의 하위 4 비트 값을 0(LOW)으로 하여 4개의 7 세그먼트를 모두 비활성 하였고 DDRB 레지스터에 0x0F로 |(비트 OR) 연산을 통해서 PB[0-3]만을 출력으로 설정하였다.

⑤ 우측 첫 번째 7 세그먼트를 동작시키기 위하여 해당 세그먼트 활성화 핀에 연결되어 있는 포트 B의 PB[3] 핀만 1(HIGH)로 활성화하기 위해 PORTB 데이터 레지스터에 sel[3](0x08, 16진수를 4비트 2진수 0b1000로 바꿔서 생각해 보자) 값을 |(비드 OR) 연산을 이용하여 설정하였다.

⑥ 포트 A의 PA[0-7]에 숫자 4에 대응하는 폰트 데이터 FND_NUMER[4] (0x66)을 PORTA에 저장하여서 7 세그먼트에 표시할 값으로 출력하여 숫자 4를 7 세그먼트에 표시하였다.

⑦ _delay_ms(DSP_TIME)을 이용하여 위에서 표시한 숫자를 1초간 표시하게 하였다.

⑧ 이전에 활성화 한 포트 B의 PB[3] 핀만 0(LOW)로 비활성화하기 위해 PORTB 데이터 레지스터에 ~sel[3](~0x08, 16진수를 4비트 2진수 0b0111로 바꿔서 생각해 보자) 값을 &(비드 AND) 연산을 이용하여 설정하였다.

⑨ 우측에서 2~4번째 7 세그먼트에 각각 숫자 3~1까지 순차적으로 표시하기 위하여 ⑤~⑧번에 필요한 값들만 적절히 변경하여 코딩하였다.

```
int main()
{
  PORTA = 0x00;          // 8개의 FND 데이터 초기화 (모두 Low)
  DDRA = 0xFF;           // 8개의 FND 데이터 핀 방향을 모두 출력으로 설정
  PORTB &= 0xF0;        // 4개의 FND 활성화 핀 초기화 (모두 Low)하여 모든
                         //    7 세그먼트 OFF시킴
  DDRB |= 0x0F; // 4개의 FND 세그먼트 활성화 핀 방향을 모두 출력으로 설정

  while(1)
  {
        PORTB |= sel[3]; // 4개의 Digit중 4번째 1개만 활성화 시켜서 킨다.
        PORTA = FND_NUMBER[number%10]; // 1234 % 10 = 4
        _delay_ms(DSP_TIME);
        PORTB &= ~sel[3]; // 4개의 Digit중 4번째 1개만 비활성화

        PORTB |= sel[2]; // 4개의 Digit중 3번째 1개만 ON 시켜서 킨다.
        PORTA = FND_NUMBER[(number/10)%10]; // (1234/10) % 10 = 3
        _delay_ms(DSP_TIME);
        PORTB &= ~sel[2]; // 4개의 Digit중 3번째 1개만 비활성화

        PORTB |= sel[1]; // 4개의 Digit중 2번째 1개만 ON 시켜서 킨다.
        PORTA = FND_NUMBER[(number/100)%10]; // (1234/100) %100 = 2
        _delay_ms(DSP_TIME);
        PORTB &= ~sel[1]; // 4개의 Digit중 2번째 1개만 비활성화

        PORTB = sel[0]; // 4개의 Digit중 2번째 1개만 ON 시켜서 킨다.
        PORTA = FND_NUMBER[number/1000]; // 1234/1000 = 1
        _delay_ms(DSP_TIME);
      PORTB &= ~sel[0]; // 4개의 Digit중 1번째 1개만 비활성화
  }
  return 0;
}
```

프로그램 소스 작성을 완료했다면 프로그램을 빌드(F7)하고 장비에 다운로드(Ctrl+Shift_p)한 후 그 결과를 확인한다. 프로그램이 장비에 다운로드 완료되면 1초 간격으로 우측 첫 번째 7 세그먼트에 4가 두 번째 7 세그먼트에 3, 세 번째에 2가 네 번째에 1이 표시되는 것을 확인한다.

% 만약 DSP_TIME을 5로 변경하여 5ms 단위로 원하는 digit을 활성화 하도록 변경하면 어떻게 될까? 눈의 착시현상으로 1234를 계속 디스플레이 해주는 프로그램이 될 것이다. 위 원리를 이용하여 반복문을 더 추가하여 number 값을 주기적으로 바꿔주면 숫자가 계속 바뀌게 할 수도 있다.

4.4 GPIO 포트 출력 제어를 이용한 TEXT LCD 구동 실습

■ 실습 목적:

ATmega128의 범용 I/O 포트인 GPIO 포트 핀을 출력으로 설정하여 Text LCD 모듈을 초기화하고 구동하는 방법 및 원리를 이해하고 Text LCD 모듈의 기본 지식을 이해한다.

4.4.1 GPIO 포트 제어를 이용한 TEXT LCD 구동 실습 회로

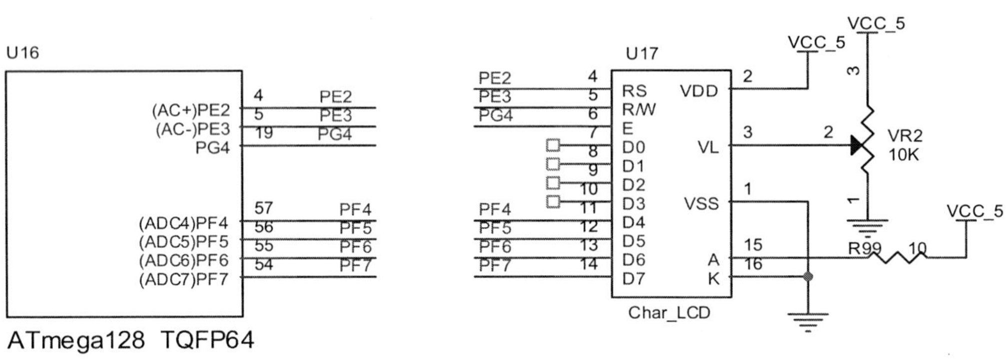

[그림 4-12] TEXT LCD 구동 실습 회로도

Text LCD는 4개 혹은 8개의 데이터 라인과, LCD Enable 핀, RS, R/W 핀을 사용하여 표시 데이터 모드(RS는 HIGH, R/W는 LOW)에서 Text LCD에 표시할 숫자 혹은 문자 데이터를 입력시켜 LCD에 문자열을 표시하거나, 제어 명령 모드(RS는 LOW, R/W는 LOW)에서 데이터를 전송하게 되면 화면 클리어나 커서 홈 같은 LCD 기능에 대한 설정을 할 수 있다.

회로는 PF[4-7]에 Text LCD의 4개의 데이터 라인을 이용하여 상위 4비트부터 연속적으로 4비트씩 나누어서 2번에 걸쳐 8비트의 데이터를 전송하도록 설계되었으며 ([표 4-4] 기능설정 명령어 D/L 비트 참조), 포트 E의 PE[2-3], 포트 G의 PG[4]에 제어 신호를 연결하여 Text

LCD를 제어하도록 구성되어 있다.

이전 장에서 설명한 방법에 따라 PF[4-7], PE[2-3], PG[4]를 출력으로 설정하기 위하여 해당 포트 DDDR 레지스터의 해당 비트를 출력으로 세팅하여야 한다.

Text LCD에 값을 쓰고 읽기 위한 제어 방법은 [그림 4-17], [그림 4-18]을 참조하면 된다.

4.4.2 TEXT LCD 기본 지식

디지털 회로에서 정보를 표시하는 방법에는 여러 가지가 있다. 그중 가장 보편적인 방법으로는 LED(Light Emitting Diode)와 7-세그먼트, DOT 매트릭스를 사용하는 것이다. 그러나 이런 방법으로는 보다 많은 정보를 표현할 수가 없다. 그래서 만들어진 장치가 LCD이다. 하지만 LCD는 LED처럼 스스로 발광하는 능력을 가지고 있지 않아서 주위의 밝기가 낮은 곳에서는 사용하기 어렵고, LCD를 보는 각도에 따라서 상태가 다르다. 그래서 백라이트가 내장된 제품들이 개발, 생산되고 있다.

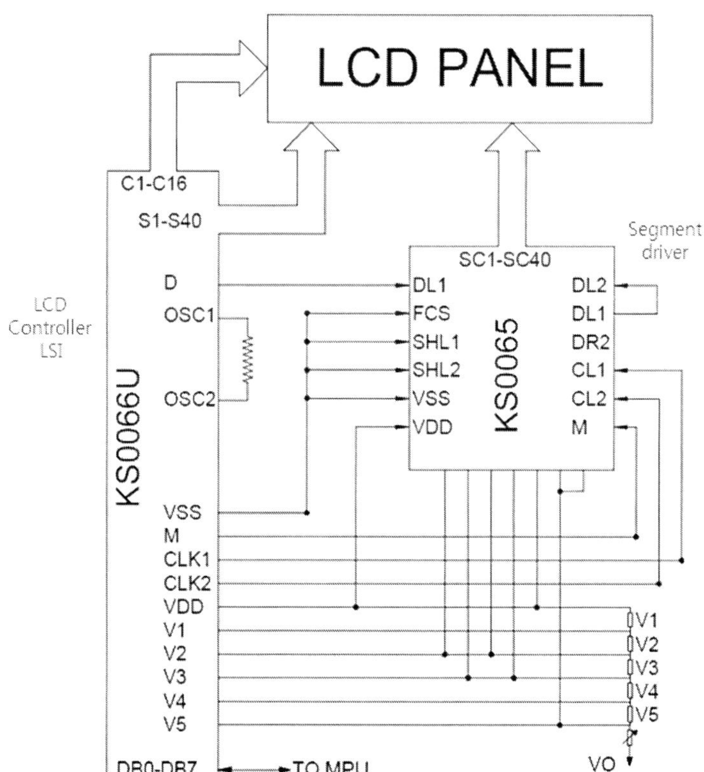

[그림 4-13] Text LCD 모듈 내부 블록도

아래 표는 Text LCD 모듈의 각 핀에 대한 명칭 및 설명을 보여주고 있다.

[표 4-3] Text LCD 모듈의 각 핀에 대한 명칭

핀 번호	기호	기 능	
1	Vss	0V	전원
2	VDD	5V	
3	VL	3-13V	CONTRAST CONTROL
4	RS	H: 데이터 입력, L: 명령 입력	
5	R/W	H: 데이터 읽기, L: 데이터 쓰기	
6	E1	H: Enable, L: Disable	
7~14	D[0-7]	데이터 버스 4비트 인터페이스 모드에서는 DB4 ~ DB7을 사용한다.	
15	A	LCD 백 라이트 전원	
16	K		

본 장비에서 사용되는 Text LCD는 16×2 LCD로 가로 16행, 세로 2열에 32개의 문자판으로 구성되어 있으며, 백라이트가 내장된 제품이다.

다음의 그림은 Text LCD의 출력 가능한 문자수에 따른 DDRAM 주소 값을 보여주고 있다. 본 장비에 사용된 Text LCD 모듈은 16×2 Line이므로 첫 번째 라인의 첫 문자의 DDRAM 주소는 0x00번지가 되고 마지막 16번째 문자의 DDRAM 주소는 0x0F가 된다. 그리고 두 번째 라인의 DDRAM 주소는 0x40부터 0x4F번지가 된다.

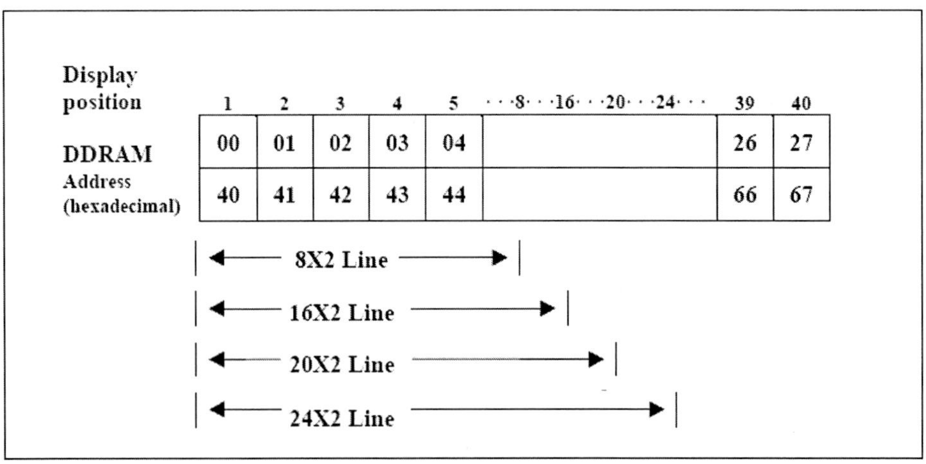

[그림 4-14] LCD 출력문자 수에 따른 출력위치 DDRAM 주소

Text LCD 모듈은 문자 패턴 출력을 위해서 두 개의 메모리를 지원한다. 그 중 하나는 일반적으로 사용되는 문자 패턴들이 미리 저장되어 있어 해당 코드 값을 이용해 쉽게 LCD에 문자를 출력할 수 있도록 지원하는 CGROM이 있다. 나머지 하나는 사용자가 LCD에 출력할 문자 패턴을 직접 만들 수 있도록 지원하는 CGRAM이 있다. 다음 그림은 CGRAM 어드레스와 문자 코드(DDRAM) 그리고 문자 패턴의 관계를 보여주고 있다.

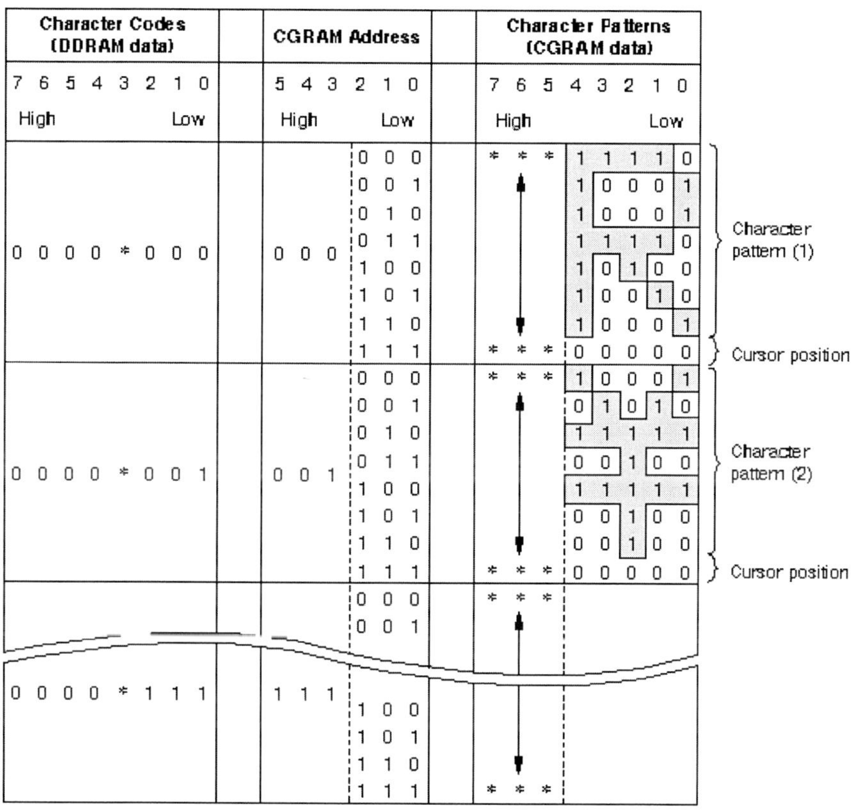

[그림 4-15] DOT문자 패턴

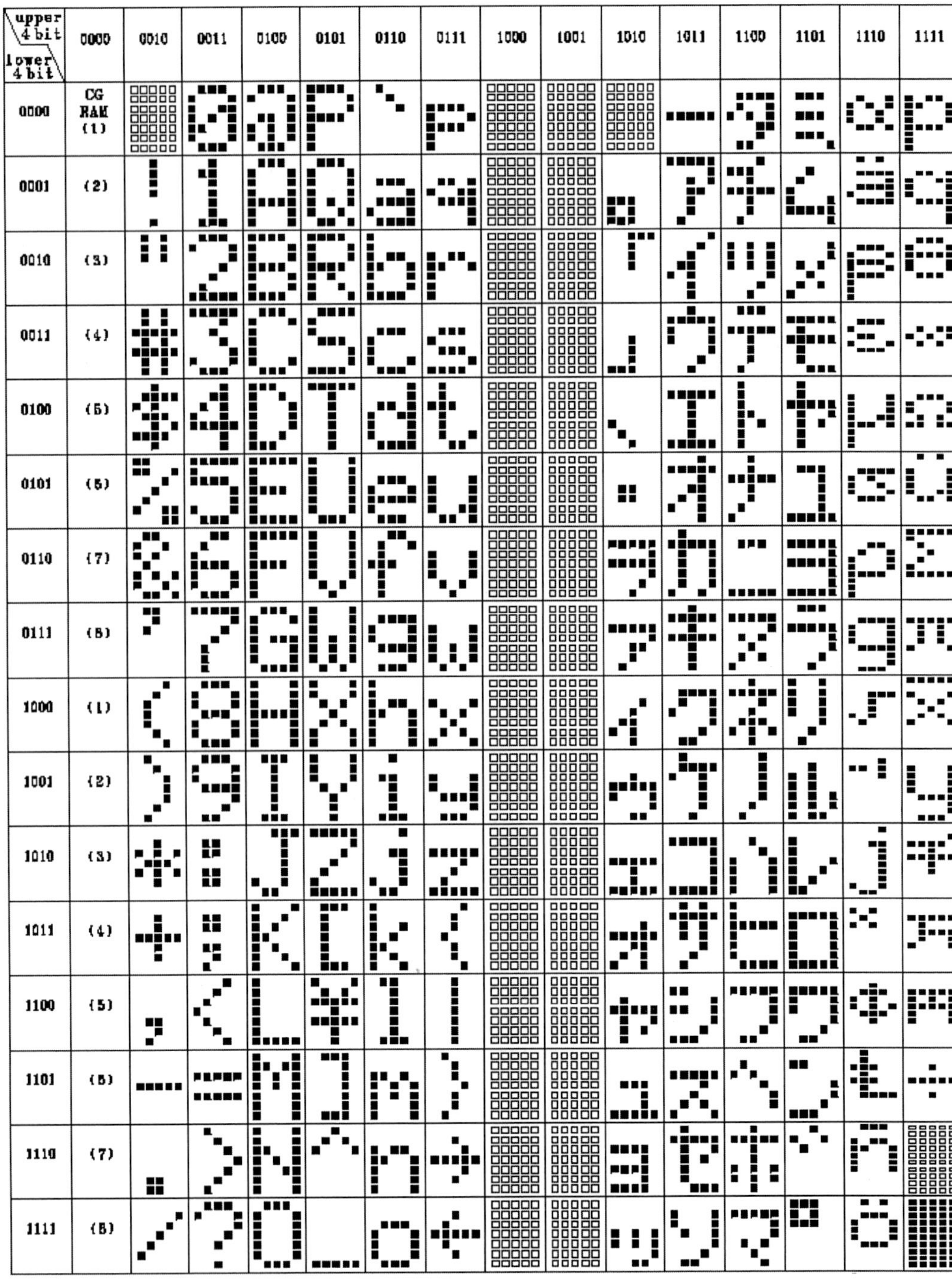

[그림 4-16] 내장된 CGROM 문자표 패턴

[표 4-4] LCD 제어 명령어 및 설명

명령어	데이터								실행 시간	기능
	D7	D6	D5	D4	D3	D2	D1	D0		
표시 클리어	0	0	0	0	0	0	0	1	1.64ms	Clear Display 후, 커서 홈위치
커서 홈	0	0	0	0	0	0	1	*	1.64ms	커서를 홈위치로
엔트리 모드	0	0	0	0	0	1	I/D	S	40us	데이터 읽기/쓰기시 커서 진행방향 I/D(1:증가, 0:감소) S(1:표시 시프트)
표시 On/Off	0	0	0	0	1	D	C	B	40us	D (1:화면 표시) C(1:커서 표시) B(1:커서 깜빡임)
커서/표시 시프트	0	0	0	1	S/C	R/L	*	*	40us	S/C (1:화면, 0:커서) R/L(1:오른쪽, 0:왼쪽)
기능 설정	0	0	1	DL	N	F	*	*	40us	D/L (1:8비트 0:4비트 인터페이스) N(1:2라인, 0:1라인) F(1:5×10dots, 0:5×7dots)
CGRAM Address 설정	0	1	CGRAM Address						40us	CGRAM Address Set, 이후 전송. 데이터는 CGRAM 데이터로 인식
DDRAM Address 설정	1	L	DDRAM Address						40us	DDRAM Address Set, 이후 전송 데이터는 DDRAM 데이터로 인식 L(0:1라인, 1:2라인)
비지플래그/어드레스읽기	BF	Address							0us	Busy Flag 체크 및 어드레스 읽기 CG/DDRAM 모두 사용 가능 BF(0:처리 끝남, 1:처리 중)
CG/DD RAM데이터 Write	Data								40us	CG/DD RAM에 데이터를 써 넣는다.
CG/DD RAM데이터 Read	Data								40us	CG/DD RAM의 데이터를 읽는다.

■ 제어 명령

LCD 모듈을 사용하기 위해서는 [표 4-4]의 제어 명령(Instruction)을 알아야 한다. 이들 명령은 MCU가 LCD 모듈을 초기화하거나 동작모드를 설정하는 프로그램에서 사용되며 LCD를 동작시키려면 꼭 설정해야 하는 제어 명령들이다. RS 핀과 R/W 핀 모두 LOW로 하고 데이터 버스를 통하여 제어 명령 값들을 써주면 LCD 모드 설정 및 표시 클리어, 커서 홈 등 제어를 수행할 수 있다.

① 표시 클리어

Instruction Register에 [00000001] =〉 0x01을 입력하여야 한다. LCD에 표시된 화면을 지우고 주소 카운터를 DDRAM 어드레스 0번지로 설정한 후, 커서를 home위치(0 번지)로 옮긴다.

② 커서 home

Instruction Register에 [00000010] =〉 0x02을 입력하여야 한다. DDRAM의 내용은 변경하지 않고 즉 LCD에 표시된 화면은 지우지 않고 주소 카운터를 DDRAM 어드레스 0번지로 설정한 후, 커서만 home 위치로 옮긴다.

③ 엔트리 모드

Instruction Register에 [000001(I/D)S]로 입력하여야 한다. LCD에 표시 할 내용을 쓸 때 혹은 표시 된 내용을 읽을 때 커서의 위치를 오른쪽으로 이동시킬 것인가, 왼쪽으로 이동시킬 것인가를 결정하며, 또 이때 화면을 시프트 동작의 유, 무를 결정한다.

- I/D : DDRAM, CGRAM에 문자코드를 읽고, 쓸 때 DDRAM, CGRAM의 어드레스 변경 방식을 정할 때 사용한다.

  I/D=1 : 어드레스 +1, 커서의 위치를 오른쪽 이동

  I/D=0 : 어드레스 -1, 커서의 위치를 왼쪽 이동
- S : DDRAM의 전체 데이터를 좌, 우 방향으로 이동 여부를 결정한다.

  S=1 : 화면을 시프트 시킨다.

  S=0 : 화면을 시프트 시키지 않는다.

  위에서 설명한 I/D, S를 조합하여 LCD에 표시하는 데이터를 이동시킬 수 있다.

  S=1, I/D=1:LCD의 Display Data 전체가 좌로 이동한다.

  S=1, I/D=0:LCD의 Display Data 전체가 우로 이동한다.

본 교재에서는 I/D를 1, S는 0으로 하여 화면을 시프트 하지 않고 커서를 오른쪽으로 움직이게 하도록 [00000110] =〉 0x06로 제어 명령한다.

④ 표시 ON/OFF

Instruction Register에 [00001DCB]을 입력하여야 한다.

화면상의 DISPLAY를 ON/OFF 한다.

D = 1 : 화면 표시 ON.

D = 0 : 화면 표시 OFF.

C = 1 : 커서 표시 ON.

C = 0 : 커서 표시 OFF.

B = 1 : 커서를 깜박이게 한다.

B = 0 : 커서를 깜박이지 않는다.

본 교재에서는 화면 표시 ON, 커서표시 OFF, 커서가 깜박이지 않도록 [00001100] => 0x0c로 제어 명령한다.

⑤ 커서/표시 시프트

Instruction Register에 [0001(S/C)(R/L)**]을 입력하여야 한다.

Display data, 커서를 오른쪽, 왼쪽으로 시프트 하도록 한다.

S/C	R/L	동　작
0	0	커서 위치를 좌로 이동한다. (어드레스 카운터 -1)
0	1	커서 위치를 우로 이동한다. (어드레스 카운터 +1)
1	0	표시 전체를 좌로 이동, 표시는 커서에 따라 이동한다.
1	1	표시 전체를 우로 이동, 커서는 표시에 따라 이동하지 않음

본 교재에서는 커서를 사용하지 않기 때문에 사용하지 않는 설정이다.

⑥ 기능 설정

Instruction Register에 [001(DL)NF**]을 입력하여야 한다. MCU와의 인터페이스에서 데이터의 길이를 8비트, 4비트로 설정하고, 화면 표시 행수를 2행, 1행으로 지정하며, 문자의 폰트를 5×10 DOT, 5×7 DOT로 설정한다.

DL = 1 : 데이터를 8비트 사용

DL = 0 : 데이터를 4비트 사용.

정확한 데이터를 보내기 위해서는 8비트를 전송해야 한다. 그래서 상위 4비트를 먼저 전송하고, 하위 4비트를 나중에 전송한다.

N : 표시행 수를 설정한다.
F : 문자 폰트를 설정한다.

N	F	표시행 수	문자 폰트	듀티비
0	0	1	5×7	1/8
0	1	1	5×10	1/11
1	*	2	5×7	1/18

본 교재에서는 데이터 버스를 4비트, 5 x 7 폰트 2행을 사용하므로 [00101000] => 0x28로 제어 명령한다.

⑦ CGRAM 어드레스

Instruction Register에 [01xxxxxx]을 입력하여야 한다. 사용자 폰트를 저장하고자 할 때 CGRAM의 어드레스를 지정한다. 이후에 송수신하는 데이터는 CGRAM의 해당 주소에서 읽거나 쓰게 되는 데이터이다.

xxxxxx: CGRAM 어드레스

⑧ DDRAM 어드레스

instruction Register에 [1Lxxxxxx]을 입력하여야 한다. LCD에 표시하기 위하여 임의의 위치로 커서를 옮길 때 DDRAM의 어드레스를 지정한다. 이후에 송수신하는 데이터는 DDRAM의 해당 주소에서 읽거나 쓰게 되는 데이터이다.

L = 1 : LCD 두 번째 행 주소 영역으로 [11000000]=> 0xc0이 시작 주소
L = 0 : LCD 첫 번째 행 주소 영역으로 [10000000]=> 0x80이 시작 주소
Lxxxxxx: DDRAM 어드레스

⑨ 비지플래그/어드레스 읽기

Instruction Register에 [(BF)0000000]을 입력하여야 한다. LCD 모듈이 현재 동작하고 있음을 나타내는 Busy Flag 및 어드레스 카운터의 내용을 읽는다.

LCD모듈이 각 제어 코드를 실행하는 데는 지정된 시간이 필요하므로 CPU는 다음 제어 코드를 보내기 전에 충분히 대기하여야 한다. 하지만, Busy Flag를 읽어 1이면 LCD 모듈이 활동 중이므로 기다리다가, 0이 되면 활동을 멈춘 상태여서 다음 명령을 보내면 빠르게 제어할 수 있다.

본 교재에서는 Busy Flag를 읽어서 판단하는 대신 제어 명령을 보낸 후 처리하기에 충분한 시간인 100ms를 지난 후에 다음 명령을 수행하는 방법을 사용하였다.

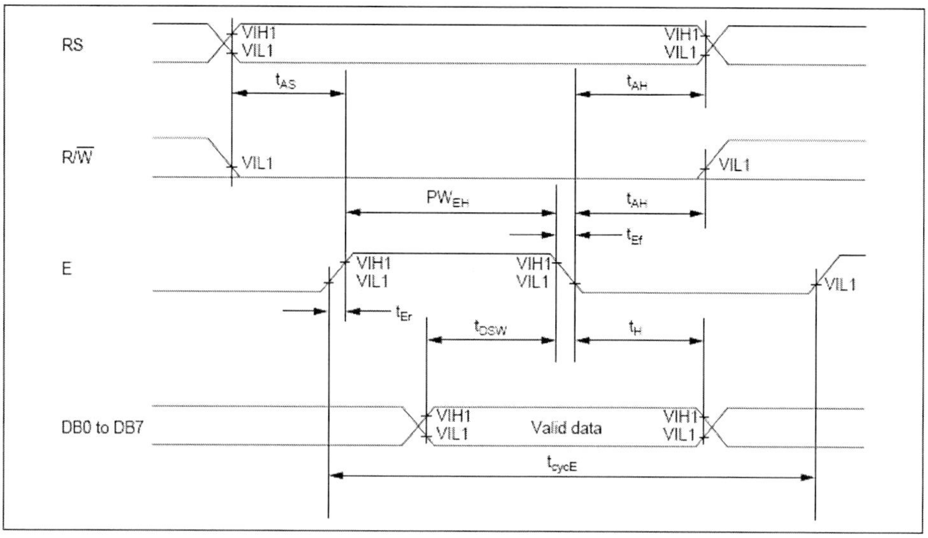

[그림 4-17] Write 동작 타이밍

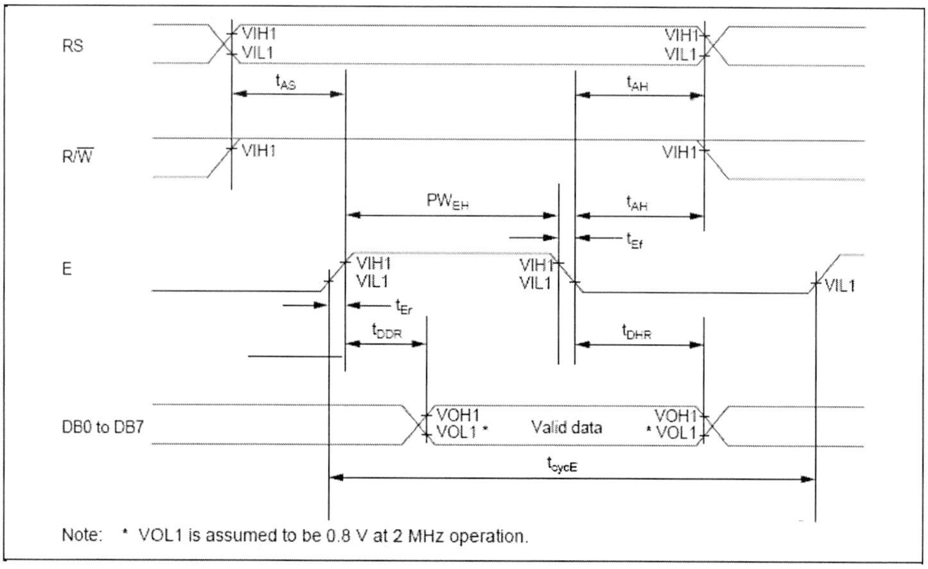

[그림 4-18] Read 동작 타이밍

Power on

↓

Wait for more than 30 ms after VDD rises to 4.5 v

↓

Function set									
RS	R/W	DB7	DB6	DB5	DB4	DB3	DB2	DB1	DB0
0	0	0	0	1	1	N	F	X	X

N		
N	0	1-line mode
	1	2-line mode

F		
F	0	display off
	1	display on

↓

Wait for more than 39 µs

↓

Display ON/OFF Control									
RS	R/W	DB7	DB6	DB5	DB4	DB3	DB2	DB1	DB0
0	0	0	0	0	0	1	D	C	B

D		
D	0	display off
	1	display on

C		
C	0	cursor off
	1	cursor on

B		
B	0	blink off
	1	blink on

↓

Wait for more than 39 µs

↓

Display Clear									
RS	R/W	DB7	DB6	DB5	DB4	DB3	DB2	DB1	DB0
0	0	0	0	0	0	0	0	0	1

↓

Wait for more than 1.53 ms

↓

Entry Mode Set									
RS	R/W	DB7	DB6	DB5	DB4	DB3	DB2	DB1	DB0
0	0	0	0	0	0	0	1	I/D	SH

I/D		
I/D	0	decrement mode
	1	increment mode

SH		
SH	0	entire shift off
	1	entire shift on

↓

Initialization end

[그림 4-19] Text LCD 초기화 순서

4.4.3 GPIO 포트를 이용한 TEXT LCD 제어 프로그램

본 실습에서는 Atmega128의 PF[4-7]에 Text LCD의 4개의 데이터 라인이 연결되어 있고 포트 E의 PE[2-3], 포트 G의 PG[4]에 제어 신호들이 [그림 4-12] TEXT LCD 구동 실습 회로도와 같이 연결되어 있을 때 ATmega128의 GPIO 포트를 이용하여 Text LCD 모듈을 초기화하고 임의의 문자열을 출력하는 프로그램을 작성하여 Text LCD 첫 번째 라인에는 " **Text LCD** "를 두 번째 라인에는 " Test Program "를 표시하는 프로그램을 구현하고자 한다.

io.h 헤더파일은 AVR-GCC에서 지원하는 AVR I/O 레지스터들에 대한 정의를 사용하기 위해 선언한다.(예: PORTC, DDRC,...)

delay.h 헤더파일은 Delay 함수인 _delay_ms() 함수를 사용하기 위해 선언되어 있다.

```
#include <avr/io.h>
#include <util/delay.h>
```

아래 내용은 프로그램에 사용될 비트 정의 부분이다.

① 비트를 아래 소스와 같이 정의를 해 놓으면 비트 연산이나 레지스터 설정할 때 유용하게 사용할 수 있다.

```
/* 비트 정의 */
#define BIT0    0x01
#define BIT1    0x02
#define BIT2    0x04
#define BIT3    0x08
#define BIT4    0x10
#define BIT5    0x20
#define BIT6    0x40
#define BIT7    0x80
```

② Text LCD 레지스터 관련 정의 부분이다. 프로그램상에 직접 코딩할 수 있지만 C언어의 장점인 이식성을 활용하기 위해서 #define을 이용하여 상수로 정의하였다.

이 소스코드가 다른 마이크로프로세서에서 사용된다면 아래 코드를 그 마이크로프로세서에 맞게 수정 작업을 해주면 된다.

```
/* Character LCD Enable 제어 */
#define LCD_ENABLE      PORTG |= BIT4;     // E핀 HIGH
#define LCD_DISABLE     PORTG &= ~BIT4;  // E핀 LOW

/* Character LCD RS 제어 */
#define LCD_CONTROL_SELECT  PORTE &= ~BIT2; // RS핀 LOW
#define LCD_DATA_SELECT     PORTE |= BIT2;    // RS핀 HIGH

/* Character LCD R/W 제어 */
#define LCD_DATA_READ PORTE |= BIT3;    // RW핀 HIGH
#define LCD_DATA_WRITE          PORTE &= ~BIT3; // RW핀 LOW

/* Character LCD LINE1,2 제어 및 어드레스 */
#define LCD_LINE1   0x80  // 첫 번째 줄에 표시하고자 할 때 주소 설정

#define LCD_LINE2   0xC0  // 두 번째 줄에 표시하고자 할 때 주소 설정

char lcd_str1[17] = "  **Text LCD**  ";
char lcd_str2[17] = "  Test Program  ";
```

#define으로 정의된 LCD_LINE1 즉 0x80번지는 DDRAM Address에 0x80을 설정하면 LCD의 커서 위치가 첫 번째 줄의 처음으로 이동하고, LCD_LINE2 즉 0xC0로 설정하면 두 번째 줄로 이동한다.

instruction_Out() 함수는 외부로부터 입력받은 명령으로 LCD 명령 레지스터를 설정하고 그 동작을 수행하는 함수이다. 4비트로 LCD를 제어하기 때문에 상위 4비트를 먼저 레지스터에 쓰고, 하위 4비트를 레지스터에 기입하는 방법으로 LCD에 데이터를 전송한다.

① LCD의 기능을 설정하기 위한 모드 시, 제어 핀들은 아래와 같은 순서로 값을 인가한다. [그림 4-17] Write 동작 타이밍 참조 바란다.
② PG4 핀에 연결된 E핀을 HIGH로 한다.
③ PE2 핀에 연결된 RS 핀값을 LOW로 하여 제어 명령 전송 모드 임을 LCD 컨트롤러에 알린다.
④ PE3 핀에 연결된 R/W 핀값을 LOW로 하여 쓰기 동작으로 한다.
⑤ [표 4-4]에 나열된 8비트 제어 명령 값 중 상위 4 비트를 PF[4-7] 핀을 통해 전송한다.
⑥ PG4 핀에 연결된 E핀을 LOW로 한다.
⑦ 제어 명령 값 중 하위 4비트에 대해 ①~⑥ 동작을 수행하여 제어 명령을 전송을 완료한다.

```
void instruction_Out(unsigned char data)
{
  LCD_CONTROL_SELECT; // PE[2]->RS 핀 LOW
  LCD_DATA_WRITE;      // PE[3]->R/W 핀 LOW

  LCD_ENABLE;           // PG[4]->E 핀 HIGH
  PORTF &= ~0xF0;       // PORTF &= 0xF0; PF[4-7] 비트 0으로
  PORTF |= data & 0xF0; // 데이터 버스 상위 4비트 통로로
                        // 상위 4 비트만 출력
  LCD_DISABLE;          // PG[4]->E 핀 LOW


  LCD_ENABLE;           // PG[4]->E 핀 HIGH
  PORTF &= ~0xF0;       // PORTF &= 0xF0; PF[4-7] 비트 0으로
  PORTF |= (data << 4) & 0xF0; //하위 4 비트를 상위 4 비트 위치로
                        // 이동시켜서 데이터 버스 상위 4비트 통로로 출력
  LCD_DISABLE;          // PG[4]->E 핀 LOW

  _delay_ms(1);
}
```

8비트 데이터 버스로 LCD를 제어해도 가능하지만 GPIO 포트가 부족 시 4 비트 데이터 버스로도 LCD 제어가 가능하기 때문에 이 방법을 많이 이용한다.

char_Out() 함수는 입력받은 문자 한 바이트를 LCD의 DDRAM에 기록하고 LCD에 표시해준다. 앞에서 설명한 instruction_Out() 함수와 유사하지만, Text LCD의 RS핀을 HIGH로 하여 데이터 표시 모드로 바꾸어 준다.

① 표시할 문자를 전송하는 데이터 표시 모드 시, 제어 핀들은 아래와 같은 순서로 값을 인가한다. [그림 4-17] Write 동작 타이밍 참조 바란다.
② PG4 핀에 연결된 E핀을 HIGH로 한다.
③ PE2 핀에 연결된 RS 핀값을 HIGH로 하여 폰드데이터 전송 모드 임을 LCD 컨트롤러에 알린다.
④ PE3 핀에 연결된 R/W 핀값을 LOW로 하여 쓰기 동작으로 한다.
⑤ [그림 4-16] 내장된 CGROM 문자표 패턴값 중 상위 4 비트를 PF[4-7] 핀을 통해 전송한다.
⑥ PG4 핀에 연결된 E핀을 LOW로 한다.
⑦ 제어 명령 값 중 하위 4 비트에 대해 ①~⑥ 동작을 수행하여 문자 데이터 전송을 완료한다.

(Text LCD 측면에서 R/W가 LOW이고, RS가 HIGH이면 문자 데이터 표시 모드, LOW'이면 제어 명령어 입력 모드)

```
void char_Out(unsigned char data)
{
  LCD_DATA_SELECT; // PE[2]->RS 핀 HIGH
  LCD_DATA_WRITE;        // PE[3]->R/W 핀 LOW

  LCD_ENABLE;                 // PG[4]->E 핀 HIGH
  PORTF &= ~0xF0;         // PORTF &= 0xF0; PF[4-7] 비트 0으로
  PORTF |= data & 0xF0; // 데이터 버스 상위 4비트 통로로
                              // 상위 4 비트만 출력
  LCD_DISABLE;                // PG[4]->E 핀 LOW


  LCD_ENABLE;                 // PG[4]->E 핀 HIGH
  PORTF &= ~0xF0;         // PORTF &= 0xF0; PF[4-7] 비트 0으로
  PORTF |= (data << 4) & 0xF0; //하위 4 비트를 상위 4 비트 위치로
                              // 이동시켜서 데이터 버스 상위 4비트 통로로 출력
  LCD_DISABLE;                // PG[4]->E 핀 LOW

  _delay_ms(1);
}
```

init_LCD() 함수는 [표 4-4]에 나와 있는 LCD 제어 명령어를 이용하여 [그림 4-19] Text LCD 초기화 순서에 따라 LCD 초기 동작 환경을 설정한다.

① 각종 제어 핀으로 사용되는 포트들 즉 PE[2-3], PF[4-7], PG[4]를 출력으로 설정한다.
② instruction_Out 함수에 0x28을 전달하여 16 x 2 라인, 데이터 라인은 4비트 제어, 문자 폰트는 5 x 7 DOT로 LCD를 동작 환경을 설정한다.
③ instruction_Out 함수에 0x0C를 전달하여 LCD DISPLAY를 활성시키고, CURSOR 보이지 않도록 설정한다.
④ instruction_Out 함수에 0x01을 전달하여 LCD를 클리어 한다.
⑤ instruction_Out 함수에 0x01을 전달하여 커서가 오른쪽으로 움직이는 엔트리 모드를 설정한다.
⑥ instruction_Out 함수에 0x01을 전달하여 커서를 좌측 제일 앞 홈 위치로 이동한다.

```
void init_LCD()
{
  DDRE |= 0x0C;  // PORT E[2-3]을 출력으로 설정
  DDRF |= 0xF0;  // PORT F[4-7]을 출력으로 설정
  DDRG |= 0x10;  // PORT G[4]를 출력으로 설정

  LCD_DISABLE;   // E핀 LOW로 설정

  _delay_ms(100);
  instruction_Out(0x28); // 기능 설정: 16x2 라인, 4비트 버스, 5x8 DOT 폰트
  _delay_ms(100);
  instruction_Out(0x0c); // 표시 ON: DISPLAY ON, CURSOR & BLINK OFF
  _delay_ms(100);
  instruction_Out(0x01);  // 표시 클리어
  _delay_ms(100);
  instruction_Out(0x06);  // 엔트리 모드: 커서 오른쪽으로 이동, 시프트 안함
  _delay_ms(100);
  instruction_Out(0x02);  // 커서 home
}
```

lcd_string_Out() 함수는 LCD의 어떤 라인에 어떤 문자열을 출력할 것인가를 입력받아 해당 라인에 문자열을 출력한다.

unsigned char line_sel : 표시할 라인 시작 주소 및 제어 명령,
char* str : LCD에 출력할 문자열의 시작 주소

문자열을 *str 포인터로 입력받아 해당 라인에 문자열을 출력해 주며, 문자열의 길이가 16보다 작으면 그 이후의 문자는 ' '(Space)로 처리해 준다.

① line_sel 메개변수로 전달 받은 0x0C를 전달하여 0x80 혹은 0xc0을 instruction_Out 함수에 전달하여 표시할 라인을 선택한다.
② 반복문을 이용하여 *str을 통해서 전달받은 문자열을 char_Out 함수로 전달하여 전달받은 문자를 순차적으로 하나씩 출력한다. 이때 커서는 하나씩 이동하게 된다.
③ 전달받은 문자열이 16자보다 작을 경우 나머지 부분을 공백으로 출력하여 이전에 표시된 글자들이 있으면 지워준다.

```
void lcd_string_Out(unsigned char line_sel, char* str)
{
  unsigned char i = 0;
  unsigned char count = 0;

  instruction_Out(line_sel); // 표시할 라인 선택->0x80: 첫 번째, 0xc0: 두 번째
  do{
        char_Out(str[i]);
        count++;
  }while(str[++i] != '₩0');  // 문자열은 항상 null로 끝난다.

  for(i = count; i < 16; i++) // 표시할 문자열이 16보다 작을 때 공백 추가
  {
        char_Out(' ');  // 공백 추가
  }
}
```

메인함수에서는 init_LCD() 함수를 호출하여 LCD 포트 초기화 및 LCD 초기 설정을 해주고 lcd_string_Out() 함수에 의해 문자열을 출력해 준다.

```
int main (void)
{
  init_LCD(); // LCD 초기화 및 동작 설정
  lcd_string_Out(LCD_LINE1, lcd_str1); // 첫 번째 라인에  "**Text LCD**"  표시
  lcd_string_Out(LCD_LINE2, lcd_str2); // 두 번째 라인에  "Test Program"  표시

  return 0;
}
```

프로그램 소스 작성을 완료했다면 프로그램을 빌드하고 장비에 다운로드한 후 그 결과를 확인한다. 프로그램이 장비에 다운로드 완료되면 Text LCD를 초기화하고, Text LCD의 첫 번째 라인에 "**Text LCD**" 문자열이 출력되고 두 번째 라인에 "Test Program" 문자열이 출력되는 것을 확인할 수 있을 것이다.

4.5 GPIO 포트 입력 제어를 이용한 DIP Switch 제어 실습

■ **실습 목적:**

ATmega128의 범용 I/O 포트인 GPIO 포트 핀을 입력으로 설정하여 DIP Switch의 상태 값을 읽어 오도록 한다.

4.5.1 GPIO 포트 제어를 이용한 DIP Switch 구동 실습 회로

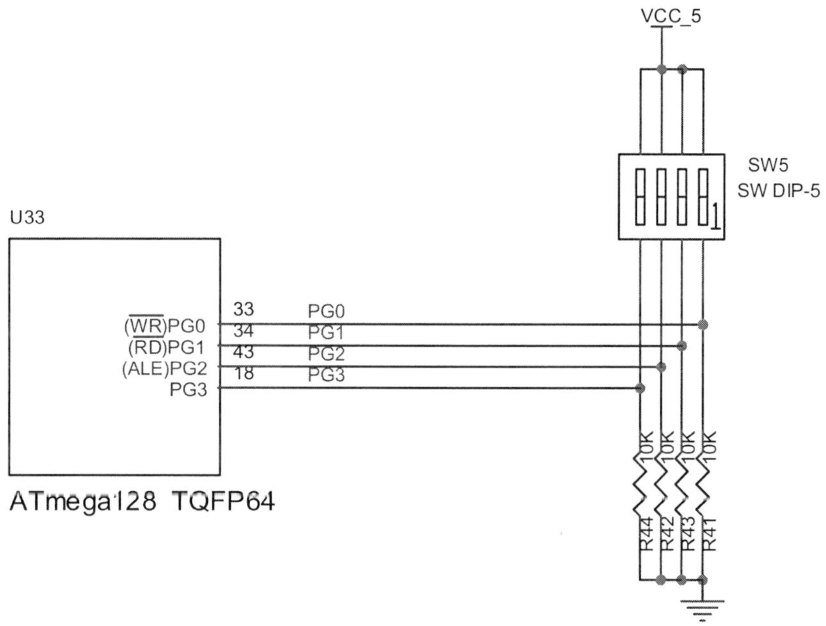

[그림 4-20] DIP Switch 실습 회로도

회로를 보면 DIP Switch에 전원 +5V가 인가되고 Switch 반대쪽으로 저항이 Ground에 연결되어 있다. 그리고 스위치와 저항 사이의 전압을 ATmega128의 PG[0-3]에 연결하였다. Switch가 모두 Off이면 +5V 전압이 차단되므로 Ground에 연결된 풀다운 저항에 의하여 PG[0-3]를 통해서 들어오는 값은 모두 0(LOW)으로 된다. 반대로 Switch가 모두 On되면 +5V의 전압의 Ground와 연결된 저항 10K[Ω] 저항에 전압이 걸리므로 PG[0-3]를 통해서 들어오는 값은 1(HIGH)이 된다.

Switch를 각각 On/Off 시키면 해당 비트의 포트가 0(LOW)이 되거나 1(HIGH)이 되고,

ATmega128의 PG[0-3]포트에서 읽어 들여서 표시를 해주면 된다.

GPIO 포트 G의 하위 4개의 핀을 입력으로 사용할 수 있도록 포트 Data Direction 레지스터 즉 DDRG의 하위 4개 비트의 값 모두를 0으로 세팅시켜 입력포트로 설정하고 포트 G의 하위 4개 비트로 입력되는 값을 알기위해 포트 Input Pins Address 레지스터 즉 PING 레지스터의 하위 4개 비트를 읽어본다.

4.5.2 DIP Switch 기본 지식

프린트 기판 위에 부착된 각종 변환이나 On/Off 하는 스위치로, 빈번하게 조작하는 기기에는 맞지 않기 때문에 한 번 설정하면 별로 변경할 필요가 없는 항목을 설정할 때 쓰인다.

그래서 통신 모드 설정이나, 마이크로프로세서의 어드레스 설정하는 곳에 주로 사용된다. 본 실습 장비에서도 ISP/COM 모드를 선택하기 위하여 좌측에 2개의 핀을 사용하는 DIP Switch를 사용하고 있다.

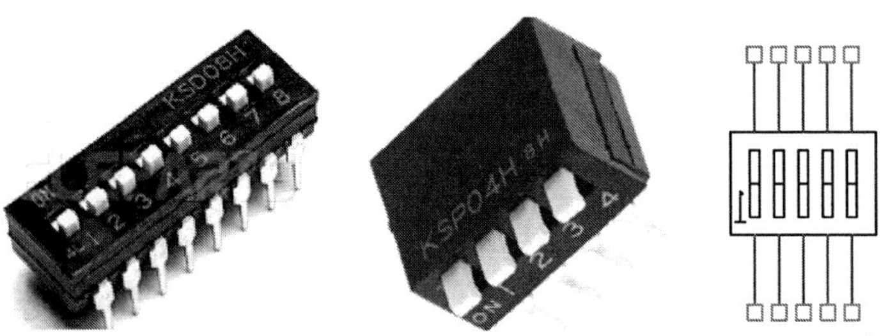

[그림 4-21] DIP Switch 및 심볼

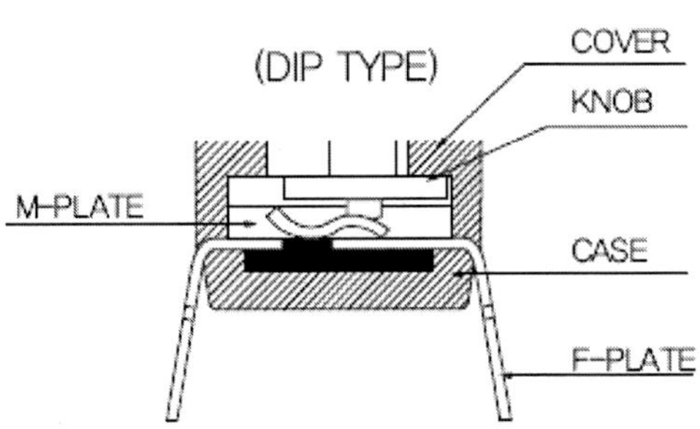

[그림 4-22] DIP Switch 구조

4.5.3 GPIO 포트를 이용한 DIP Switch 제어 프로그램

본 실습에서는 Atmega128의 PG[0-3]을 통해서 입력되는 4개의 DIP Switch ON/OFF 값을 읽어서 O,X 값으로 Text LCD에 출력하는 프로그램을 구현하고자 한다. LCD 상단에는 "DIP

Switch 1234" 문자열을 출력하고 하단에는 DIP Switch ON/OFF에 따라 "Status -> OXOX"을 출력하게 한다.

io.h 헤더파일은 AVR-GCC에서 지원하는 AVR I/O 레지스터들에 대한 정의를 사용하기 위해 선언한다.(예: PORTC, DDRC, …)

delay.h 헤더파일은 Delay 함수인 _delay_ms() 함수를 사용하기 위해 선언되어 있다.

여기서 주의해서 살펴 볼 것이 #include"char_lcd.h" 파일이다. 이 헤더파일은 컴파일러에서 제공해 주는 것이 아니라 사용자가 정의한 헤더 파일이다. char_lcd.h 헤더파일은 앞 절에서 LCD를 제어한 함수들을 모아 놓은 파일 (앞절에서 main()함수만 제외하고 파일로 만들고 이름을 char_lcd.h 로하여 main.c와 동일 폴더에 저장함)이며 메인프로그램이 있는 파일에서 사용할 때에는 #include"char_lcd.h"로 해당 파일을 포함시켜주고 해당 함수들을 호출하여 사용하면 된다.

그리고 char_lcd.h 헤더파일은 현재 작업 중인 폴더에 같이 있어야 한다. 만일 다른 곳에 위치할 경우에는"<경로>char_lcd.h"과 같이 이 파일이 있는 전체 경로를 알려주어야 컴파일러가 파일의 경로를 찾아 컴파일을 수행한다.

char_lcd.h 안에 구현된 프로그램에 대한 설명은 앞 절에서 이미 했기 때문에 프로그램 소스에 대하여 이해가 되지 않는다면 앞 절을 다시 보기 바란다.

```
#include <avr/io.h>
#include <util/delay.h>
#include "char_lcd.h"
```

DIP Switch 실습 프로그램에서는 ATmega128의 GPIO 포트를 이용하여 DIP Switch 정보를 읽어 들여서 Text LCD에 DIP Switch ON/OFF 값을 OX로 출력하는 프로그램을 작성한다.

port_Init()는 ATmega128의 PG[0-3]에 DIP Switch가 회로에서 연결되어 있는데 해당 포트 레지스터를 설정하기 위한 함수이다.

DDRx 레지스터는 GPIO 포트의 입/출력을 설정하는 레지스터이고 PG[0-3]포트를 입력으로 설정하였다.

"DDRG &= 0xF0;"연산은 비트마스크 연산으로 0xF0(0b11110000)에서 0에 해당 비트만 0으로 DDRG 레지스터를 설정하는 연산이다.

반대로 "DDRG |= 0xF"연산은 0x0F에서 1에 해당하는 비트만 1로 설정하는 비트 마스크 연산이다.

```
void port_Init()
{
  DDRG &= 0xF0; // PORT G[0-3]을 입력으로 설정
}
```

메인함수에서는 port_Init() 함수로 I/O 포트를 초기화하고, lcd_Init() 함수에 의하여 Text LCD를 사용할 준비를 한다.

① port_Init() 함수 호출로 PG[0-3] 입력 포트 설정한다.
② init_LCD() 함수 호출로 LCD 동작 환경 설정 및 초기화한다.
③ while()문으로 들어가 dip_switch_state = PING & 0x0F 라인에서 PG[0-3]의 값을 읽어 들여 dip_switch_state에 저장시킨다. ON이면 해당 비트에 1이 OFF면 해당 비트에 0이 저장된다.
④ dip_switch_state 변수에 저장된 4개의 DIP Switch ON/OFF 값을 판단하여 O,X에 대응되는 값을 sprintf함수를 이용하여 문자열에 대입한다. (예: ON,OFF,OFF,ON ->"Status -> OXXO"이 lcd_str 배열에 저장된다.)

```
int main()
{
  unsigned char dip_switch_state = 0; // DIP Switch ON/OFF 값 저장
  char lcd_str[17] = ""; // LCD에 출력할 문자열 저장하기 위한 배열
  port_Init(); // PG[0-3] 입력 설정
  init_LCD(); // LCD 동작 환경 설정 및 초기화
  while(1)
  {
        //  DIP Switch 상태를 입력받는다.
        dip_switch_state = PING & 0x0F;
        lcd_string_Out(LCD_LINE1, "DIP Switch 1234");
        sprintf(lcd_str, "Status -> %s%s%s%s",
                        ((dip_switch_state & 0x01) ? "O" : "X"),
                        ((dip_switch_state & 0x02) ? "O" : "X"),
                        ((dip_switch_state & 0x04) ? "O" : "X"),
                        ((dip_switch_state & 0x08) ? "O" : "X"));
        lcd_string_Out(LCD_LINE2, lcd_str);
  }
  return 0;
}
```

※((dip_switch_state & 0x01) ? "O" : "X")는 3항 연산자로 첫 번째 ()안의 값이 참이면 "O", 참이 아니면 "X"의 값을 갖는다.

프로그램 소스 작성을 완료했다면 프로그램을 빌드하고 장비에 다운로드한 후 그 결과를 확인한다. 프로그램이 장비에 다운로드 완료되면 LCD에 문자열이 출력되고 DIP Switch를 On/Off 시키면 LCD의 두 번째 라인에 'O' 또는 'X'를 표시해 준다.

4.6 GPIO 포트 출력 제어를 이용한 Relay 제어 실습

■ 실습 목적:

ATmega128의 범용 I/O 포트인 GPIO 포트 핀을 출력으로 설정하고 마이크로컨트롤러의 GPIO 포트에 연결되어 있는 Relay를 구동하는 방법을 이해한다.

4.6.1 GPIO 포트 제어를 이용한 Relay 구동 실습 회로

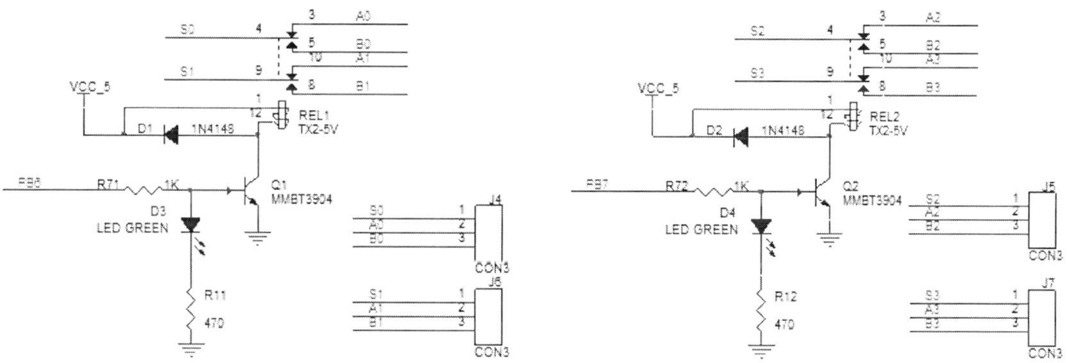

[그림 4-23] Relay 실습 회로도

ATmega128의 범용 I/O 포트인 PB[6-7]에 연결된 TR Q15, Q16에 의하여 Relay REL3과 REL4가 제어되도록 연결되어 있다. ATmega128의 PB[6-7] 포트로 1(HIGH)을 출력하면 TR이 ON되어 Relay의 접점이 동작을 하고 0(LOW)을 출력하면 TR이 OFF되어 Relay도 접점이 초기 상태로 돌아간다.

GPIO 포트 B의 6,7 핀을 출력으로 사용할 수 있도록 포트 Data Direction 레지스터 즉 DDRB의 6,7 비트의 값을 1로 세팅시켜 출력포트로 설정하고 포트 B의 해당 핀으로 HIGH 혹은 LOW 값을 출력하여 Relay를 ON/OFF 시키기 위하여 포트 Data 레지스터의 해당 비트를 1 혹은 0으로 설정한다.

4.6.2 Relay 기본 지식

릴레이란? "일반적으로 전기를 연결한다."라는 의미로서 전자 계전기라고 하는데 전기 접점을 전기신호를 이용하여 스위치를 ON/OFF 되게 하며, 동일 또는 다른 회로에 접속된 장치를 작동시키는 기능을 가지고 있다.

동작원리는 코일에 전류를 흘리면 자석이 되는 성질을 이용한다. 철심의 코일에 전류를 흘리면 전자석이 되었을 때 철판을 끌어당겨 철판에 붙어 있는 스위치부의 접점을 개폐 할 수가 있다.

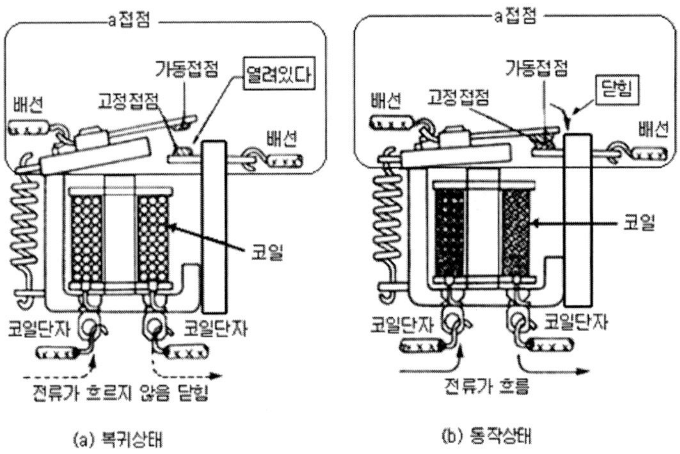

[그림 4-24] Relay 구조

[그림 4-25] Relay

4.6.3 GPIO 포트를 Relay 제어 프로그램

본 실습에서는 Atmega128의 GPIO 포트 PB[6-7]에 연결된 2개의 Relay를 2초 간격으로 교대로 ON/OFF 시키는 프로그램을 구현하고자 한다.

io.h 헤더파일은 AVR-GCC에서 지원하는 AVR I/O 레지스터들에 대한 정의를 사용하기 위해 선언한다.(예: PORTC, DDRC, …)

delay.h 헤더파일은 Delay 함수인 _delay_ms() 함수를 사용하기 위해 선언되어 있다.

```
#include <avr/io.h>
#include <util/delay.h>
```

① GPIO 포트 PB[6-7]에 연결된 2개의 Relay를 제어하기 위해서 DDRB 레지스터에 0xC0로 설정하여 PB[6-7]을 출력포트로 설정하고 초기 값을 모두 0으로 하여 두 릴레이 모두 OFF 시킨다.

② PB[6-7]를 제어하여 릴레이를 2000[ms] 주기로 ON/OFF 시킨다. 그러면 Relay가 2초 단위로 접점이 붙고 떨어지는 것을 확인할 수 있다.

```
int main (void)
{
  DDRB    |= 0xC0;        // PORT B의 6,7번 핀을 모두 출력으로 설정.
  PORTB  &= ~0xC0;  // PORT B의 6,7번 핀의 초기 값을 0으로 설정.

  while (1)
  {
        PORTB |= 0x40;              // 1번 릴레이를 ON 한다.
        PORTB &= ~0x80;             // 2번 릴레이를 OFF 한다.
        _delay_ms(2000);            // 2000ms동안 대기.

        PORTB &= ~0x40;             // 1번 릴레이를 OFF 한다.
        PORTB |= 0x80;              // 2번 릴레이를 ON 한다.
        _delay_ms(2000);            // 2000ms동안 대기.
  }

  return 0;
}
```

프로그램 소스 작성을 완료했다면 프로그램을 빌드하고 장비에 다운로드한 후 그 결과를 확인한다. 프로그램이 장비에 다운로드 완료되면 Relay의 접점이 2초 주기로 붙고 떨어지는 딱~딱~ 소리가 날 것이며, 멀티 테스터나 오실로스코프 등을 이용하여 회로가 접점 상태를 확인한다.

5
CHAPTER

인터럽트

5.1 인터럽트 개념

인터럽트는 주된 임무를 수행 중인 마이크로프로세서에게 어떤 특정사건(Event)이 발생되었을 때에 주된 동작을 일시 정지하고, 그 즉시 특정 동작을 수행하도록 요청하는 것을 말한다.

예를 들어, 우리는 지금 공부를 하고 있다. 그런데 엄마가 당장 마트에서 물건을 사오라고 심부름을 시켰다. 그래서 우리는 지금하고 있는 공부를 잠깐 멈추고 엄마의 심부름을 다녀온 후에 공부를 다시 한다고 가정하자.

여기서 우리가 공부를 하는 것이 마이크로프로세서의 주된 임무에 해당하며, 엄마가 당장 심부름을 다녀오라고 시키는 행동이 바로 인터럽트이다. 그리고 우리가 마트에서 물건을 사오는 것이 인터럽트 특정 동작, 즉 인터럽트 서비스 루틴이다.

인터럽트 요청이 발생되면 아래 그림과 같이 수행중인 메인 프로그램을 중단하고 현재 프로그램의 상태 값들(PC, SREG 등)을 스택에 저장한다. 그리고 인터럽트 벡터 테이블에 저장되어 있는 해당 인터럽트 서비스 루틴 ISR()로 점프한다.

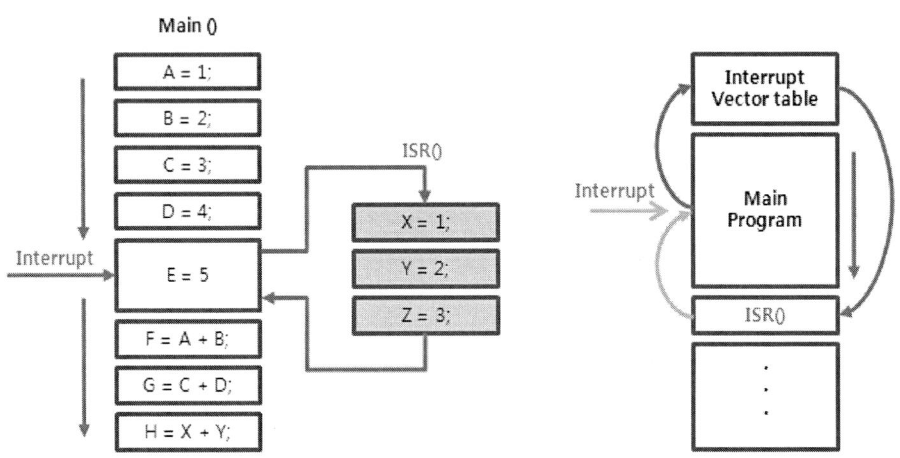

[그림 5-1] 인터럽트 처리과정

해당 인터럽트 서비스 루틴의 수행이 완료되면, 스택에 저장된 상태 값들(PC, SREG 등)을 다시 읽어와 인터럽트 요청이 발생되기 전 수행 중이던 메인 프로그램으로 위치로 복귀하고 중단했던 메인 프로그램을 계속 수행한다.

폴링(Polling)과 인터럽트

폴링과 인터럽트는 마이크로프로세서가 어떤 특정사건(Event)에 대해 어떻게 대응할지를 결정하는 방법의 차이를 말한다.

인터럽트 방식은 특정사건이 발생한 즉시 특정동작을 수행한다. 반면에 폴링 방식은 특정사건이 발생했는지 여부를 정기적으로 확인하는 방식으로 특정사건이 발생하더라도 그 즉시 특정 동작을 수행하는 것이 아니라, 현재 수행중인 동작을 처리한 후에 특정 동작을 수행하는 것이다.

예를 들면, 우리가 집에서 학교에 가려고 한다. 이때 우리는 학교로 이동할 수단을 결정한다. 우리는 이동 수단으로 버스와 택시를 생각해 볼 수 있다. 버스와 택시는 모두 손님을 태워 이동시키는 것을 목적으로 하는 이동수단이다. 하지만 버스는 손님을 태우기 위해 정해진 장소에만 정차하여 손님이 있는지 확인한 후 손님을 태우고, 택시는 장소에 상관없이 손님이 요청하는 즉시 정차하여 손님을 태운다.

여기서 손님이라는 특정사건에 대해 버스는 폴링(Polling) 방식에 해당하며, 택시는 인터럽트 방식에 해당한다고 말할 수 있다.

5.2 외부 인터럽트

ATmega128은 35개의 인터럽트 소스 및 리셋 벡터를 갖추고 있다. 이들 인터럽트들과 리셋 벡터는 프로그램 메모리 내에 각각의 영역을 차지하고 있다. 대개의 마이크로프로세서에서와 마찬가지로 AVR 계열도 프로그램 메모리 영역의 가장 낮은 메모리 번지부터 리셋과 인터럽트가 발생했을 때 먼저 실행할 순서를 정해놓은 우선순위(Priority)가 높은 인터럽트 벡터 순서로 메모리의 낮은 번지부터 차례로 배치되어 있다. 다음은 ATmega128의 리셋 벡터 및 인터럽트 벡터 테이블이다. 번호가 낮은 것이 우선순위가 높으며 번지 또한 낮은 순서로 배치되어 있음을 알 수 있다.

[표 5-1] 외부 인터럽트 벡터 테이블

벡터 번호	메모리 번지	인터럽트 소스	인터럽트 정의
1	$0000	RESET	External Pin, Power-on Reset, Brown-out Reset, Watchdog Reset, JTAG AVR Reset
2	$0002	INT0	External Interrupt Request 0
3	$0004	INT1	External Interrupt Request 1
4	$0006	INT2	External Interrupt Request 2
5	$0008	INT3	External Interrupt Request 3
6	$000A	INT4	External Interrupt Request 4
7	$000C	INT5	External Interrupt Request 5
8	$000E	INT6	External Interrupt Request 6
9	$0010	INT7	External Interrupt Request 7
10	$0012	TIMER2 COMP	Timer/Counter2 Compare Match
11	$0014	TIMER2 OVF	Timer/Counter2 Overflow
12	$0016	TIMER1 CAPT	Timer/Counter1 Capture Event
13	$0018	TIMER1 COMPA	Timer/Counter1 Compare Match A
14	$001A	TIMER1 COMPB	Timer/Counter1 Compare Match B
15	$001C	TIMER1 OVF	Timer/Counter1 Overflow
16	$001E	TIMER0 COMP	Timer/Counter0 Compare Match
17	$0020	TIMER0 OVF	Timer/Counter0 Overflow
18	$0022	SPI, STC	SPI Serial Transfer Complete
19	$0024	USART0, RX	USART0, Rx Complete
20	$0026	USART0, UDRE	USART0 Data Register Empty
21	$0028	USART0, TX	USART0, Tx Complete
22	$002A	ADC	ADC Conversion Complete
23	$002C	EE READY	EEPROM Ready
24	$002E	ANALOG COMP	Analog Comparator
25	$0030	TIMER1 COMPC	Timer/Counter1 Compare Match C
26	$0032	TIMER3 CAPT	Timer/Counter3 Captuer Event
27	$0034	TIMER3 COMPA	Timer/Counter3 Compare Match A
28	$0036	TIMER3 COMPB	Timer/Counter3 Compare Match B
29	$0038	TIMER3 COMPC	Timer/Counter3 Compare Match C
30	$003A	TIMER3 OVF	Timer/Counter3 Overflow
31	$003C	USART1, RX	USART1, Rx Complete
32	$003E	USART1, UDRE	USART1 Data Register Empty
33	$0040	USART1, TX	USART1, Tx Complete
34	$0042	TWI	Two-wire Serial Interface
35	$0044	SPM READY	Store Program Memory Ready

ATmega128은 인터럽트 감지 가능한 8개의 외부 INT[0-7] 인터럽트 핀을 갖고 있다. 이들 외부 인터럽트 INT[0-7] 핀들은 GPIO 포트 제어에서 출력으로 설정되어 있다 하더라도 인터럽트 기능을 Enable하면 자동으로 인터럽트 입력 핀으로 사용된다.

외부 인터럽트 INT[0-7] 핀으로 입력되는 인터럽트 신호의 최소 펄스폭은 최소 50ns 이상이어야 한다. 만약 그 이하의 펄스폭을 가진 인터럽트 신호가 입력된다면 인터럽트 감지 여부를 보장할 수 없다.

5.3 외부 인터럽트 관련 레지스터

ATmega128는 외부 인터럽트와 관련된 레지스터로, 인터럽트 감지 방법을 설정하는데 사용하는 EICRA 레지스터와 EICRB 레지스터를 갖고 있고, 외부 인터럽트의 사용여부를 설정하는 EIMSK 레지스터가 갖고 있다. 그리고 어떤 외부 인터럽트가 발생했는지 여부를 확인 할 수 있는 EIFR 레지스터를 갖고 있다.

5.3.1 외부 인터럽트 제어 레지스터 A – EICRA

EICRA 레지스터는 외부 인터럽트 INT[0-3] 핀에 대한 인터럽트 감지 방법을 설정할 수 있다. 각각의 외부 인터럽트 핀에 대해 2개의 제어 비트 ISCn[0-1]로 인터럽트 입력을 로직레벨 감지 또는 하강/상승 에지 감지할 지를 선택할 수 있다. EICRA 레지스터는 반드시 인터럽트 마스트 레지스터 EIMSK 레지스터를 설정하기 이전에 설정해야 한다. 다시 말해 ISCn[0-1] 비트를 변경할 때는 반드시 해당 인터럽트 요청이 Disable되어 있어야 한다. 만약 해당 인터럽트 요청이 Enable되어 있는 상태에서 ISCn[0-1] 비트를 변경하게 되면 변경하는 시점에 원치 않은 인터럽트가 발생할 수 있다. 여기서 n은 0-3의 값을 의미한다.

Bit	7	6	5	4	3	2	1	0	
	ISC31	ISC30	ISC21	ISC20	ISC11	ISC10	ISC01	ISC00	EICRA
Read/Write	R/W	R/W	R/W	R/W	R/W	R/W	R/W	R/W	
Initial Value	0	0	0	0	0	0	0	0	

[그림 5-2] EICRA 레지스터 구조

• Bit7–0 – ISC31, ISC30–ISC01, ISC00
외부 인터럽트 3~0 감지 제어 비트.

ISCn1	ISCn0	설 명
0	0	INTn 핀에 Low 레벨이 입력되면 해당 인터럽트를 요청.
0	1	Reserved.
1	0	INTn 핀의 하강 에지에서 해당 인터럽트를 요청.
1	1	INTn 핀의 상승 에지에서 해당 인터럽트를 요청.

5.3.2 외부 인터럽트 제어 레지스터 B – EICRB

EICRB 레지스터는 외부 인터럽트 INT[4-7] 핀에 대한 인터럽트 감지 방법을 설정할 수 있다. 각각의 외부 인터럽트 핀에 대해 2개의 제어 비트 ISCn[0-1]로 인터럽트 입력을 로직레벨 감지 또는 하강/상승 에지 감지할 지를 선택할 수 있다. EICRB 레지스터는 반드시 인터럽트 마스트 레지스터 EIMSK 레지스터를 설정하기 이전에 설정해야 한다. 다시 말해 ISCn[0-1] 비트를 변경할 때는 반드시 해당 인터럽트 요청이 Disable되어 있어야 한다. 만약 해당 인터럽트 요청이 Enable되어 있는 상태에서 ISCn[0-1] 비트를 변경하게 되면 변경하는 시점에 원치 않은 인터럽트가 발생할 수 있다. 여기서 n은 4-7의 값을 의미한다.

Bit	7	6	5	4	3	2	1	0	
	ISC71	ISC70	ISC61	ISC60	ISC51	ISC50	ISC41	ISC40	EICRB
Read/Write	R/W	R/W	R/W	R/W	R/W	R/W	R/W	R/W	
Initial Value	0	0	0	0	0	0	0	0	

[그림 5-3] EICRB 레지스터 구조

• Bit7–0 – ISC71, ISC70–ISC41, ISC40
외부 인터럽트 7~4 감지 제어 비트.

ISCn1	ISCn0	설 명
0	0	INTn 핀에 Low 레벨이 입력되면 해당 인터럽트를 요청.
0	1	INTn 핀의 하강/상승 에지에서 해당 인터럽트를 요청.
1	0	INTn 핀의 하강 에지에서 해당 인터럽트를 요청.
1	1	INTn 핀의 상승 에지에서 해당 인터럽트를 요청.

5.3.3 외부 인터럽트 마스크 레지스터 – EIMSK

EIMSK 레지스터는 각각의 외부 인터럽트 핀에 대한 사용 여부를 설정하는 레지스터이다. 이 레지스터의 INT7-0 비트와 SREG 레지스터의 I-비트가 1로 세팅되어 있을 때, 해당 외부 인터럽트 핀이 Enable된다. 이렇게 인터럽트 핀을 Enable할 경우 해당 핀이 출력으로 설정되어 있다 하더라도 외부 인터럽트 핀으로 사용된다.

Bit	7	6	5	4	3	2	1	0	
	INT7	INT6	INT5	INT4	INT3	INT2	INT1	INT0	EIMSK
Read/Write	R/W	R/W	R/W	R/W	R/W	R/W	R/W	R/W	
Initial Value	0	0	0	0	0	0	0	0	

[그림 5-4] EIMSK 레지스터 구조

- Bit7–0 – INT7–0

  외부 인터럽트 요청 7~0 Enable.

  1 = Enable, 0 = Disable

5.3.4 외부 인터럽트 플래그 레지스터 – EIFR

EIFR 레지스터는 인터럽트 요청이 발생했는지 여부의 상태 값을 저장해 놓는 레지스터이다. 외부 인터럽트 INT[0-7] 핀에 입력되는 신호의 로직 값 또는 에지가 변경되면, 해당 인터럽트 플래그 INTF[0-7] 비트가 1로 세팅된다.

SREG 레지스터의 I-비트와 EIMSK 레지스터의 INT[0-7] 비트가 1로 세팅되어 외부 인터럽트 요청이 Enable되어 있다면, MCU는 해당 인터럽트 벡터로 점프하게 되고 해당 인터럽트 서비스 루틴이 실행완료 되었을 때 해당 인터럽트 플래그 비트는 0으로 자동 클리어 된다. 만약 인터럽트 플래그 비트를 임의로 클리어하고자 할 경우에는 해당 플래그 비트에 1을 쓰면 된다. 이 비트에 0을 쓰는 것은 아무런 의미가 없다.

Bit	7	6	5	4	3	2	1	0	
$38($58)	INTF7	INTF6	INTF5	INTF4	INTF3	INTF2	INTF1	INTF0	EIFR
Read/Write	R/W	R/W	R/W	R/W	R/W	R/W	R/W	R/W	
Initial Value	0	0	0	0	0	0	0	0	

[그림 5-5] EIFR 레지스터 구조

- Bit7–0 – INTF7–0

  외부 인터럽트 7~0 요청 플래그

  1 = 인터럽트 요청 발생

  0 = 인터럽트 루틴이 실행되거나 이 비트에 1을 쓰면 '0'으로 클리어된다.

5.4 외부 인터럽트의 하강 에지 감지 실습

■ **실습 목적:**

ATmega128의 외부 인터럽트 사용을 위한 관련 레지스터들에 대한 설정 방법 및 인터럽트 하강 에지 감지의 의미를 이해한다.

5.4.1 외부 인터럽트 하강에지 감지 실습 회로

Keypad는 입력장치로 많이 활용되고 있으며 Keypad의 구조는 다수의 스위치들의 매트릭스로 구성된다.

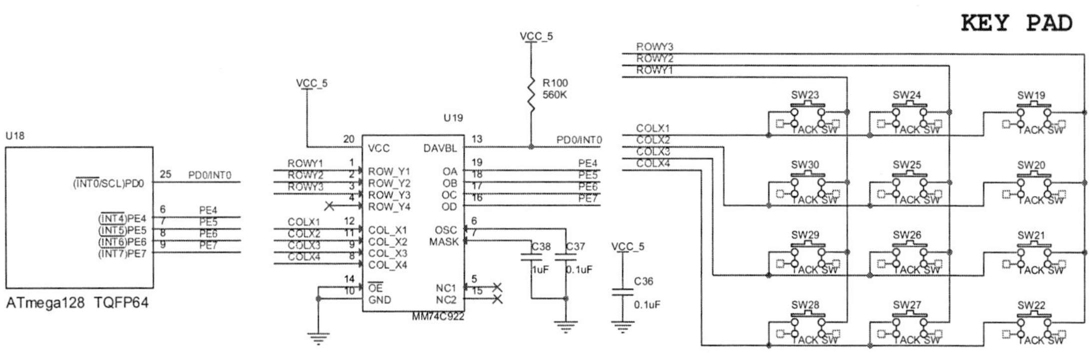

[그림 5-6] 3X4 Key 매트릭스 회로도

이러한 다수 개의 스위치들에 대한 매트릭스 구조는 적은 I/O 포트를 사용해 많은 입력을 받을 수 있다는 장점을 갖고 있다. 만약 16개의 서로 다른 입력을 필요로 하는 시스템이 있고 여기에 그냥 일반적인 스위치를 사용한다면 16개의 I/O 포트를 사용해야 한다. 하지만 4×4 스위치 매트릭스 구조를 갖는 Keypad를 사용한다면 8개의 I/O 포트만을 사용하여 시스템을 구성할 수 있다.

ATmega128의 GPIO 포트를 사용하여 사용자 인터페이스 입력 장치로 사용되는 Keypad 입력을 구현하는 방법과 Keypad의 개념 및 원리를 이해한다.

위 그림은 MM74C922 Keypad 드라이버 IC를 이용하여 4개의 I/O 포트만으로 스캔할 수 있는 3×4 Key 매트릭스 구조를 갖는 Keypad를 구성하였다. Keypad 스캔을 위한 4개의 I/O 포트를 PE[4-7]에 연결하였고, 임의의 Key가 눌려졌을 때 Key입력을 알리는 인터럽트로 INT0를 연결하여 사용하였으며, 신호가 하강에지에서 인터럽트가 동작하도록 하였다.

5.4.2 외부 인터럽트 하강에지 감지 실습 프로그램

본 실습 프로그램은 MM74C922 Keypad 드라이버 IC를 이용하여 최대 4X4 Keypad까지 읽어 들일 수 있는 Scan 방식에 의하여 Key가 눌려지면 어떤 Key가 눌려졌는지를 Text LCD에 표시하는 프로그램을 구현하고자 한다. LCD 상단에는 "Keypad Test Pro!" 문자열을 출력하고 하단에는 만약 첫 번째 키가 눌리면"Key Input : 00"을 출력하게 한다.

Key가 눌려서 인터럽트 INT0(PD0[INT0])이 발생하면 해당 인터럽트 서비스 루틴인 ISR(INT0_vect) 함수에서 PE[4-7]의 Key 값을 읽어 들여 변수에 저장하면 된다.

io.h 헤더파일은 AVR-GCC에서 지원하는 AVR I/O 레지스터들에 대한 정의를 사용하기 위해 선언한다.(예: PORTE, DDRE, …)

interrupt.h 헤더파일은 인터럽트 관련 함수 sei()와 cli() 그리고 인터럽트 핸들러 ISR() 함수를 사용하기 위해 선언되어 있다. 이 헤더파일은 Atmel Studio 7 설치 경로인 C:₩Program Files (x86)₩Atmel₩Studio₩7.0₩toolchain₩avr8₩avr8-gnu-toolchain₩avr₩include₩avr 폴더 안에 있다.

delay.h 헤더파일은 Delay 함수인 _delay_ms() 함수를 사용하기 위해 선언되어 있다.

여기서 주의해서 살펴 볼 것이 #include"char_lcd.h" 파일이다. 이 헤더파일은 컴파일러에서 제공해 주는 것이 아니라 사용자가 정의한 헤더 파일이다. char_lcd.h 헤더파일은 앞 절에서 LCD를 제어한 함수들을 모아 놓은 파일 (앞절에서 main()함수만 제외하고 파일로 만들고 이름을 char_lcd.h 로하여 main.c와 동일 폴더에 저장함)이며 메인프로그램이 있는 파일에서 사용할 때에는 #include"char_lcd.h"로 해당 파일을 포함시켜주고 해당 함수들을 호출하여 사용하면 된다.

그리고 char_lcd.h 헤더파일은 현재 작업 중인 폴더에 같이 있어야 한다. 만일 다른 곳에 위치할 경우에는"〈경로〉char_lcd.h"과 같이 이 파일이 있는 전체 경로를 알려주어야 컴파일러가 파일의 경로를 찾아 컴파일을 수행한다.

char_lcd.h 안에 구현된 프로그램에 대한 설명은 앞 절에서 이미 했기 때문에 프로그램 소스에 대하여 이해가 되지 않는다면 앞 절을 다시 보기 바란다.

```
#include <avr/io.h>
#include <avr/interrupt.h>
#include <util/delay.h>
#include <stdio.h>
#include "char_lcd.h"
```

init_Keypad() 함수는 Keypad가 동작할 수 있도록 환경을 설정한다.

① 외부 인터럽트 제어레지스터 A 즉 EICRA 레지스터 비트 0,1에 0x2값을 설정하여 Key가 눌렸을 때 외부 인터럽트 INT[0] 핀 입력 신호가 하강 에지에서 인터럽트 요청이 발생하도록 한다.

② 외부 인터럽트 마스크 레지스터 즉 EIMSK 레지스터의 0번 비트를 1로 Enable 시켜서 인터럽트 INT0를 활성화 시킨다, 이때 INT0 핀과 공용으로 사용되는 포트 D의 0번 비트는 굳이 입력 핀으로 설정해주지 않아도 EIMASK 레지스터에 의해 INT0가 활성화 되는 순간 입력으로 동작하게 된다.

③ 시스템이 불안정할 때 임의로 발생한 인터럽트를 clear 하기 위해 INT0 외부 인터럽트 플래그 Clear 한다.

④ PE[4-7] 핀으로 Key 데이터 값을 받기 위해 포트 E의 상위 4개 핀을 입력으로 사용할 수 있도록 포트 Data Direction 레지스터 즉 DDRE의 상위 4개 비트의 값 모두를 0으로 세팅시켜 입력포트로 설정한다.

```
void init_Keypad()
{
  EICRA |= 0x02;        // INT0 외부 인터럽트를 하강에지로 설정
  EIMSK |= 0x01;        // INT0 외부 인터럽트 활성화
  EIFR |= 0x01;         // INT0 외부 인터럽트 플래그 Clear

  DDRE &= ~0xF0;        // 키패드 데이터 핀 방향을 입력으로 설정
}
```

ISR(INT0_vect) 함수는 인터럽트 서비스 루틴이며, 외부인터럽트 INT0가 발생하면 시스템에서 자동으로 이 함수가 호출된다.

① cli() 함수를 호출하여 가장 먼저 다른 모든 인터럽트들을 Disable한다.

② 눌려진 Key에 따라 00000000,00010000~10110000에 대응되어 포트 E의 상위 4개 비트로

입력되는 값을 알기위해 포트 Input Pins Address 레지스터 즉 PINE 레지스터의 상위 4개 비트를 읽어 전역변수 PUSHED_KEY 변수에 저장한다. 저장된 Key 값은 상위 4비트에 저장되어 있으므로 우측으로 4비트 시프트 시켜서 PUSHED_KEY 변수에 00000000,00000001~00001011 (0~11) 값이 눌려진 Key에 따라 저장되게 한다.

③ Disable 시킨 모든 인터럽트 요청을 sei() 함수 호출로 Enable하여 다음 인터럽트가 발생하도록 한다.

```
unsigned char PUSHED_KEY = 0xff;

ISR(INT0_vect)
{
   cli();

  PUSHED_KEY = PINE & 0xF0; /* PORTE BIT 4-7 */
  PUSHED_KEY = PUSHED_KEY >> 4;

   sei();
}
```

메인함수에서는

① LCD 초기화 함수와 Keypad 관련 포트 레지스터 설정 및 인터럽트 설정에 관련된 레지스터들을 설정해 주는 위에서 설명한 함수들을 차례로 호출한다.

② char_lcd.h 파일 안에 정의되어 있는 lcd_string_Out 함수를 호출하여 LCD의 첫 라인에 "Keypad Test Pro!"를 표시한다.

③ while() 문안의 switch(PUSHED_KEY)문에 의하여 Key가 입력될 때마다 인터럽트 루틴에서 읽어드린 Key 값인 PUSHED_KEY 값이 변경되므로 그에 따라서 해당 Key 값으로 분기를 하고, 분기되면 LCD 두 번째 라인에 입력된 Key 값을 표시한다.

```
int main()
{
  init_LCD();
  init_Keypad();
  lcd_string_Out(LCD_LINE1, "Keypad Test Pro!");
  sei();

  while(1)
  {
       switch(PUSHED_KEY)
       {
              case  0: lcd_string_Out(LCD_LINE2, "Key Input : 00");
                   break;
              case  1: lcd_string_Out(LCD_LINE2, "Key Input : 01");
                   break;
              case  2: lcd_string_Out(LCD_LINE2, "Key Input : 02");
                   break;
              case  3: lcd_string_Out(LCD_LINE2, "Key Input : 03");
                   break;
              case  4: lcd_string_Out(LCD_LINE2, "Key Input : 04");
                   break;
              case  5: lcd_string_Out(LCD_LINE2, "Key Input : 05");
                   break;
              case  6: lcd_string_Out(LCD_LINE2, "Key Input : 06");
                   break;
              case  7: lcd_string_Out(LCD_LINE2, "Key Input : 07");
                   break;
              case  8: lcd_string_Out(LCD_LINE2, "Key Input : 08");
                   break;
              case  9: lcd_string_Out(LCD_LINE2, "Key Input : 09");
                   break;
              case 10: lcd_string_Out(LCD_LINE2, "Key Input : 10");
                   break;
              case 11: lcd_string_Out(LCD_LINE2, "Key Input : 11");
                   break;
             default :lcd_string_Out(LCD_LINE2, "Key Input : ??");
                      break;
       }
  }
  return 0;
}
```

프로그램 소스 작성을 완료했다면 프로그램을 빌드하고 장비에 다운로드한 후 그 결과를 확인한다. 프로그램이 장비에 다운로드 완료되면 Keypad 모듈의 3X4 Key를 각각 한 번씩 누르면 LCD에 해당 Key 값이 출력되는 것을 확인한다.

CHAPTER 6

타이머 및 카운터

ATmega128의 타이머/카운터의 특징을 보면 타이머/카운터 0과 2는 8비트로서 기능이 거의 비슷하고, 타이머/카운터 1과 3은 16비트로서 기능이 거의 유사하다. 그러나 타이머/카운터 0은 다른 타이머/카운터와 달리 32.786kHz의 크리스탈을 접속하는 TOSC1 및 TOSC2 단자를 가지고 있어서 RTC의 기능을 갖도록 할 수가 있으며, 외부의 클럭 입력 단자 T0이 없는 대신에 TOSC1 단자에 외부 클럭을 인가할 수도 있다. 또한 타이머/카운터 0은 내부 클럭을 사용하든 외부의 클럭을 사용하든 모두 프리스케일러의 적용을 받는다. 타이머/카운터 1,2,3은 내부 클럭을 사용하는 타이머에 대하여만 프리스케일러가 동작한다.

ATmega128의 타이머/카운터는 모두 펄스폭 변조(PWM : Pulse Width Modulation) 출력 및 인터럽트 기능을 가지고 있다. 인터럽트의 종류에는 카운터 값이 출력비교 레지스터의 값과 같게 되는 순간에 발생하는 출력 비교 인터럽트(output compare match interrupt)와 카운터의 값이 오버플로우 되는 경우에 발생하는 오버플로우 인터럽트(overflow interrupt), 입력 캡쳐 인터럽트(input capture interrupt) 등이 있다. PWM 기능은 출력비교 기능을 이용하여 출력비교 신호에 주기와 듀티비(duty ratio)를 가변할 수 있는 출력신호를 발생하는 것이다. 또한 타이머/카운터 1과 3에는 외부 트리거 신호에 의하여 현재 카운터 값을 캡쳐할 수 있는 기능을 가지고 있다.

6.1 타이머/카운터 0

타이머/카운터 0은 비동기 동작 모드를 가지는 8비트 업/다운 카운터로서, 프리스케일러를 통하여 내부 클럭 소스로 받아서 동작하는 타이머 기능과 프리스케일러를 통하여 외부 클럭을 소스로 받아 동작하는 카운터 기능이 있다.

타이머/카운터 0에는 입력으로 TOSC1와 TOSC2가 있고 출력으로 OC0이 있다. 동기 동작 모드로 동작할 때 시스템 클럭 주파수와 같은 내부 클럭을 소스로 사용하며, 이것은 프리스케일러에 의하여 1, 8, 32, 64, 128, 256, 1024 중의 하나로 분주될 수 있고, 클럭 입력을 차단하여 타이머/카운터 0의 기능을 정지시킬 수 있다. 클럭입력은 TOSC1와 TOSC2단자에 32.786kHz의 크리스탈을 접속하는 것이 일반적이지만, TOSC1 단자에 시스템 클럭 주파수의 1/4미만인 외부클럭을 입력하는 것도 가능하다.

동작 순서를 보면 우선 선택된 클럭은 8비트의 업/다운 카운터 TCNT0에 입력되고, 이것이 0xFF에서 0x00으로 오버플로우되면 TOV0 신호에 의해서 오버플로우 인터럽트가 발생한다. 8비트 카운터 TCNT0는 동작 모드에 따라 입력값이 증가 또는 감소한다. 경우에 따라서는

0x00으로 리셋되기도 한다. 이 카운터 값은 동작 중에 항상 출력비교 레지스터 OCR0과 비교되며, 그 값이 같아지면 내부적으로는 OCF0신호에 의하여 출력비교 인터럽트가 활성화 되고, 외부적으로는 OC0단자에 신호가 출력되도록 설정할 수 있다. OCR0 레지스터를 적절히 활용하면 원하는 PWM 출력신호를 발생할 수 있다. 아래 블록도는 타이머/카운터 0의 전체적인 구조를 보여주고 있다.

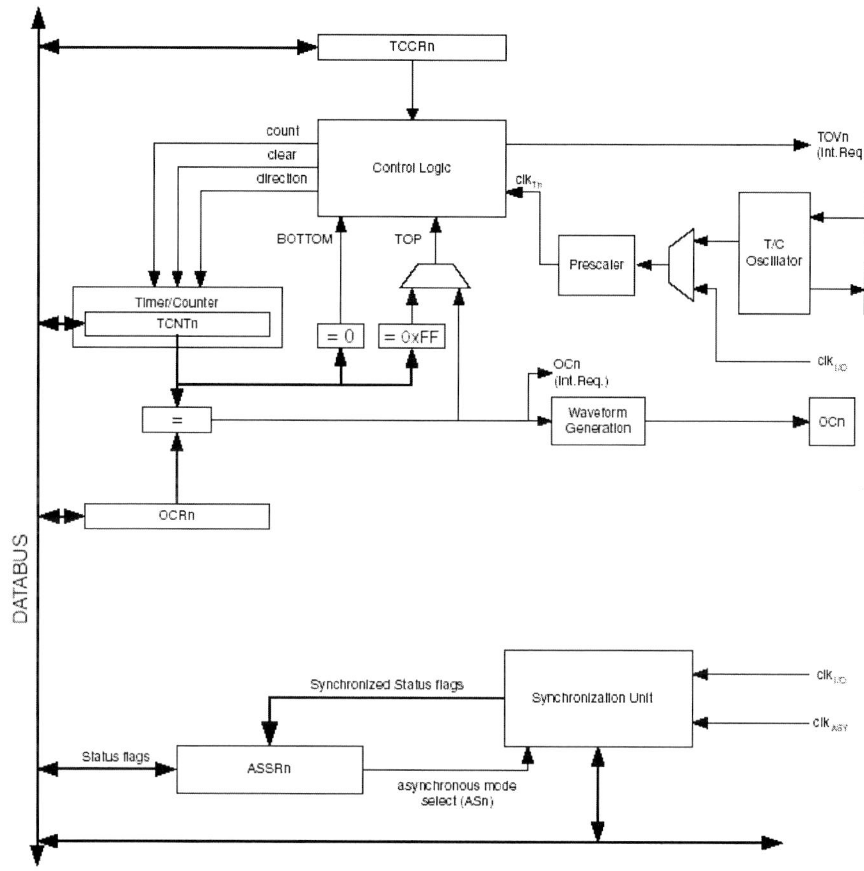

[그림 6-1] 타이머/카운터 0의 블록도

ATmega128의 타이머/카운터 0는 8비트 타이머/카운터로 다음과 같은 관련된 레지스터들로 구성된다. 여기서 TIMSK 그리고 TIFR 레지스터는 다른 타이머/카운터들과 공유되어 사용된다.

- TCCR0(Timer/Counter Control Register 0)
- TCNT0(Timer/Counter Register 0)
- OCR0(Timer/Counter Output Compare Register 0)
- ASSR(Asynchronous Status Register)
- SFIOR(Special Function I/O Register)
- TIMSK(Timer/Counter Interrupt Mask Register)
- TIFR(Timer/Counter Interrupt Flag Register)

6.1.1 타이머/카운터 0 제어 레지스터 – TCCR0

TCCR0 레지스터는 동작모드를 설정하고 프리스케일러의 분주비를 설정하는 기능이 있다.

Bit	7	6	5	4	3	2	1	0
	FOC0	WGM00	COM01	COM00	WGM01	CS02	CS01	CS00
R/W	W	R/W	R/W	R/W	R/W	R/W	R/W	R/W
Initial Value	0	0	0	0	0	0	0	0

- FOC0 : 출력비교 강제
- WGM00, WGM01 : 순서제어와 파형발생
- COM00, COM01 : 비교일치출력
- CS02 ~ CS00 : 클럭의 분주비 선택

[그림 6-2] TCCR0 레지스터 구조

- **Bit 7 – FOC0 : 출력 비교 강제 비트(Force Output Compare)**

  FOC0 비트는 PWM 모드가 아닌 경우에만 유효한 것으로서 이를 1로 설정하면 강제로 즉시 OC0단자에 출력비교가 매치된 것과 같은 출력을 내보내며, 이 출력신호의 동작은 COM01~00 비트에 의하여 결정된다. 특별한 경우가 아니면 이 비트는 0으로 설정하는 것이 좋다. 그 이유는 강제로 만들어진 출력비교 매치는 OC0단자에 신호만을 출력할 뿐이며, 해당 인터럽트를 발생하지도 않고, CTC 모드에서 TCNT0 레지스터를 클리어 시키지도 않는다.

- **Bit 6 : 3 – WGM00:01 : 파형발생 모드(Waveform Generation Mode)**

  WGM00:01 비트는 카운터의 동작순서를 제어하여 원하는 파형을 발생시킬 수 있다.

WGM01	WGM00	동작 모드
0	0	Normal
0	1	Phase Correct PWM
1	0	CTC
1	1	Fast PWM

- Bit 5 : 4 – COM01:00

비교 일치 출력 모드(Compare Match Output Mode) COM01:00 비트는 OC0 핀의 동작을 설정한다.

	COM01	COM00	OC0 핀의 기능
PWM mode 아닌경우	0	0	OC0 출력차단(원래의 I/O포트 동작)
	0	1	Compare match에서 OC0출력 토글
	1	0	Compare match에서 OC0출력 0으로 클리어
	1	1	Compare match에서 OC0출력 1로 셋트
Fast PWM mode	0	0	OC0 출력차단(원래의 I/O포트 동작)
	0	1	Reserved
	1	0	Compare match에서 OC0출력 0으로 클리어 TOP에서 OC0 출력을 1로 셋트
	1	1	Compare match에서 OC0출력 1로 셋트 TOP에서 OC0 출력을 0으로 클리어
Phase Correct PWM mode	0	0	OC0 출력차단(원래의 I/O포트 동작)
	0	1	Reserved
	1	0	상향(Compare match에서 OC0를 0으로 클리어) 하향(Compare match에서 OC0를 1로 셋트)
	1	1	상향(Compare match에서 OC0를 1로 셋트) 하향(Compare match에서 OC0를 0으로 클리어)

- Bit 2:0 – CS02:00 : 클럭 선택(Clock Select)

CS02:00 비트는 클럭의 분주비를 선택한다.

CS02	CS01	CS00	동 작
0	0	0	Stop
0	0	1	ClkTOS /1
0	1	0	ClkTOS /8
0	1	1	ClkTOS /32
1	0	0	ClkTOS /64
1	0	1	ClkTOS /128
1	1	0	ClkTOS /256
1	1	1	ClkTOS /1024

6.1.2 타이머/카운터 0 레지스터 - TCNT0

TCNT0 레지스터는 타이머/카운터 0의 8비트 카운터값을 저장하고 있는 레지스터로서 언제나 읽기 및 쓰기 동작이 가능하다. 그러나 카운터가 동작하고 있는 중에 카운터의 값을 수정하면 TCNT0와 OCR0 레지스터간에 비교일치가 되지 않을 수도 있다.

Bit	7	6	5	4	3	2	1	0
	TCNT0(7:0)							
R/W	R/W	R/W	R/W	R/W	R/W	R/W	R/W	R/W
Initial Value	0	0	0	0	0	0	0	0

- TCNT0 : 8비트2진 업/다운 카운터

[그림 6-3] TCNT0 레지스터 구조

6.1.3 타이머/카운터 0 출력 비교 레지스터 - OCR0

OCR0 레지스터는 타이머/카운터 레지스터 TCNT0 값과 비교하여 OC0단자에 출력신호를 발생하기 위한 8비트 값을 저장한다.

Bit	7	6	5	4	3	2	1	0
	OCR0(7:0)							
R/W	R/W	R/W	R/W	R/W	R/W	R/W	R/W	R/W
Initial Value	0	0	0	0	0	0	0	0

- OCR0 : TCNT0 와 OC0의 비교값 저장

[그림 6-4] OCR0 레지스터 구조

6.1.4 비동기 상태 레지스터 – ASSR

ASSR 레지스터는 타이머/카운터 0이 외부 클럭에 의하여 비동기 모드로 동작하는 경우에 관련된 기능을 수행한다.

Bit	7	6	5	4	3	2	1	0
	–	–	–	–	AS0	TCN0UB	OCR0UB	TCR0UB
R/W	R	R	R	R	R/W	R	R	R
Initial Value	0	0	0	0	0	0	0	0

- AS0 : 클럭 소스 선택
  - 1: 비동기 모드 동작
  - 0: 동기 모드 동작
- TCN0UB : TCNT0 update Busy flag
  - 1: TCNT0가 기록되면 1로 셋트
  - 0: TCNT0가 갱신되면 0으로 셋트
- OCR0UB : OCR0 undate Busy flag
  - 1: OCR0가 기록되면 1로 셋트
  - 0: OCR0가 갱신되면 0으로 셋트
- TCR0UB : TCR0 update Busy flag
  - 1: TCR0가 기록되면 1로 셋트
  - 0: TCR0가 갱신되면 0으로 셋트

[그림 6-5] ASSR 레지스터 구조

- Bit 3 – AS0 : 클럭 소스 선택(Asynchronous Timer/Counter0)

  AS0 비트는 AS0를 0으로 설정하면 내부 클럭(ClkI/O) 선택되어 동기 모드로 동작하고, AS0를 1로 설정하면 TOSC1핀에 연결된 수정발진기 클럭이 선택되어 비동기 모드로 동작한다. 주의할 것은 아래의 비지 플래그들이 1인 동안에 TCNT0, OCR0, TCCR0 레지스터들의 값을 변경하면 이들 레지스터 값이 깨질 수 있고 이로 인하여 예상하지 않은 인터럽트가 발생할 수 있다.

- Bit 2 – TCN0UB : TCNT0 갱신 플래그(Timer/Counter Update Busy)

  TCN0UB 비트는 타이머/카운터 0이 비동기로 동작하고 있을 때 TCNT0 레지스터에 새로운 값을 쓰면 이 비트가 1로 된다. TCNT0의 쓰기가 완료되면 이 비트는 자동으로 0이 된다.

- Bit 1 – OCR0UB : OCR0 갱신 플래그(Output Compare Register 0 Update Busy)

  OCR0UB 비트는 타이머/카운터 0이 비동기로 동작하고 있을 때 OCR0 레지스터에 새로운 값을 쓰면 이 비트가 1로 된다. OCR0의 쓰기가 완료되면 이 비트는 자동으로 0이 된다.

- Bit 0 – TCR0UB : TCCR0 갱신 플래그(Timer/Counter Control Register 0 Update Busy)

  TCR0UB 비트는 타이머/카운터 0이 비동기로 동작하고 있을 때 TCCR0 레지스터에 새로운 값을 쓰면 이 비트가 1로 된다. TCCR0의 쓰기가 완료되면 이 비트는 자동으로 0이 된다.

6.1.5 특수 목적 I/O 레지스터 – SFIOR

SFIOR 레지스터는 타이머/카운터를 동기화 시키는데 관련된 기능을 한다.

Bit	7	6	5	4	3	2	1	0
	TSM	–	–	–	ACME	PUD	PSR0	PSR321
R/W	R/W	R	R	R	R/W	R/W	R/W	R/W
Initial Value	0	0	0	0	0	0	0	0

- TSM : 모든 타이머/카운터 동기화
- PSR0 : 프리스케일러를 리셋

[그림 6-6] SFIOR 레지스터 구조

- Bit 7– TSM : 타이머/카운터 동기화 모드(Timer/Counter Synchronization Mode)

  TSM 비트는 1로 세트하면 PSR0 및 PSR321 비트에 쓴 값을 유지하여 대응하는 프리스케일러 리셋 신호를 발생하고, 이는 해당 타이머/카운터의 동작을 정지시켜 이것들을 똑같은 값으로 설정할 수 있도록 해준다. 또 TSM 비트를 0으로 하면 PSR0 및 PSR321 비트는 하드웨어적으로 클리어 되며 타이머/카운터들이 동시에 카운팅 동작을 시작한다.

- Bit 1– PSR0 : 타이머/카운터 프리스케일러 리셋(Prescaler Reset Timer/Counter0)

  PSR0 비트는 타이머/카운터 0의 프리스케일러를 리셋시키며 동작 후에 자동적으로 클리어 된다. 만약, 타이머/카운터 0이 비동기 모드로 동작하고 있을 때 이를 1로 하면 이것은 프리스케일러가 리셋될 때까지 유지되며, TSM가 1로 세트되어 있으면 하드웨어에 의하여 자동적으로 클리어되지 않는다.

6.1.6 타이머/카운터 인터럽트 마스크 레지스터 – TIMSK

TIMSK 레지스터는 타이머/카운터 0~2가 발생하는 인터럽트를 개별적으로 허용하는 기능을 수행한다.

Bit	7	6	5	4	3	2	1	0
	OCIE2	**TOIE2**	**TICIE1**	**OCIE1A**	**OCIE1B**	**TOIE1**	**OCIE0**	**TOIE0**
R/W	R/W	R/W	R/W	R/W	R/W	R/W	R/W	R/W
Initial Value	0	0	0	0	0	0	0	0

- OCIE2 : 타이머/카운터 2 출력비교 인터럽트 활성
    - 1: 타이머/카운터2 출력비교 일치 인터럽트 허용
    - 0: 타이머/카운터2 출력비교 일치 인터럽트 금지
- TOIE2 : 타이머/카운터 2 오버플로우 인터럽트 활성
    - 1: 타이머/카운터2 오버플로우 인터럽트 허용
    - 0: 타이머/카운터2 오버플로우 인터럽트 금지
- TICIE1 : 타이머/카운터 1 입력 캡처 인터럽트 활성
    - 1: 타이머/카운터1 입력 캡처 인터럽트 허용
    - 0: 타이머/카운터1 입력 캡처 인터럽트 금지
- OCIE1A : 타이머/카운터 1 출력비교A 일치 인터럽트 활성
    - 1: 타이머/카운터1 출력비교A 일치 인터럽트 허용
    - 0: 타이머/카운터1 출력비교A 일치 인터럽트 금지
- OCIE1B : 타이머/카운터 1 출력비교B 일치 인터럽트 활성
    - 1: 타이머/카운터1 출력비교B 일치 인터럽트 허용
    - 0: 타이머/카운터1 출력비교B 일치 인터럽트 금지
- TOIE1 : 타이머/카운터 1 오버플로우 인터럽트 활성
    - 1: 타이머/카운터1 오버플로우 인터럽트 허용
    - 0: 타이머/카운터1 오버플로우 인터럽트 금지
- OCIE0 : 타이머/카운터 0 출력비교 인터럽트 활성
    - 1: 1: 타이머/카운터0 출력비교 일치 인터럽트 허용
    - 0: 1: 타이머/카운터0 출력비교 일치 인터럽트 금지
- TOIE0 : 타이머/카운터 0 오버플로우 인터럽트 활성
    - 1: 타이머/카운터0 오버플로우 인터럽트 허용
    - 0: 타이머/카운터0 오버플로우 인터럽트 금지

[그림 6–7] TIMSK 레지스터 구조

- Bit 7 – OCIE2 : Timer/Counter2 Output Compare Match Interrupt Enable

OCIE2 비트는 타이머/카운터2 출력 비교일치 인터럽트를 개별적으로 허용/금지한다.

- Bit 6 – TOIE2 : Timer/Counter2 Overflow interrupt Enable

TOIE2 비트는 타이머/카운터2 오버플로우 인터럽트를 개별적으로 허용/금지한다. 만

약, SREG의 I 비트와 TIMSK의 이 비트가 세트되어 있는 가운데 TIFR의 TOV2 플래그가 세트되면 타이머/카운터2 오버플로우 인터럽트가 발생한다.

- Bit 5 – TICIE1 : Timer/Counter1 Input Capture Interrupt Enable
  TICIE1 비트는 타이머/카운터1 입력 캡처 인터럽트를 개별적으로 허용/금지한다.

- Bit 4 – OCIE1A : Timer/Counter1 Output Compare A Interrupt Enable
  OCIE1A 비트는 타이머/카운터1 출력 비교일치A 인터럽트를 개별적으로 허용/금지한다.

- Bit 3 – OCIE1B : Timer/Counter1 Output Compare B Interrupt Enable
  OCIE1B 비트는 타이머/카운터1 출력 비교일치B 인터럽트를 개별적으로 허용/금지한다.

- Bit 2 – TOIE1 : Timer/Counter1 Overflow Interrupt Enable
  TOIE1 비트는 타이머/카운터1 오버플로우 인터럽트를 개별적으로 허용/금지한다.

- Bit 1 – OCIE0 : Timer/Counter0 Output Compare Match Interrupt Enable
  OCIE0 비트는 타이머/카운터0 출력 비교일치 인터럽트를 개별적으로 허용/금지한다.

- Bit 0 – TOIE0 : Timer/Counter0 Overflow Interrupt Enable
  TOIE0 비트는 타이머/카운터0 오버플로우 인터럽트를 개별적으로 허용/금지한다.

6.1.7 타이머/카운터 인터럽트 플래그 레지스터 – TIFR

TIFR 레지스터는 타이머/카운터 0~2가 발생하는 인터럽트를 플래그로 저장하는 레지스터이다.

Bit	7	6	5	4	3	2	1	0
	OCF2	TOV2	ICF1	OCF1A	OCF1B	TOV1	OCF0	TOV0
R/W	R/W	R/W	R/W	R/W	R/W	R/W	R/W	R/W
Initial Value	0	0	0	0	0	0	0	0

- OCF2 : 출력비교 플래그 2
  - 1: TCNT2와 OCR2의 일치
- TOV2 : 타이머/카운터 2 오버플로우 플래그
  - 1: 타이머/카운터2 오버플로우
- ICF1 : 타이머/카운터 1 입력 캡처 플래그
  - 1: 핀 ICP1에 캡처 발생
- OCF1A : 타이머/카운터 1 출력비교A 일치 플래그
  - 1: TCNT1과 OCR1A의 일치
- OCF1B : 타이머/카운터 1 출력비교B 일치 플래그
  - 1: TCNT1과 OCR1B의 일치
- TOV1 : 타이머/카운터 1 오버플로우 플래그
  - 1: 타이머/카운터1 오버플로우
- OCF0 : 출력비교 플래그 0
  - 1: TCNT0와 OCR0의 일치
- TOV0 : 타이머/카운터 0 오버플로우 플래그
  - 1: 타이머/카운터0 오버플로우 발생
  - 0: 해당 인터럽트 백터 처리시 클리어

[그림 6-8] TIFR 레지스터 구조

- Bit 7 – OCF2 : 타이머/카운터2 출력비교(Output Compare Register2)

OCF2 비트는 타이머/카운터2와 OCR2간에 비교일치가 될 때 세트 된다. 이 플래그는 해당 인터럽트 루틴이 실행될 때 하드웨어에 의해서 자동적으로 클리어 된다. 강제적으로 이 비트에 1을 기록해도 클리어 된다.

- Bit 6 – TOV2 : 타이머/카운터2 오버플로우 상태(Timer/Counter2 Overflow Flag)

TOV2 비트는 타이머/카운터2에서 오버플로우가 발생할 때 세트 된다. SREG의 I 비트와 TIMSK의 TOIE2 비트가 세트되어 있는 가운데 이 비트가 세트되면 타이머/카운터2 오버플로우 인터럽트가 발생한다.

- Bit 5 – ICF1 : 입력 캡처 상태(Input Capture Flag 1)

ICF1 비트는 타이머/카운터1에서 입력 캡처(TCNT1 값이 ICR1(Input Capture Register 1)에 옮겨 감)가 되면 세트 된다. 이 플래그도 해당 인터럽트 루틴이 실행될 때 하드웨어에 의해서 자동적으로 클리어 된다. SREG의 I 비트와 TIMSK의 TICIE1 비트가 세트되어 있는 가운데 이 비트가 세트되면 타이머/카운터1 캡처 인터럽트가 발생한다.

• Bit 4 – OCF1A : 출력비교 상태(Output Compare Flag 1A)
OCF1A 비트는 타이머/카운터1과 OCR1A간에 비교 일치가 발생할 때 세트된다. SREG의 I 비트와 TIMSK의 OCIE1A 비트가 세트되어 있는 가운데 이 비트가 세트되면 타이머/카운터1 비교일치A 인터럽트가 발생된다.

• Bit 3 – OCF1B : 출력비교 상태(Output Compare Flag 1B)
OCF1B 비트는 타이머/카운터1과 OCR1B간에 비교일치가 발생할 때 세트된다. SREG의 I 비트와 TIMSK의 OCIE1B 비트가 세트되어 있는 가운데 이 비트가 세트되면 타이머/카운터1 비교일치B 인터럽트가 발생한다.
비트는 하드웨어적으로 클리어되며 타이머/카운터들이 동시에 카운팅 동작을 시작한다.

• Bit 2 – TOV1 : 타이머/카운터1 오버플로우 상태(Timer/Counter1 Overflow Flag)
TOV1 비트는 타이머/카운터1에서 오버플로우가 발생될 때 세트된다. SREG의 I 비트와 TIMSK의 TOIE1 비트가 세트되어 있는 가운데 이 비트가 세트되면 타이머/카운터1 오버플로우 인터럽트가 발생한다.

• Bit 1 – OCF0 : 타이머/카운터0 출력 비교 상태(Timer/Counter0 Output Compare Flag)
OCF0 비트는 타이머/카운터1과 OCR0간에 비교일치가 발생할 때 세트된다. SREG의 I 비트와 TIMSK의 TOIE0 비트가 세트되어 있는 가운데 이 비트가 세트되면 타이머/카운터0 비교일치 인터럽트가 발생한다.

• Bit 0 – TOV0 : 타이머/카운터0 오버플로우 상태(Timer/Counter0 Overflow Flag)
TOV0 비트는 타이머/카운터0에서 오버플로우가 발생될 때 세트된다. 이 플래그도 해당 인터럽트 루틴이 실행될 때 하드웨어에 의해서 자동적으로 클리어 된다. SREG의 I 비트와 TIMSK의 TOIE0 비트가 세트되어 있는 가운데 이 비트가 세트되면 타이머/카운터0 오버플로우 인터럽트가 발생한다.

6.1.8 타이머/카운터 0 동작 모드

타이머/카운터 0에는 일반 모드, CTC모드, 고속 PWM모드, 위상교정 PWM모드 이렇게 4가지가 있다. 모드의 선택은 TCCR0 레지스터의 WGM01~00 비트에 의하여 결정되고 COM01~00 비트에 의하여 출력신호의 동작이 지정됨으로써 OC0단자에 어떤 파형을 출력하게 될지를 결정할 수 있게 된다.

타이머/카운터 0의 출력비교기 구성 블록도를 살펴보면 타이머/카운터 0에 포함된 8비트 비교기는 항상 TCNT0의 값과 OCR0의 값을 비교하고 있다가 이 값이 같아지면 그 다음의 타이머 클럭 사이클에서 OCF가 1로 되면서 출력비교 인터럽트를 요청한다.

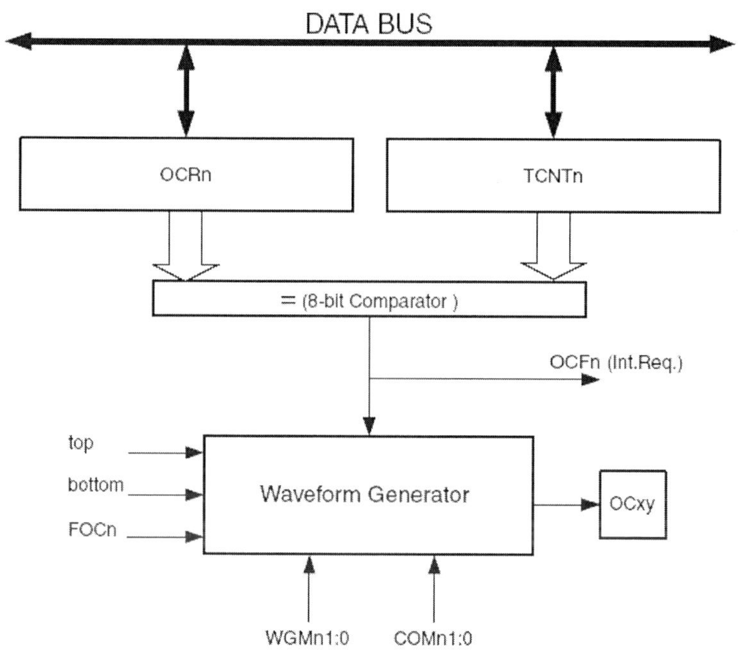

[그림 6-9] 타이머/카운터 0의 출력비교기 구성 블록도

■ NORMAL MODE

타이머/카운터 0의 Normal Mode는 WGM01과 WGM00 비트를 각각 0으로 설정한다. 이 모드에서는 타이머/카운터 레지스터 TCNT0이 항상 상향 카운터로만 동작하고, 카운터가 도중에 클리어되는 일이 없으며, 클럭 입력에 의하여 항상 0x00~0xFF의 값으로 계수 동작이 반복하여 수행된다. 이 카운트 값이 0xFF에서 0x00으로 바뀌는 순간에 TIFR레지스터에서 TOV0이 1로 되면서 오버플로우 인터럽트가 발생한다.

■ CTC MODE

타이머/카운터 0의 CTC Mode(Clear Timer on Compare Match Mode)는 WGM01비트와 WGM00비트를 각각 1과 0으로 설정한다. 이 모드에서는 타이머/카운터 레지스터 TCNT0의 값이 출력비교 레지스터 OCR0의 값과 일치하면 그 다음 클럭 사이클에서 0으로 클리어된다.

따라서 이 모드에서는 클럭 입력에 의하여 항상 0x00 ~ OCR0의 값으로 계수동작이 반복하여 수행되며, 결국 이 모드는 auto reload가 가능한 주파수 분주 기능으로 사용하는데 유용하다.

이 카운터 값이 OCR0의 값과 일치하여 TOP에서 0x00으로 바뀌는 순간에 TIFR레지스터에서 OCF0이 1로 되면서 출력비교 인터럽트가 발생한다. 그러나 CTC 모드에서는 OCR0레지스터에 이중 버퍼링 기능이 없으므로, 만약 카운트 도중에 OCR0 레지스터에 TCNT0의 값보다 작은 값을 쓰면 그 주기에서는 출력비교에 실패하여 카운터가 0xFF까지 증가 하였다가 0x00으로 될 것이며, 이 때 TIFR 레지스터에서 TOV0=1로 되면서 오버플로우 인터럽트가 발생한다.

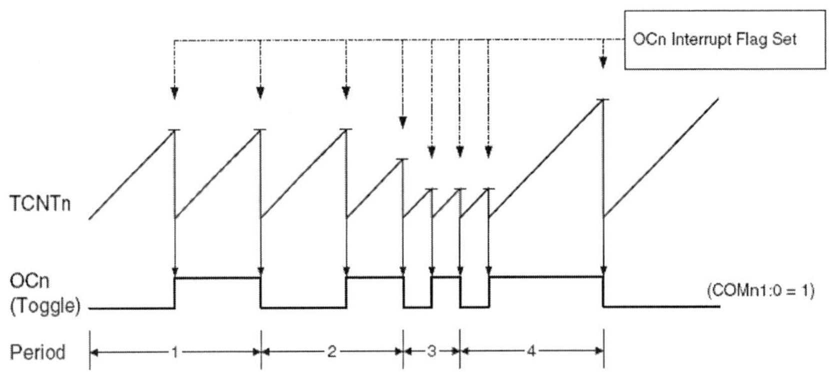

[그림 6-10] 타이머/카운터 0의 CTC 모드

CTC Mode에서는 OC0 단자가 출력파형을 발생하도록 할 수 있다. 만약 COM01과 COM00을 각각 0과 1로 설정하여 출력매치에서 OC0단자의 신호를 토글하는 경우에 출력 주파수는 다음과 같이 계산된다. 단, 여기서 N은 프리스케일러의 분주비로서 1, 8, 32, 64, 128, 256, 1024중의 하나에 해당한다.

$$f_{OCn} = \frac{f_{clk\_I/O}}{2 \cdot N \cdot (1 + OCRn)}$$

■ 고속 PWM MODE

타이머/카운터 0의 고속 PWM MODE(Fast PWM Mode)는 WGM01과 WGM00을 각각 1과1로 설정한다. 이 동작 모드에서는 타이머/카운터 레지스터 TCNT0의 계수동작이 항상 0x00~0xFF의 범위에서 증가하는 방향으로만 반복적으로 수행되며, 이때 이 TCNT0의 값은 항상 출력비교 레지스터 OCR0의 값과 비교되어 그것이 일치하면 OC0 출력신호가 0으로 클리어되고, TCNT0의 값이 0xFF에서 0x00으로 오버플로우되면 OC0 출력신호가 1로 된다.

이를 그림으로 나타내면 아래 그림과 같다. COM01과 COM00을 각각 1과 0으로 설정하면 OC0단자는 이와 같이 정상 PWM 출력으로 동작하지만, COM01과 COM00을 각각 1과 1로 설정하면 OC0단자는 반전 PWM 출력으로 동작한다.

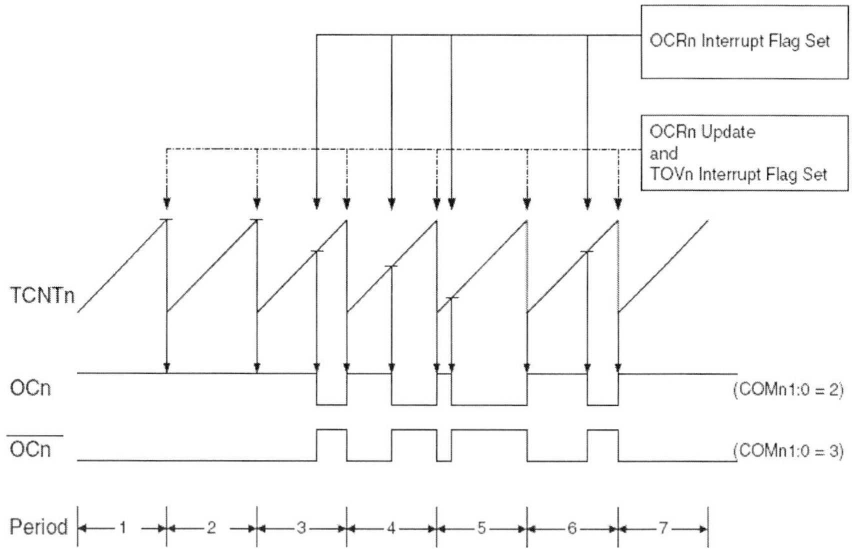

[그림 6-11] 타이머/카운터 0의 고속 PWM 모드

고속 PWM 모드 출력신호의 주파수는 다음과 같이 표시되며, 이는 위상교정 PWM모드의 경우에 비하여 약 2배 높은 주파수가 된다. 단, 여기서 N은 프리스케일러의 분주비로서 1, 8, 32, 64, 128, 256, 1024 중의 하나에 해당한다.

$$f_{OCnPWM} = \frac{f_{clk\_I/O}}{N \cdot 256}$$

■ 위상교정 PWM MODE

타이머/카운터 0의 위상교정 PWM MODE(Phase Correct PWM Mode)는 WGM01과 WGM00을 각각 0과 1로 설정한다. 이 동작 모드에서는 타이머/카운터 레지스터 TCNT0의 계수동작이 상향 카운터로서 0x00~0xFF의 범위에서 증가하였다가 다시 하향카운터로서 0xFF~0x00으로 감소하는 동작을 반복적으로 수행한다. 이때 이 TCNT0의 값은 항상 출력비교 레지스터 OCR0의 값과 비교되어, 상향 카운터로 동작할 때 그것이 일치하면 OC0 출력신호가 0으로 되고, 하향 카운터로 동작할 때 그것이 일치하면 OC0의 출력신호가 1로 된다.

이를 도시하면 아래 그림과 같다. COM01:00 = 10으로 설정하면 OC0단자는 이와 같이 정상 PWM출력으로 동작하지만, COM01:00 = 11으로 설정하면 OC0단자는 반전 PWM 출력으로 동작한다.

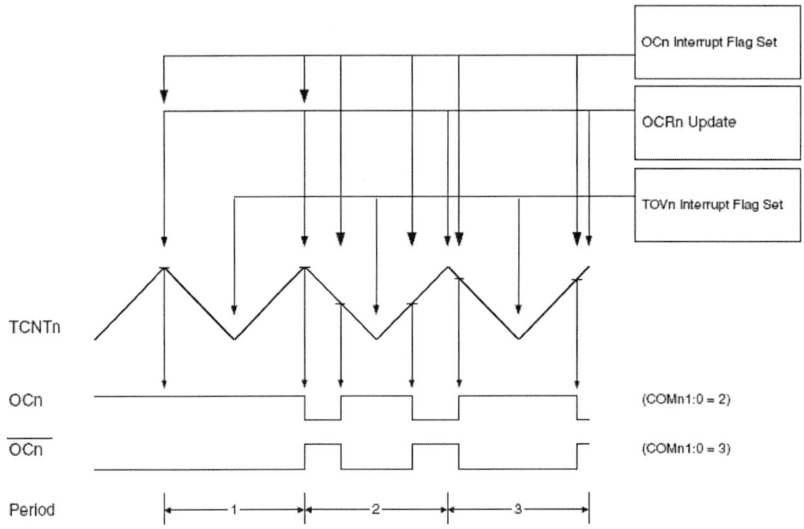

[그림 6-12] 타이머/카운터 0의 위상교정 PWM 모드

위상교정 PWM 모드 출력신호의 주파수는 다음과 같이 표시되며, 이는 고속 PWM 모드의 경우에 비하여 약 1/2로 낮은 주파수가 된다. 단, 여기서 N은 프리스케일러의 분주비로서 1, 8, 32, 64, 128, 256, 1024 중의 하나에 해당한다.

$$f_{OCnPCPWM} = \frac{f_{clk\_I/O}}{N \cdot 510}$$

6.1.9 타이머/카운터 0 동작 타이밍

타이머/카운터 0이 동기 모드로 동작할 때 타이머 클럭 clkT0은 클럭 입력신호가 아니라 clkI/O 클럭의 사용여부를 지정하는 신호로 동작한다.

프리스케일러의 분주비가 1일 경우에는 위상교정 PWM 모드를 제외한 모든 모드에서 TCNT0의 값이 증가하여 TOV0이 1이 되고 오버플로우 인터럽트가 발생하기까지 [그림 6.13]의 (a)와 같은 타이밍으로 동작한다. 그러나 이것이 프리스케일러의 분주비가 8인 경우에는 [그림 6.13]의 (b)와 같은 타이밍으로 동작한다.

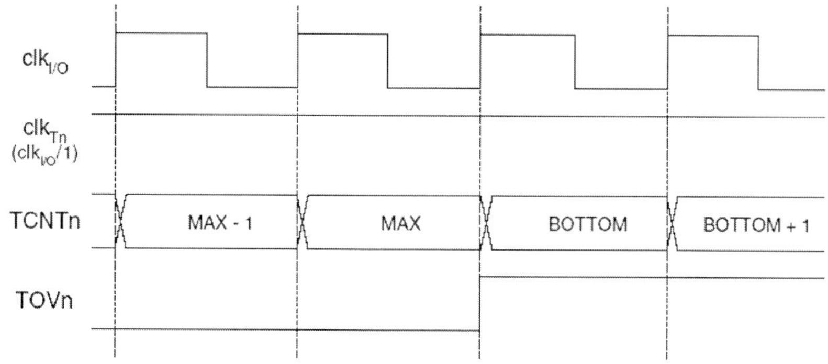

(a) 분주비 1일 때

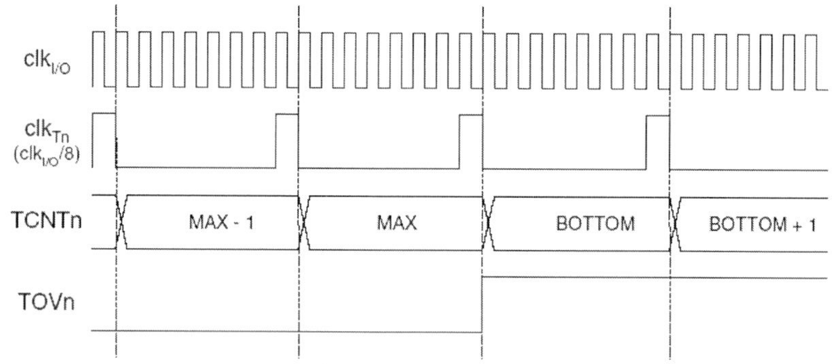

(b) 분주비 8일 때

[그림 6-13] 타이머/카운터 0의 동작 타이밍

6.2 타이머/카운터 2

타이머/카운터 2은 PWM 출력을 가지는 8비트 업/다운 카운터로서, 프리스케일러를 통하여 내부 클럭을 소스로 받아서 동작하는 타이머 기능과 외부 클럭을 소스로 받아 동작하는 카운터 기능이 있다.

타이머/카운터 2에는 입력으로 T2가 있고 출력으로 OC2가 있다. 이것은 타이머로 동작할 때 시스템 클럭 주파수와 같은 내부 클럭 clkI/O를 클럭소스로 사용하며, 이것은 프리스케일러에 의하여 1, 8, 64, 256, 1024 중의 하나로 분주될 수 있고, 클럭 입력을 차단하여 타이머/카운터 2의 기능을 정지시킬 수도 있다.

타이머/카운터 2가 카운터로 동작할 때는 T2핀으로 입력되는 외부 클럭을 사용하며, 이 외부 클럭은 에지 검출회로를 통하여 입력되고 프리스케일러를 거치지 않는다. T2핀으로 입력되는 외부 클럭의 주파수는 시스템 클럭 주파수의 1/2 이하여야 하며, 안전을 고려하여 1/2.5 이하의 주파수를 사용하는 것이 권장된다.

이와 같이 선택된 클럭 clkT2는 8비트의 업/다운 카운터 TCNT2에 입력되고, 이것이 오버플로우되면 TOV2 신호에 의하여 오버플로우 인터럽트가 발생한다.

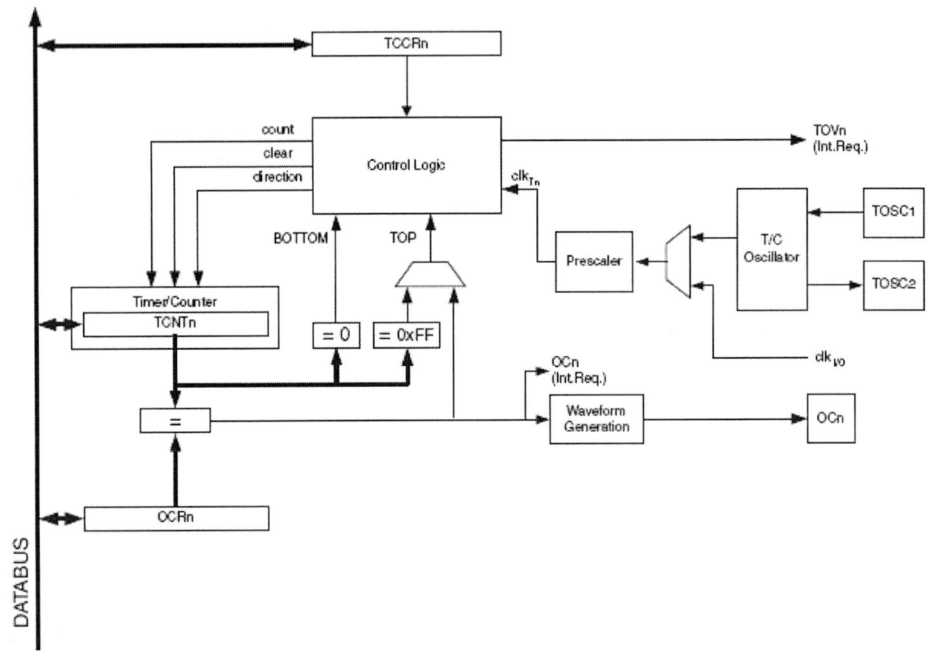

[그림 6-14] 타이머/카운터 2의 구성 블록도

8비트 카운터 TCNT2는 동작모드에 따라 클럭 clkT2의 입력에 의해 값이 증가 또는 감소하며 경우에 따라서는 0x00으로 리셋되기도 한다. 이 카운터값은 동작중에 항상 출력비교 레지스터 OCR2와 비교되며, 그 값이 같아지면 내부적으로는 OCF2 신호에 의하여 출력비교 인터럽트가 발생되고, 외부적으로는 OC2 단자에 신호가 출력되도록 설정할 수 있다. 이와 같이 동작모드를 적절히 설정하고 OCR2 레지스터를 활용하면 OC2 단자에 원하는 PWM 출력신호를 발생할 수 있게 된다.

ATmega128의 타이머/카운터 2는 8비트 타이머/카운터로 다음과 같은 관련된 레지스터들로 구성된다. 여기서 TIMSK 그리고 TIFR 레지스터는 다른 타이머/카운터들과 공유되어 사용된다.

TCCR2(Timer/Counter Control Register 2)

TCNT2(Timer/Counter Register 2)

OCR2(Timer/Counter Output Compare Register 2)
SFIOR(Special Function I/O Register)
TIMSK(Timer/Counter Interrupt Mask Register)
TIFR(Timer/Counter Interrupt Flag Register)

6.2.1 타이머/카운터 2 제어 레지스터 - TCCR2

TCCR2 레지스터는 동작모드를 설정하고 프리스케일러의 분주비를 설정하는 기능이 있다.

Bit	7	6	5	4	3	2	1	0
	FOC2	**WGM20**	**COM21**	**COM20**	**WGM21**	**CS22**	**CS21**	**CS20**
R/W	W	R/W	R/W	R/W	R/W	R/W	R/W	R/W
Initial Value	0	0	0	0	0	0	0	0

- FOC2 : 출력비교 강제
- WGM20 , WGM21 : 순서제어와 파형발생
- COM20 , COM21 : 비교일치출력
- CS22 ~ CS20 : 클럭의 분주비 선택

[그림 6-15] TCCR2 레지스터 구조

- Bit 7 - FOC2 : 출력 비교 강제 비트(Force Output Compare)

FOC2 비트는 PWM 모드가 아닌 경우에만 유효한 것으로서 이를 1로 설정하면 강제로 즉시 OC2단자에 출력비교가 매치된 것과 같은 출력을 내보내며, 이 출력신호의 동작은 COM21~20 비트에 의하여 결정된다. 특별한 경우가 아니면 이 비트는 0으로 설정하는 것이 좋다. 그 이유는 강제로 만들어진 출력비교 매치는 OC2단자에 신호만을 출력할 뿐이며, 해당 인터럽트를 발생하지도 않고, CTC 모드에서 TCNT2 레지스터를 클리어시키지도 않는다.

- Bit 6 : 3 - WGM20:21 : 파형발생 모드(Waveform Generation Mode)

WGM00:01 비트는 카운터의 동작순서를 제어하여 원하는 파형을 발생시킬 수 있다.

WGM21	WGM20	동작 모드
0	0	Normal
0	1	Phase Correct PWM
1	0	CTC
1	1	Fast PWM

- Bit 5 : 4 – COM21:20 : 비교 일치 출력 모드(Compare Match Output Mode)

COM21:20 비트는 OC2 핀의 동작을 설정한다.

	COM21	COM20	OC2 핀의 기능
PWM mode 아닌경우	0	0	OC2 출력차단(원래의 I/O포트 동작)
	0	1	Compare match에서 OC2출력 토글
	1	0	Compare match에서 OC2출력 0으로 클리어
	1	1	Compare match에서 OC2출력 1로 셋트
Fast PWM mode	0	0	OC2 출력차단(원래의 I/O포트 동작)
	0	1	Reserved
	1	0	Compare match에서 OC2출력 0으로 클리어 TOP에서 OC2 출력을 1로 셋트
	1	1	Compare match에서 OC0출력 1로 셋트 TOP에서 OC0 출력을 0으로 클리어
Phase Correct PWM mode	0	0	OC2 출력차단(원래의 I/O포트 동작)
	0	1	Reserved
	1	0	상향(Compare match에서 OC2를 0으로 클리어) 하향(Compare match에서 OC2를 1로 셋트)
	1	1	상향(Compare match에서 OC2를 1로 셋트) 하향(Compare match에서 OC2를 0으로 클리어)

- Bit 2:0 – CS22:20 : 클럭 선택(Clock Select)

CS22:20 비트는 클럭의 분주비를 선택한다.

CS02	CS01	CS00	동 작
0	0	0	Stop
0	0	1	ClkTOS /1
0	1	0	ClkTOS /8
0	1	1	ClkTOS /64
1	0	0	ClkTOS /256
1	0	1	ClkTOS /1024
1	1	0	외부 클럭(하강에지 동작)
1	1	1	외부 클럭(상승에지 동작)

6.2.2 타이머/카운터 2 레지스터 – TCNT2

TCNT2 레지스터는 타이머/카운터 2의 8비트 카운터값을 저장하고 있는 레지스터로서 언제나 읽기 및 쓰기 동작이 가능하다. 그러나 카운터가 동작하고 있는 중에 카운터의 값을 수정하면 TCNT2와 OCR2 레지스터간에 비교일치가 되지 않을 수도 있다.

Bit	7	6	5	4	3	2	1	0
	TCNT2(7:0)							
R/W	R/W	R/W	R/W	R/W	R/W	R/W	R/W	R/W
Initial Value	0	0	0	0	0	0	0	0

◆ TCNT2 : 8비트2진 업/다운 카운터

[그림 6-16] TCNT2 레지스터 구조

6.2.3 타이머/카운터 2 출력 비교 레지스터 – OCR2

OCR2 레지스터는 타이머/카운터 레지스터 TCNT2 값과 비교하여 OC2단자에 출력신호를 발생하기 위한 8비트 값을 저장한다.

Bit	7	6	5	4	3	2	1	0
	OCR2(7:0)							
R/W	R/W	R/W	R/W	R/W	R/W	R/W	R/W	R/W
Initial Value	0	0	0	0	0	0	0	0

◆ OCR2 : TCNT2 와 OC2의 비교값 저장

[그림 6-17] OCR2 레지스터 구조

6.2.4 타이머/카운터 2 동작 모드

타이머/카운터 2에는 일반 모드, CTC모드, 고속 PWM모드, 위상교정 PWM모드 이렇게 4가지가 있다. 모드의 선택은 TCCR2 레지스터의 WGM21~20 비트에 의하여 결정되고 COM21~20 비트에 의하여 출력신호의 동작이 지정됨으로써 OC2단자에 어떤 파형을 출력하게 될지를 결정할 수 있게 된다.

아래의 타이머/카운터 2의 출력비교기 구성 블록도를 살펴보면 타이머/카운터 2에 포함된 8비트 비교기는 항상 TCNT2의 값과 OCR2의 값을 비교하고 있다가 이 값이 같아지면 그 다음의 타이머 클럭 사이클에서 OCF2가 1로 되면서 출력비교 인터럽트를 요청한다.

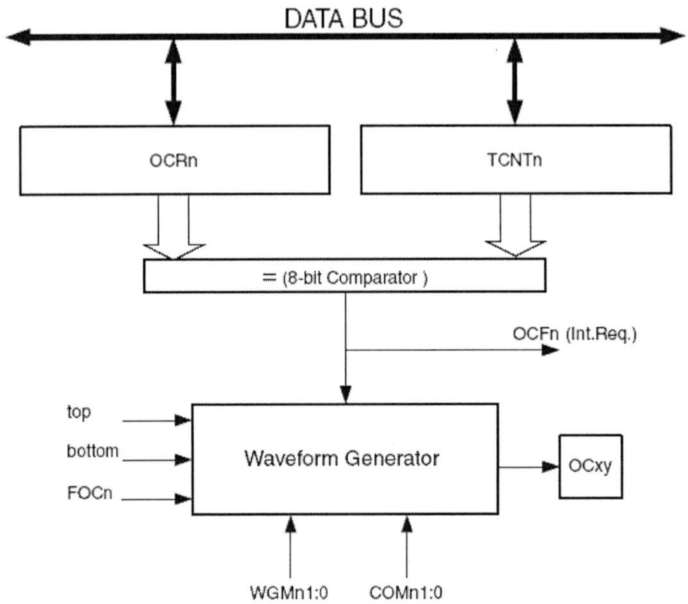

[그림 6-18] 타이머/카운터 2의 출력비교기 구성 블록도

■ NORMAL MODE

타이머/카운터 2의 Normal Mode는 WGM21과 WGM20 비트를 각각 0으로 설정한다. 이 모드에서는 타이머/카운터 레지스터 TCNT2이 항상 상향 카운터로만 동작하고, 카운터가 도중에 초기화되는 일이 없으며, 클럭 입력에 의하여 항상 0x00~0xFF의 값으로 계수동작이 반복하여 수행된다. 이 카운트 값이 0xFF에서 0x00으로 바뀌는 순간에 TIFR레지스터에서 TOV2가 1로 되면서 오버플로우 인터럽트가 발생한다.

■ CTC MODE

타이머/카운터 2의 CTC Mode(Clear Timer on Compare Match Mode)는 WGM21비트와 WGM20비트를 각각 1과 0으로 설정한다. 이 모드에서는 타이머/카운터 레지스터 TCNT2의 값이 출력비교 레지스터 OCR2의 값과 일치하면 그 다음 클럭 사이클에서 0으로 초기화 된다. 따라서 이 모드에서는 클럭 입력에 의하여 항상 0x00~OCR2의 값으로 계수동작이 반복하여 수행되며, 결국 이 모드는 auto reload가 가능한 주파수 분주 기능으로 사용하는데 유용하다.

이 카운터 값이 OCR2의 값과 일치하여 TOP에서 0x00으로 바뀌는 순간에 TIFR레지스터에서 OCF2가 1로 되면서 출력비교 인터럽트가 발생한다. 그러나 CTC 모드에서는 OCR2레지스터에 이중 버퍼링 기능이 없으므로, 만약 카운트 도중에 OCR2 레지스터에 TCNT2의 값보다 작은 값을 쓰면 그 주기에서는 출력비교에 실패하여 카운터가 0xFF까지 증가하였다가 0x00으로 될 것이며, 이 때 TIFR 레지스터에서 TOV2=1로 되면서 오버플로우 인터럽트가 발생한다.

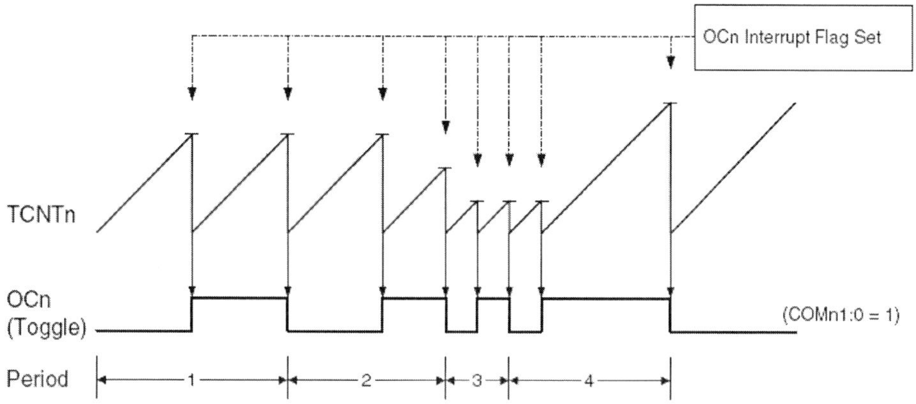

[그림 6-19] 타이머/카운터 2의 CTC 모드

CTC Mode에서는 OC2 단자가 출력파형을 발생하도록 할 수 있다. 만약 COM21과 COM20을 각각 0과 1로 설정하여 출력매치에서 OC2단자의 신호를 토글하는 경우에 출력 주파수는 다음과 같이 계산된다. 단, 여기서 N은 프리스케일러의 분주비로서 1, 8, 32, 64, 128, 256, 1024중의 하나에 해당한다.

$$f_{OCn} = \frac{f_{\text{clk\_I/O}}}{2 \cdot N \cdot (1 + OCRn)}$$

■ 고속 PWM MODE

타이머/카운터 2의 고속 PWM MODE(Fast PWM Mode)는 WGM21과 WGM20을 각각 1과1로 설정한다. 이 동작 모드에서는 타이머/카운터 레지스터 TCNT2의 계수동작이 항상 0x00~0xFF의 범위에서 증가하는 방향으로만 반복적으로 수행되며, 이때 이 TCNT2의 값은 항상 출력비교 레지스터 OCR2의 값과 비교되어 그것이 일치하면 OC2 출력신호가 0으로 클리어되고, TCNT2의 값이 0xFF에서 0x00으로 오버플로우되면 OC2 출력신호가 1로 된다.

이를 도시하면 [그림 6-20]와 같다. COM21과 COM20을 각각 1과 0으로 설정하면 OC2단자는 이와 같이 정상 PWM 출력으로 동작하지만, COM21과 COM20을 각각 1과 1로 설정하면 OC2단자는 반전 PWM 출력으로 동작한다.

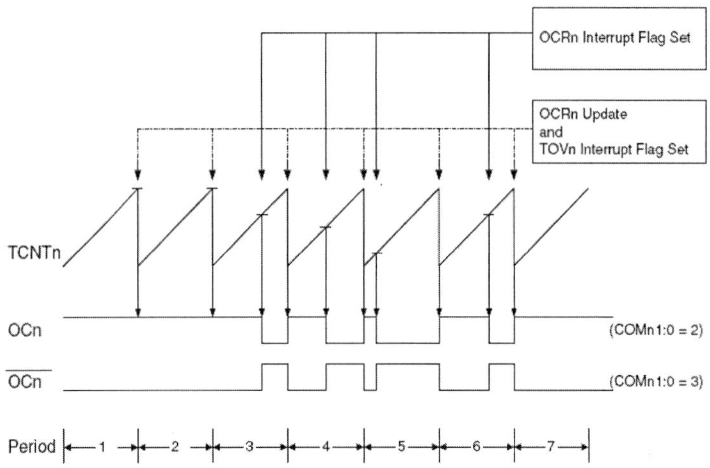

[그림 6-20] 타이머/카운터 2의 고속 PWM 모드

고속 PWM 모드 출력신호의 주파수는 다음과 같이 표시되며, 이는 위상교정 PWM모드의 경우에 비하여 약 2배 높은 주파수가 된다. 단, 여기서 N은 프리스케일러의 분주비로서 1, 8, 32, 64, 128, 256, 1024 중의 하나에 해당한다.

$$f_{OCnPWM} = \frac{f_{clk\_I/O}}{N \cdot 256}$$

■ 위상교정 PWM MODE

타이머/카운터 2의 위상교정 PWM MODE(Phase Correct PWM Mode)는 WGM21과 WGM20을 각각 0과 1로 설정한다. 이 동작 모드에서는 타이머/카운터 레지스터 TCNT2의 계수동작이 상향 카운터로서 0x00~0xFF의 범위에서 증가 하였다가 다시 하향카운터로서 0xFF~0x00으로 감소하는 동작을 반복적으로 수행한다. 이때 이 TCNT2의 값은 항상 출력비교 레지스터 OCR2의 값과 비교되어, 상향 카운터로 동작할 때 그것이 일치하면 OC2 출력신호가 0으로 초기화되고, 하향 카운터로 동작할 때 그것이 일치하면 OC2의 출력신호가 1로 된다.

이를 도시하면 아래의 그림과 같다. COM21:20을 10으로 설정하면 OC2단자는 이와 같이 정상 PWM출력으로 동작하지만, COM21:20을 11으로 설정하면 OC2단자는 반전 PWM 출력으로 동작한다.

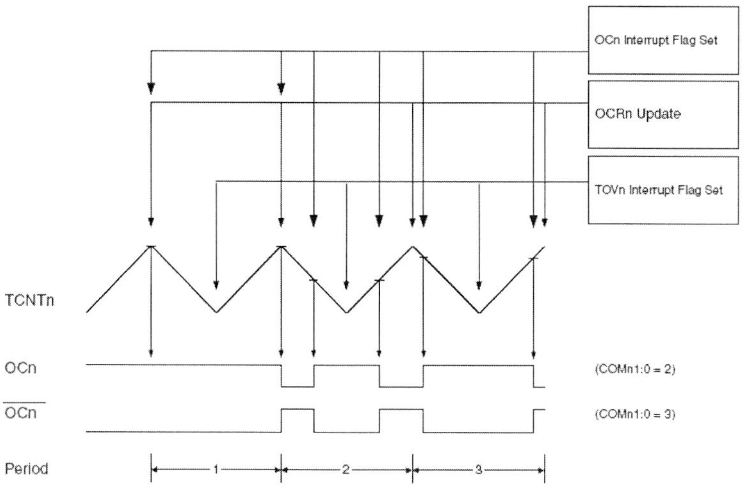

[그림 6-21] 타이머/카운터 2의 위상교정 PWM 모드

위상교정 PWM 모드 출력신호의 주파수는 다음과 같이 표시되며, 이는 고속 PWM 모드의 경우에 비하여 약 1/2로 낮은 주파수가 된다. 단, 여기서 N은 프리스케일러의 분주비로서 1, 8, 32, 64, 128, 256, 1024 중의 하나에 해당한다.

$$f_{OCnPCPWM} = \frac{f_{clk\_I/O}}{N \cdot 510}$$

6.2.5 타이머/카운터 2 동작 타이밍

타이머/카운터 2이 동기 모드로 동작할 때 타이머 클럭 clkT2은 클럭 입력신호가 아니라 clkI/O 클럭의 사용여부를 지정하는 신호로 동작한다.

프리스케일러의 분주비가 1일 경우에는 위상교정 PWM 모드를 제외한 모든 모드에서 TCNT2의 값이 증가하여 TOV2이 1이 되고 오버플로우 인터럽트가 발생하기까지 그림의 (a)와 같은 타이밍으로 동작한다. 그러나 이것이 프리스케일러의 분주비가 8인 경우에는 그림의 (b)와 같은 타이밍으로 동작한다.

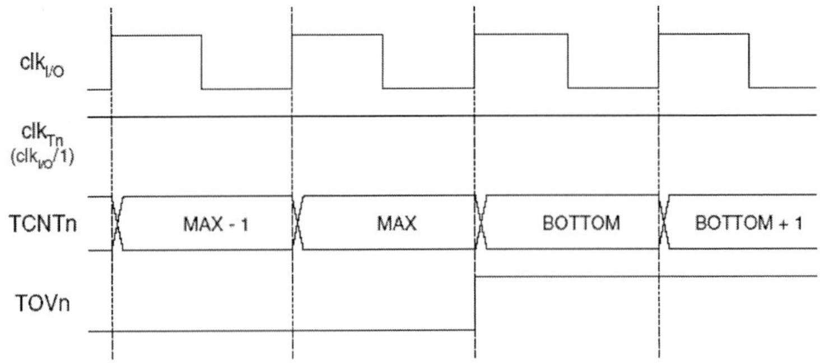

(a) 분주비 1일 때

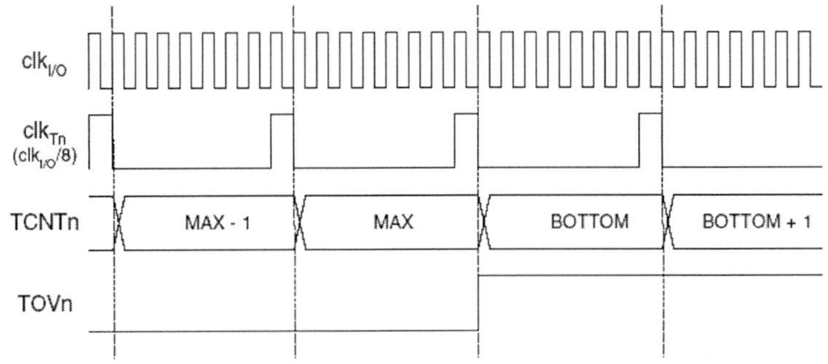

(b) 분주비 8일 때

[그림 6-22] 타이머/카운터 2의 동작 타이밍

6.3 타이머/카운터 1과 3

타이머/카운터 1과 3은 각각 3개씩의 PWM 출력 및 캡처 기능을 가지는 16비트 업/다운 카운터로서, 프리스케일러를 통하여 내부 클럭을 소스로 받아서 동작하는 타이머 기능과 외부 클럭을 소스로 받아 동작하는 카운터 기능이 있다. 서로 유사한 구조와 기능을 가지는데 그 내부 구조는 아래 그림과 같다.

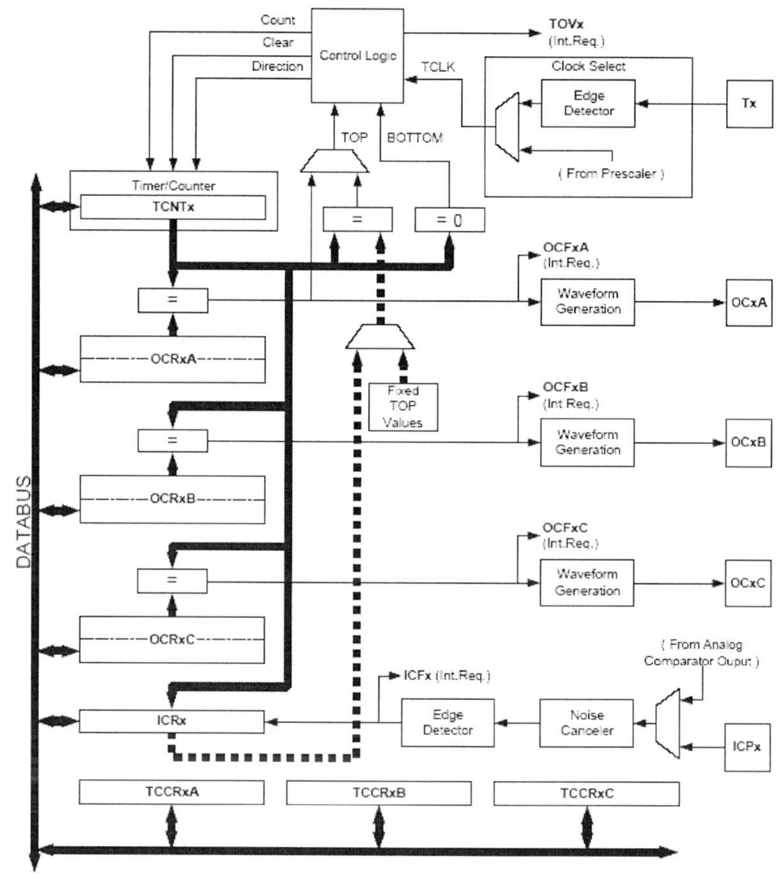

[그림 6-23] 타이머/카운터 1과 3의 구성 블록도

여기서 n은 타이머/카운터 1과 3에 해당하는 1 또는 3을 나타내며, 레지스터가 아래 위로 2개씩 붙어있는 것은 16비트 레지스터라는 것을 나타낸다.

타이머/카운터 1과 3에는 입력핀으로 각각 클럭 입력 T1, T3과 캡처입력 IC1, IC3이 있고, 출력핀으로 각각 OC1A, OC1B, OC1C 및 OC3A, OC3B, OC3C가 있다. 이것은 타이머로 동작할 때 시스템 클럭 주파수(16MHz)와 같은 내부 클럭 clkI/O를 클럭 소스로 사용하며, 이것은 프리스케일러에 의하여 1, 8, 64, 256, 1024 중의 하나로 분주될 수 있고, 클럭 입력을 차단할 수도 있다.

타이머/카운터 1과 3이 카운터로 동작할 때는 각각 T1 또는 T3 핀으로 입력되는 외부 클럭을 사용하며, 이 외부 클럭은 에지 검출회로를 통하여 입력되고 프리스케일러를 거치지 않는다. 이 핀으로 입력되는 외부 클럭의 주파수는 시스템클럭 주파수의 1/2 이하여야 하며, 안전을 고려하여 1/2.5 이하의 주파수를 사용하는 것이 권장된다.

이와 같이 선택된 클럭은 16비트의 업/다운 카운터 TCNT1 또는 TCNT3에 입력되고, 이것이 0xFFFF에서 0x0000으로 오버플로우되면 TOV1이 1 또는 TOV3이 1로 되면서 오버플로우 인터럽트가 발생한다.

16비트 카운터 TCN1 및 TCN3은 동작 모드에 따라 클럭의 입력에 의해 값이 증가 또는 감소하며 경우에 따라서는 0x0000으로 리셋되기도 한다. 이 카운터값은 동작 중에 항상 출력비교 레지스터와 각각 비교되며, 그 값이 같아지면 내부적으로 출력비교 인터럽트가 발생하고 외부적으로는 신호가 단자로 출력되도록 설정할 수 있다.

타이머/카운터 1과 3에는 또한 입력 캡쳐 기능이 있다.

ATmega128의 타이머/카운터 1과 3은 16비트 타이머/카운터로 다음과 같은 관련된 레지스터들로 구성된다. 여기서 TIMSK 그리고 TIFR 레지스터는 다른 타이머/카운터들과 공유되어 사용된다.

TCCR1A, TCCR3A(Timer/Counter1 or 3 Control Register A)
TCCR1B, TCCR3B(Timer/Counter1 or 3 Control Register B)
TCCR1C, TCCR3C(Timer/Counter1 or 3 Control Register C)
TCNT1H/L, TCNT3H/L(Timer/Counter Register 1, 3)
OCR1xH/L, OCR3xH/L(Timer/Counter Output Compare Register 1, 3)
ICR1H/L, ICR3H/L(Timer/Counter Input Capture Register 1, 3)
SFIOR(Special Function I/O Register)
TIMSK(Timer/Counter Interrupt Mask Register)
ETIMSK(Extended Timer/Counter Interrupt Mask Register)
TIFR(Timer/Counter Interrupt Flag Register)
ETIFR(Extended Timer/Counter Interrupt Flag Register)

6.3.1 타이머/카운터 제어 레지스터 A – TCCR1A, TCCR3A

TCCR1A와 TCCR3A 레지스터는 동작모드를 설정하고 출력비교 단자의 파형 발생에 관한 동작을 지정하는 기능을 수행한다.

Bit	7	6	5	4	3	2	1	0
	COM1A1	COM1A0	COM1B1	COM1B0	COM1C1	COM1C0	WGM11	WGM10
R/W	R/W	R/W	R/W	R/W	R/W	R/W	R/W	R/W
Initial Value	0	0	0	0	0	0	0	0

Bit	7	6	5	4	3	2	1	0
	COM3A1	COM3A0	COM3B1	COM3B0	COM3C1	COM3C0	WGM31	WGM30
R/W	R/W	R/W	R/W	R/W	R/W	R/W	R/W	R/W
Initial Value	0	0	0	0	0	0	0	0

[그림 6-24] TCCR1A, TCCR3A 레지스터 구조

- Bit 7 : 6 – COMnA1~0 : (Compare Match Output Mode for Channel A)

  COMnA1~0 비트는 OCnA핀의 동작을 설정한다.

- Bit 5 : 4 – COMnB1~0 : (Compare Match Output Mode for Channel B)

  COMnB1~0 비트는 OCnB핀의 동작을 설정한다.

- Bit 3 : 2 – COMnC1~0 : (Compare Match Output Mode for Channel C)

  COMnC1~0 비트는 OCnC핀의 동작을 설정한다.

	COMnx1	COMnx0	OC0 핀의 기능
PWM mode 아닌경우	0	0	OCnx 출력차단(원래의 I/O포트 동작)
	0	1	Compare match에서 OCnx출력 토글
	1	0	Compare match에서 OCnx출력 0으로 클리어
	1	1	Compare match에서 OCnx출력 1로 셋트
Fast PWM mode	0	0	OCnx 출력차단(원래의 I/O포트 동작)
	0	1	모드15→OCnA 출력 토글, 나머지 차단 기타 모드→OCnx 출력 차단
	1	0	Compare match에서 OCnx출력 0으로 클리어 TOP에서 OCnx 출력을 1로 셋트
	1	1	Compare match에서 OCnx출력 1로 셋트 TOP에서 OCnx 출력을 0으로 클리어

Phase Correct PWM mode	0	0	OCnx 출력차단(원래의 I/O포트 동작)
	0	1	모드9,11→OCnA 출력 토글, 나머지 차단 기타 모드→OCnx 출력 차단
	1	0	상향(Compare match에서 OCnx를0으로 셋트) 하향(Compare match에서 OCnx를 1로 셋트)
	1	1	상향(Compare match에서 OCnx를 1로 셋트) 하향(Compare match에서 OCnx를0으로 셋트)

- Bit 1 : 0 – WGMn1~n0 : 파형발생 모드(Waveform Generation Mode)

WGMn1~n0 비트는 카운터의 동작순서를 제어하여 원하는 파형을 발생시킬 수 있다.

WGMn3	WGMn2	WGMn1	WGMn0	동작 모드
0	0	0	0	Normal
0	0	0	1	Phase Correct PWM(8-bit)
0	0	1	0	Phase Correct PWM(9-bit)
0	0	1	1	Phase Correct PWM(10-bit)
0	1	0	0	CTC
0	1	0	1	Fast PWM(8-bit)
0	1	1	0	Fast PWM(9-bit)
0	1	1	1	Fast PWM(10-bit)
1	0	0	0	Phase and Frequency Correct PWM
1	0	0	1	Phase and Frequency Correct PWM
1	0	1	0	Phase Correct PWM
1	0	1	1	Phase Correct PWM
1	1	0	0	CTC
1	1	0	1	Reserved
1	1	1	0	Fast PWM
1	1	1	1	Fast PWM

6.3.2 타이머/카운터 제어 레지스터 B – TCCR1B, TCCR3B

TCCR1B와 TCCR3B 레지스터는 입력 캡처에 관련된 기능을 설정하거나 프리스케일러의 분주비를 설정하는 등의 기능을 수행한다.

Bit	7	6	5	4	3	2	1	0
	ICNC1	ICES1	–	WGM13	WGM12	CS12	CS11	CS10
R/W	R/W	R/W	R	R/W	R/W	R/W	R/W	R/W
Initial Value	0	0	0	0	0	0	0	0

- ICNCn : 노이즈제거 회로 설정
- ICESn : 신호의 에지 선택
- WGMn3~2 : 동작모드 결정
- CSn2~0 : 분주비 선택

Bit	7	6	5	4	3	2	1	0
	ICNC3	ICES3	–	WGM33	WGM32	CS32	CS31	CS30
R/W	R/W	R/W	R	R/W	R/W	R/W	R/W	R/W
Initial Value	0	0	0	0	0	0	0	0

[그림 6-25] TCCR1B, TCCR3B 레지스터 구조

- Bit 7 – ICNCn : 노이즈제거 회로 설정(Input Capture Noise Canceler)

ICNCn 비트는 입력되는 캡처신호를 위한 노이즈 제거회로가 작동하도록 설정한다. 1로 설정하면 노이즈 제거회로가 작동하여 신호가 필터링된다. 그러면 시스템 클럭의 4주기만큼 지연되어 동작한다.

- Bit 6 – ICESn : 입력신호 에지 선택(Input Capture Edge Select)

ICESn 비트는 입력되는 신호의 에지를 선택한다. 이를 1로 설정하면 캡처신호가 상승 에지일 때 캡처가 수행되며, 0으로 하면 하강 에지일 때 캡처가 수행된다.

- Bit 4 : 3 – WGMn3~2 : 파형 발생 모드(Waveform Generation Mode)

WGMn3~2 비트는 앞에서와 같이 타이머/카운터1과 3의 동작모드를 결정하는 기능을 수행한다.

- Bit 2 : 0 – CSn2~0 : 클럭 선택(Clock Select)

CSn2~0 비트는 클럭소스 또는 프리스케일러의 분주비를 선택한다.

CSn2	CSn1	CSn0	동 작
0	0	0	Stop
0	0	1	ClkI/O /1
0	1	0	ClkI/O /8
0	1	1	ClkI/O /64
1	0	0	ClkI/O /256
1	0	1	ClkI/O /1024
1	1	0	외부 클럭(하강에지 동작)
1	1	1	외부 클럭(상승에지 동작)

6.3.3 타이머/카운터 제어 레지스터 C – TCCR1C, TCCR3C

TCCR1C와 TCCR3C 레지스터는 비교출력 단자와 관련된 기능을 설정하는데 사용한다.

Bit	7	6	5	4	3	2	1	0
	FOC1A	FOC1B	FOC1C	–	–	–	–	–
R/W	W	W	W	R	R	R	R	R
Initial Value	0	0	0	0	0	0	0	0

◆ FOCnx : 출력 비교 강제

Bit	7	6	5	4	3	2	1	0
	FOC3A	FOC3B	FOC3C	–	–	–	–	–
R/W	W	W	W	R	R	R	R	R
Initial Value	0	0	0	0	0	0	0	0

[그림 6-26] TCCR1C, TCCR3C 레지스터 구조

- Bit 7 : 5 – FOCnx : 출력 비교 강제(Force Output Compare for Channel A, B, C)
  FOCnx 비트는 PWM모드가 아닌 경우만 사용가능하다. 이 비트를 1로 설정하면 강제로 즉시 OCnx 단자에 출력비교 매치된 것과 같은 출력을 내보낸다. 이 출력 비교 매치는 해당 인터럽트도 발생하지 않고 CTC모드에서 TCNTn레지스터를 클리어시키지도 않는다. 따라서 특별한 경우가 아니면 이 비트는 0으로 설정하는 것이 좋다.

6.3.4 타이머/카운터 레지스터 – TCNT1H/L, TCNT3H/L

TCNT1H/L와 TCNT3H/L 레지스터는 타이머/카운터1과 3의 16비트 카운터 값을 저장하고 있는 레지스터이다.

Bit	7	6	5	4	3	2	1	0
TCNT1H	**TCNT1(15:8)**							
TCNT1L	**TCNT1(7:0)**							
R/W	R/W	R/W	R/W	R/W	R/W	R/W	R/W	R/W
Initial Value	0	0	0	0	0	0	0	0

◆ TCNT1 : 16비트 카운터

Bit	7	6	5	4	3	2	1	0
TCNT3H	**TCNT3(15:8)**							
TCNT3L	**TCNT3(7:0)**							
R/W	R/W	R/W	R/W	R/W	R/W	R/W	R/W	R/W
Initial Value	0	0	0	0	0	0	0	0

◆ TCNT3 : 16비트 카운터

[그림 6-27] TCNT1H/L, TCNT3H/L 레지스터 구조

6.3.5 타이머/카운터 출력 비교 레지스터 – OCR1xH/L, OCR3xH/L

OCR1xH/L와 OCR3xH/L 레지스터는 TCNTn값과 비교하여 OCnx 단자에 출력신호를 발생하기 위한 16비트값을 저장하는 레지스터이다.

Bit	7	6	5	4	3	2	1	0
OCR1AH	**OCR1A(15:8)**							
OCR1AL	**OCR1A(7:0)**							
R/W	R/W	R/W	R/W	R/W	R/W	R/W	R/W	R/W
Initial Value	0	0	0	0	0	0	0	0

Bit	7	6	5	4	3	2	1	0
OCR1BH	**OCR1B(15:8)**							
OCR1BL	**OCR1B(7:0)**							
R/W	R/W	R/W	R/W	R/W	R/W	R/W	R/W	R/W
Initial Value	0	0	0	0	0	0	0	0

Bit	7	6	5	4	3	2	1	0
OCR1CH	**OCR1C(15:8)**							
OCR1CL	**OCR1C(7:0)**							
R/W	R/W	R/W	R/W	R/W	R/W	R/W	R/W	R/W
Initial Value	0	0	0	0	0	0	0	0

Bit	7	6	5	4	3	2	1	0
OCR3AH	**OCR3A(15:8)**							
OCR3AL	**OCR3A(7:0)**							
R/W	R/W	R/W	R/W	R/W	R/W	R/W	R/W	R/W
Initial Value	0	0	0	0	0	0	0	0

Bit	7	6	5	4	3	2	1	0
OCR3BH	**OCR3B(15:8)**							
OCR3BL	**OCR3B(7:0)**							
R/W	R/W	R/W	R/W	R/W	R/W	R/W	R/W	R/W
Initial Value	0	0	0	0	0	0	0	0

Bit	7	6	5	4	3	2	1	0
OCR3CH	**OCR3C(15:8)**							
OCR3CL	**OCR3C(7:0)**							
R/W	R/W	R/W	R/W	R/W	R/W	R/W	R/W	R/W
Initial Value	0	0	0	0	0	0	0	0

[그림 6-28] OCR1xH/L, OCR3xH/L 레지스터 구조

6.3.6 타이머/카운터 입력 비교 레지스터 - ICR1H/L, ICR3H/L

ICR1H/L와 ICR3H/L 레지스터는 입력캡처 신호에 의하여 타이머/카운터 레지스터 TCNTn 값을 캡처하여 저장하는 16비트 레지스터이다.

Bit	7	6	5	4	3	2	1	0
ICR1H	**ICR1(15:8)**							
ICR1L	**ICR1(7:0)**							
R/W	R/W	R/W	R/W	R/W	R/W	R/W	R/W	R/W
Initial Value	0	0	0	0	0	0	0	0

Bit	7	6	5	4	3	2	1	0
ICR3H	**ICR3(15:8)**							
ICR3L	**ICR3(7:0)**							
R/W	R/W	R/W	R/W	R/W	R/W	R/W	R/W	R/W
Initial Value	0	0	0	0	0	0	0	0

[그림 6-29] ICR1H/L, ICR3H/L 레지스터 구조

- Bit 15 : 0 – ICRn : 입력 캡처(Timer/Counter Output Compare Register 1,3)

  ICR1H/L와 ICR3H/L Register는 일부의 동작 모드에서 TOP으로 사용된다.

6.3.7 타이머/카운터 1, 3 동작 모드

타이머/카운터 1과 3에는 일반 모드, CTC모드, 고속 PWM모드, 위상교정 PWM모드 이렇게 4가지가 있다. 모드의 선택은 TCCRnA와 TCCRnB 레지스터의 WGMn3~0 비트에 의하여 결정되고 COMnx1~0 비트에 의하여 출력신호의 동작이 지정됨으로써 OCnx단자에 어떤 파형을 출력하게 될지를 결정할 수 있게 된다.

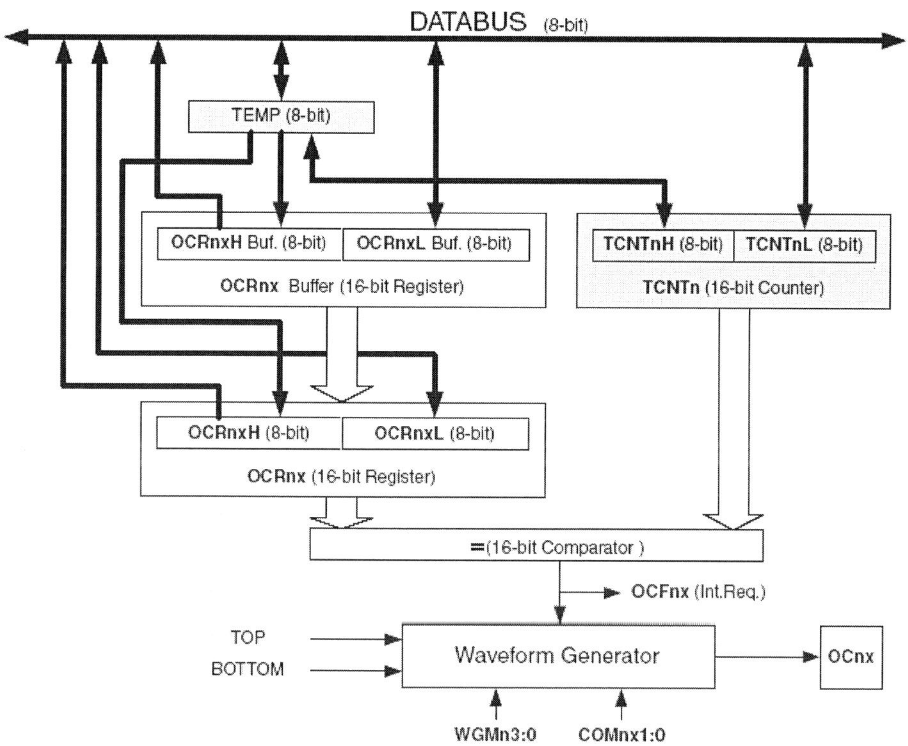

[그림 6-30] 타이머/카운터 1과 3의 출력비교기 구성 블록도

■ NORMAL MODE

타이머/카운터 1과 3의 Normal Mode는 WGMn3~0 비트를 각각 0으로 설정한다. 이 모드에서는 타이머/카운터 레지스터 TCNTn이 항상 상향 카운터로만 동작하고, 카운터가 도중에 초기화되는 일이 없으며, 클럭 입력에 의하여 항상 0x00~0xFF의 값으로 계수동작이 반복하여 수행된다. 이 카운터값이 0xFFFF에서 0x0000으로 바뀌는 순간에 TIFR 레지스터에서 TOVn이 1로 되고 오버플로우 인터럽트가 발생한다.

■ CTC MODE

타이머/카운터 1과 3의 CTC Mode(Clear Timer on Compare Match Mode)는 WGMn3~0비트를 각각 4와 12으로 설정하는 2가지 동작이 있다. 모드4에서는 타이머/카운터 레지스터 TCNTn의 값이 출력비교 레지스터 OCRnA의 값과 일치하면 그 다음 클럭 사이클에서 0으로 클리어된다.

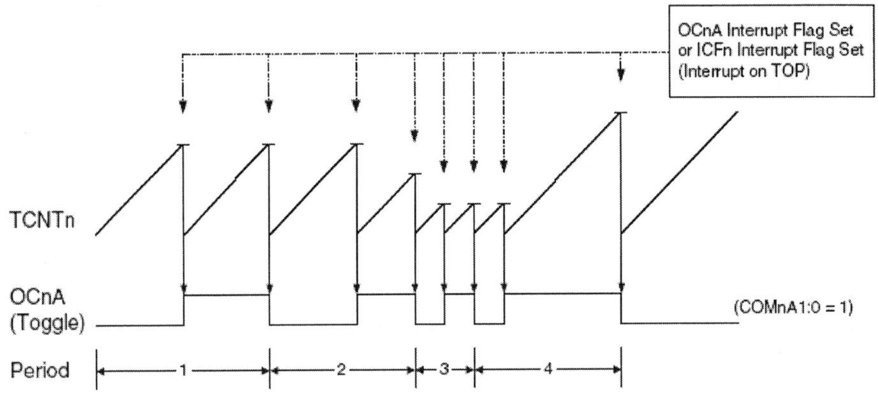

[그림 6-31] 타이머/카운터 2의 CTC 모드

■ 타이머/카운터 1과 3의 CTC 모드

이 모드에서 COMnx1:0이 01로 설정하여 출력 매치에서 OCnx 단자의 신호를 토글하는 경우에 출력 주파수는 다음과 같이 계산된다. 여기서 N은 프리스케일러의 분주비로서 1, 8, 64, 256, 1024 중의 하나에 해당한다.

$$f_{OCnA} = \frac{f_{clk\_I/O}}{2 \cdot N \cdot (1 + OCRnA)}$$

모드1,2에서는 타이머/카운터 레지스터 TCNTn의 값이 입력캡처 레지스터 ICRn의 값과 일치하면 그 다음 클럭 사이클에서 0으로 클리어되므로 이 모드에서는 클럭 입력에 의하여 항상 0x0000~ICRn의 값으로 계수동작이 반복하여 수행된다.

■ 고속 PWM MODE

타이머/카운터 1과 3의 고속 PWM MODE(Fast PWM Mode)는 WGMn3~0 = 5, 6, 7, 14, 15로 설정한다. 이 동작 모드에서는 타이머/카운터 레지스터 TCNTn의 계수동작이 항상

0x0000~TOP의 범위에서 증가하는 방향으로만 반복적으로 수행되며, 이때 이 TCNTn의 값은 항상 출력비교 레지스터 OCRnx의 값과 비교되어 그것이 일치하면 OCnx 출력신호가 0으로 클리어되고, TCNTn의 값이 TOP에서 0x0000으로 오버플로우되면 OCnx 출력신호가 1로 된다.

이를 도시하면 아래 그림과 같다. COMnx1:0이 10으로 설정하면 OCnx단자는 이와 같이 정상 PWM 출력으로 동작하지만, COMnx1:0이 11로 설정하면 OCnx단자는 반전 PWM 출력으로 동작한다.

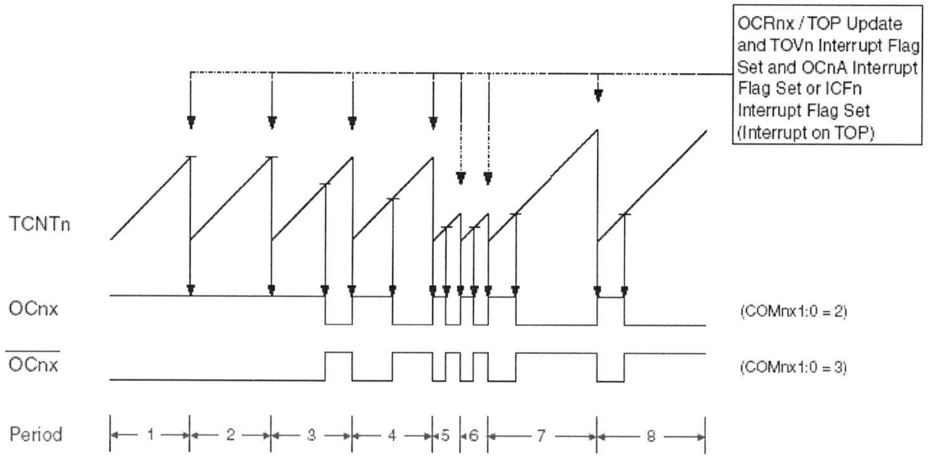

[그림 6-32] 타이머/카운터 1과 3의 고속 PWM 모드

이 모드는 TCNTn의 값이 항상 0x0000~TOP의 범위에서 증가하므로 PWM 출력신호의 주파수는 다음과 같이 표시되며, 이는 위상교정 PWM모드의 경우에 비하여 약 2배 높은 주파수가 된다. 단, 여기서 N은 프리스케일러의 분주비로서 1, 8, 64, 256, 1024 중의 하나에 해당한다.

$$f_{OCnxPWM} = \frac{f_{\text{clk\_I/O}}}{N \cdot (1 + TOP)}$$

■ 위상교정 PWM MODE

타이머/카운터 1과 3의 위상교정 PWM MODE(Phase Correct PWM Mode)는 WGMn3~0을 1, 2, 3, 10, 11로 설정한다. 이 동작 모드에서는 타이머/카운터 레지스터 TCNTn의 계수동작이 상향 카운터로서 0x0000~TOP의 범위에서 증가 하였다가 다시 하향카운터로서 TOP~0x0000으로 감소하는 동작을 반복적으로 수행한다. 이때 이 TCNTn의 값은 항상 출력비교 레지스터 OCRnx의 값과 비교되어, 상향 카운터로 동작할 때 그것이 일치하면 OCnx 출력신호가 0으로 클리어되고, 하향 카운터로 동작할 때 그것이 일치하면 OCnx의 출력신호가 1로 된다.

이를 도시하면 아래 그림과 같다. COMnx1:0이 10으로 설정하면 OCnx단자는 이와 같이 정상 PWM출력으로 동작하지만, COMnx1:0이 11으로 설정하면 OCnx단자는 반전 PWM 출력으로 동작한다.

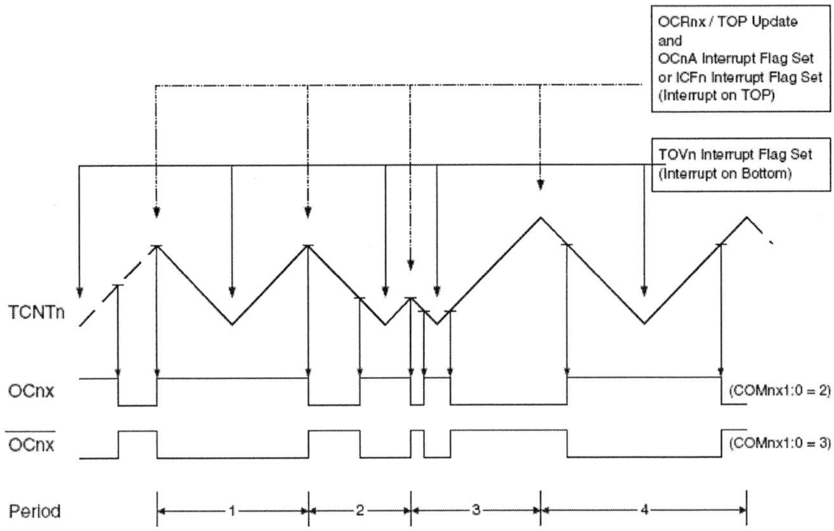

[그림 6-33] 타이머/카운터 1과 3의 위상교정 PWM 모드

이 모드는 TCNTn의 값이 항상 0x0000~TOP의 범위에서 증가하므로 PWM 출력신호의 주파수는 다음과 같이 표시되며, 이는 위상교정 PWM모드의 경우에 비하여 약 1/2 낮은 주파수가 된다. 단, 여기서 N은 프리스케일러의 분주비로서 1, 8, 64, 256, 1024중의 하나에 해당한다.

$$f_{OCnxPCPWM} = \frac{f_{clk\_I/O}}{2 \cdot N \cdot TOP}$$

타이머/카운터 1과 3의 위상 및 주파수교정 PWM MODE(Phase and Frequency Correct PWM Mode)는 WGMn3~0 = 8, 9로 설정한다. 이 동작 모드에서는 타이머/카운터 레지스터 TCNTn의 계수동작이 상향 카운터로서 0x0000~TOP의 범위에서 증가하였다가 다시 하향카운터로서 TOP~0x0000으로 감소하는 동작을 반복적으로 수행한다. 이때 이 TCNTn의 값은 항상 출력비교 레지스터 OCRnx의 값과 비교되어, 상향 카운터로 동작할 때 그것이 일치하면 OCnx 출력신호가 0으로 클리어되고, 하향 카운터로 동작할 때 그것이 일치하면 OCnx의 출력신호가 1로 된다.

위상 및 주파수교정 PWM 모드가 위상교정 PWM모드와 다른 점은 TOP의 값을 ICRn과 OCRnA의 2가지만으로 지정할 수 있고, 이것을 새로운 값으로 갱신할 때 TCNTn이 0x0000으로 되는 순간에 갱신된다.

이를 도시하면 그림과 같다. COMnx1:0이 10으로 설정하면 OCnx단자는 이와 같이 정상 PWM 출력으로 동작하지만, COMnx1:0이 11으로 설정하면 OCnx단자는 반전 PWM 출력으로 동작한다.

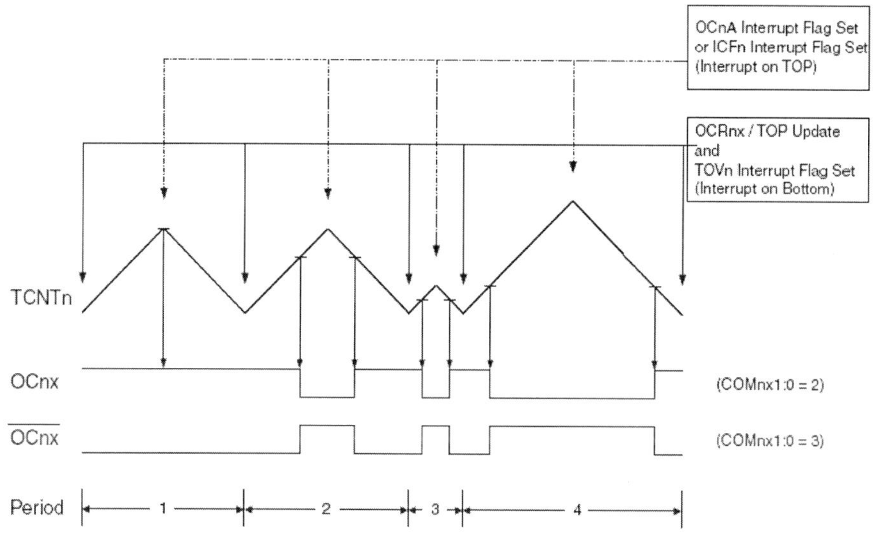

[그림 6-34] 타이머/카운터 1과 3의 위상 및 주파수교정 PWM 모드

이 모드는 TCNTn의 값이 항상 0x0000~TOP의 범위에서 증가하므로 PWM 출력신호의 주파수는 다음과 같이 표시되며, 이는 고속 PWM모드의 경우에 비하여 약 1/2 낮은 주파수가 된다. 단, 여기서 N은 프리스케일러의 분주비로서 1, 8, 64, 256, 1024 중의 하나에 해당한다.

$$f_{OCnxPFCPWM} = \frac{f_{\text{clk\_I/O}}}{2 \cdot N \cdot TOP}$$

6.3.8 타이머/카운터 1과 3 동작 타이밍

타이머/카운터 1과 3은 항상 동기 모드로 동작하며, 타이머 클럭 clkT1 및 clkT3은 클럭 입력신호가 아니라 clkI/O 클럭의 동작이 가능하게 하는 신호로 동작한다.

프리스케일러의 분주비가 1일 경우에는 TCNTn의 값이 증가하여 OCFnx이 1이 되고 출력비교 인터럽트가 발생하기까지 아래 그림의 (a)와 같은 타이밍으로 동작한다.

그러나 이것이 프리스케일러의 분주비가 8인 경우에는 아래 그림의 (b)와 같은 타이밍으로 동작한다.

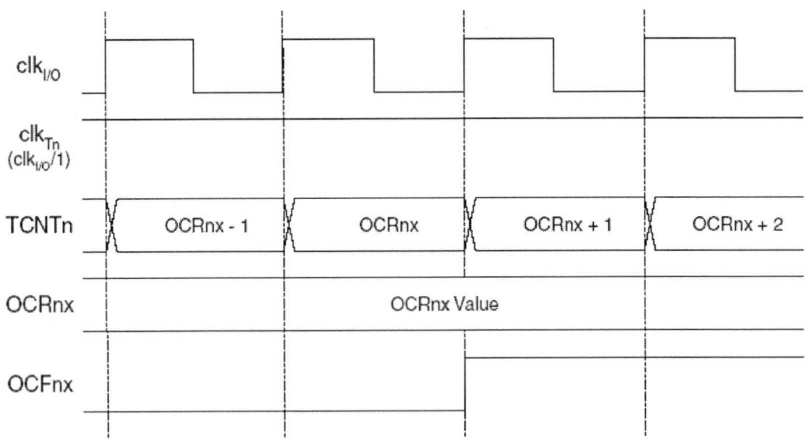

(a) 분주비 1일 때

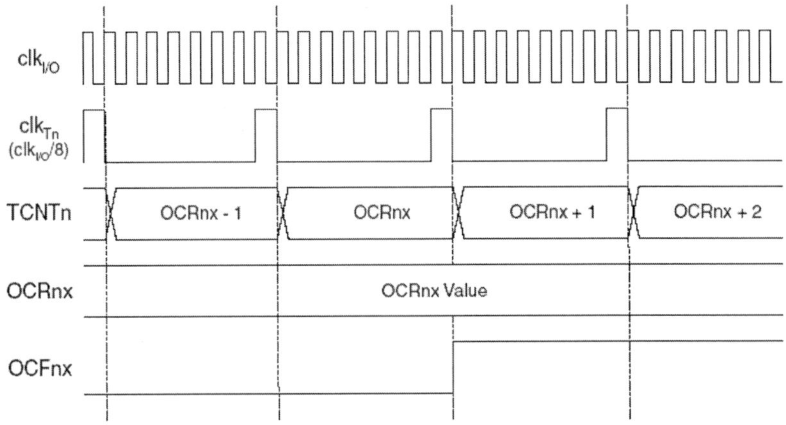

(b) 분주비 8일 때

[그림 6-35] 타이머/카운터 1과 3의 동작 타이밍

6.4 타이머/카운터를 이용한 LED 제어 실습

■ **실습 목적:**

ATmega128에서 활용도가 높은 내부 타이머/카운터를 사용을 위한 관련 레지스터들에 대한 설정 방법 및 동작 방법을 이해한다.

6.4.1 타이머/카운터를 이용한 LED 구동 실습 회로

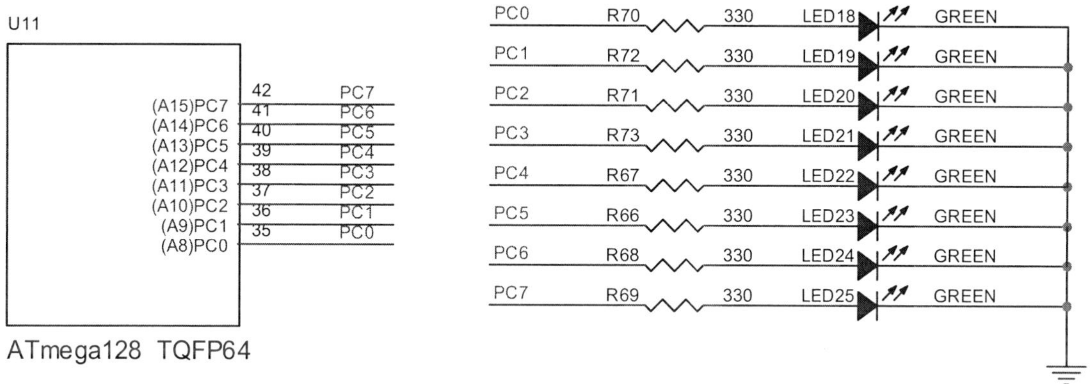

[그림 6-36] 타이머/카운터를 이용한 LED 구동 회로도

타이머/카운터를 이용한 LED 제어 실습을 위한 회로도는 위의 그림에 나타낸 것과 같이 ATmega128 MCU의 GPIO Port C에 8개의 LED를 연결한 것이다.

위의 회로도에서 사용된 330옴 직렬저항은 LED에 흐르는 전류의 양을 제어함으로서 LED에 과전류가 흘러 LED가 파괴되는 것을 방지하는 보호저항의 역할을 한다.

GPIO 포트 C의 모든 핀을 출력으로 사용할 수 있도록 포트 Data Direction 레지스터 즉 DDRC의 8비트의 값 모두를 1로 세팅 시켜 출력포트로 설정하고 포트 C의 해당 핀으로 HIGH 혹은 LOW 값을 출력하여 LED를 키거나 끄기 위하여 포트 Data 레지스터의 각 비트를 1 혹은 0으로 설정한다.

6.4.2 타이머/카운터를 이용한 LED 제어 실습 프로그램

본 실습에서는 포트 C의 8개 핀에 연결되어 있는 8개의 LED모듈의 LED0~LED7에 0.5초(500ms) 주기로 LED의 각 비트로 2진수로 표현할 때 0x00~0xFF까지 1씩 증가하는 값이 표시되는 프로그램을 구현하고자 한다. 4.2.4 LED를 이용한 이진 카운팅 프로그램에서도 동일한 기능의 프로그램을 실습하였지만 그때는 _delay_ms(500)의 지연 함수를 사용하였고 여기에서는 타이머/카운터를 이용한 인터럽트를 통해서 좀더 정확하게 구현하고자 한다.

io.h 헤더파일은 AVR-GCC에서 지원하는 AVR I/O 레지스터들에 대한 정의를 사용하기 위해 선언한다.(예: PORTE, DDRE, …)

interrupt.h 헤더파일은 인터럽트 관련 함수 sei()와 cli() 그리고 인터럽트 핸들러 ISR() 함수를 사용하기 위해 선언되어 있다.

delay.h 헤더파일은 Delay 함수인 _delay_ms() 함수를 사용하기 위해 선언되어 있다.

```
#include <avr/io.h>
#include <avr/interrupt.h>
#include <util/delay.h>
```

ISR(TIMER1_OVF_vect) 함수는 인터럽트 서비스 루틴이며, 타이머/카운터1이 오버플로우가 발생하면 시스템에서 자동으로 이 함수가 호출된다.

① cli() 함수를 호출하여 가장 먼저 다른 모든 인터럽트들을 Disable한다.
② 타이머/카운터 1 오버플로우 인터럽트 서비스 루틴에서는 타이머/카운터 레지스터 TCNT1H/L의 값을 재설정한다. 카운터클럭을 메인클럭 16MHz를 256분주하면, 1초에 16000000/256 (0xF424)번을 카운트 하게 되고 500ms(0.5초)마다 오버플로우가 발생하도록 하려면 카운터 값은 0.5*16000000/256으로 31250를 카운팅 한 후에 오버플로우가 발생하여야 한다. 즉 타이머 1은 16비트 카운터이므로 카운팅 최대값인 65535(0xFFFF)에서 31250(0x7A12) 값을 뺀 값(= ~31250 = 0x85ED)으로 초기화 하여 31250을 카운팅 한 후 오버플로우가 발생하도록 하여야 한다.
③ 오버플로우가 발생한 수를 1씩 증가시켜서 변수 led_data에 저장하여 그 값을 LED에 표시할 수 있도록 작성한다.
④ Disable 시킨 모든 인터럽트 요청을 sei() 함수호출로 Enable하여 다음 인터럽트가 발생하도록 한다.

```
volatile char      led_data = 0;      // 인터럽트 핸들러에서 사용될 전역변수 선언.

ISR(TIMER1_OVF_vect)
{
  cli(); // Global 인터럽트 Disable. SREG 레지스터의 I-비트 클리어.

  /* TIMER1 카운터 값을 리로드 시킴 */
  * TIMER1을 500ms마다 오버플로우 인터럽트가 발생하도록 초기화 */
  TCNT1H       = (~31250 & 0xFF00) >>8;   // TIMER1 카운터의
                               // 상위 바이트 값을 설정. TCNT1H = 0x85;
  TCNT1L       = (~31250 & 0x00FF);      // TIMER1 카운터의
                               // 하위 바이트 값을 설정. TCNT1L = 0xED;
  led_data++; // TIMER1 오버플로우 인터럽트가 발생시 led_data 값이 1씩 증가.

  sei(); // Global 인터럽트 Enable. SREG 레지스터의 I-비트 셋팅.
}
```

메인함수에서는

① GPIO 포트 PORTC의 PC[0-7]에 연결된 8개의 LED를 모두 끄고 시작하기 위하여 PORTC 데이터 레지스터를 0x00으로 초기화하고 DDRC 레지스터에 0xFF를 셋팅하여 PC[0-7]을 모두 출력으로 설정한다.

② 타이머/카운터1을 500ms마다 오버플로우(카운터 값의 최대치를 넘어갈 때 발생)가 발생하도록 16비트의 카운터 초기 값을 상, 하위 8비트씩 나누어 타이머/카운터1 레지스터 TCNT1H, TCNT1L에 세팅한다. 카운터클럭을 메인클럭 16MHz를 256분주하면, 1초에 16000000/256 (0xF424)번을 카운트 하게 되고 500ms(0.5초)마다 오버플로우가 발생하도록 하려면 카운터 값은 0.5*16000000/256으로 31250를 카운팅 한 후에 오버플로우가 발생하여야 한다. 즉 타이머1은 16비트 카운터이므로 카운팅 최대값인 65535(0xFFFF)에서 31250 (0x7A12) 값을 뺀 값(= ~31250 = 0x85ED)으로 초기화 하여 31250을 카운팅 한 후 오버플로우가 발생하도록 하여야 한다.

③ 혹시 이전에 불안정한 상태에서 설정되었을 수도 있는 TIMER1 오버플로우 인터럽트 플래그 클리어 한다.

④ 타이머/카운터1이 오버플로우가 발생하면 오버플로우 인터럽트 요청을 발생시키도록 타이머/카운터 인터럽트 마스크 레지스터 TIMSK 레지스터의 TOIE1 비트를 1로 세팅한다.

⑤ 타이머/카운터1이 메인클럭의 256분주로 동작하도록 타이머/카운터1 제어레지스터 B

TCCR1B에 0x04 값을 설정한다.

⑥ 모든 인터럽트 요청을 sei() 함수 호출로 Enable하여 다음 인터럽트가 발생하도록 한다.

⑦ 무한루프안에서 ISR(TIMER1_OVF_vect) 함수는 인터럽트 서비스 루틴에서 오버플로우가 될 때마다 즉 0.5초마다 1씩 증가하는 led_data값을 PC[0-7]에 연결된 LED에 표시한다.

```
int main (void)
{
  /* GPIO 포트 초기화 */
  PORTC         = 0x00; // PORT C를 초기값 0x00 설정.
  DDRC          = 0xFF; // PORT C의 0~7비트를 모두 출력으로 설정.

  /* TIMER1을 500ms마다 오버플로우 인터럽트가 발생하도록 초기화 */
  TCNT1H        = (~31250 & 0xFF00) >>8;  // TIMER1 카운터의
                              // 상위 바이트 값을 설정. TCNT1H = 0x85;
  TCNT1L        = (~31250 & 0x00FF);     // TIMER1 카운터의
                              // 하위 바이트 값을 설정. TCNT1L = 0xED;

  TIFR |= (1<<TOV1);  // TIMER1 오버플로우 인터럽트 플래그 클리어.
  TIMSK        |= (1<<TOIE1); // TIMER1 오버플로우 인터럽트 Enable.
  TCCR1B        = 4;   // TIMER1 카운터 클럭을 메인 클럭(16MHz)를
                       // 256 분주한 값으로 설정.

  sei(); // Global 인터럽트 Enable. SREG 레지스터의 I-비트 셋팅.

  while (1)
  {
        PORTC= led_data;         // PORT C에 전역변수 led_data 값을 출력한다.
  }
}
```

프로그램 소스 작성을 완료했다면 프로그램을 빌드하고 장비에 다운로드한 후 그 결과를 확인한다. 프로그램이 장비에 다운로드 완료되면 500ms마다 LED 모듈의 LED0~LDE7이 1씩 증가되어 표시되는 것을 확인할 수 있을 것이다.

6.5 타이머/카운터를 이용한 초음파센서 제어 실습

■ **실습 목적:**

ATmega128에서 활용도가 높은 내부 타이머/카운터를 사용을 위한 관련 레지스터들에 대한 설정 방법 및 동작 방법 그리고 초음파 센서 제어 기술을 이해한다.

6.5.1 타이머/카운터를 이용한 초음파센서 구동 실습 회로

타이머/카운터를 이용한 초음파 센서 제어 실습을 위한 회로도는 위의 그림에 나타낸 것과 같다.

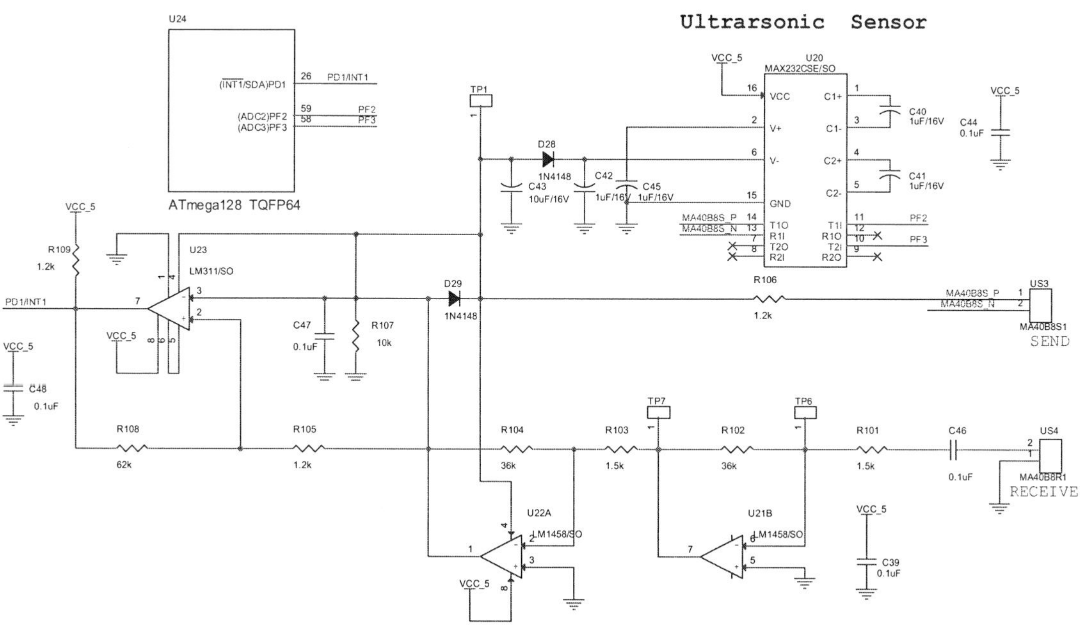

[그림 6-37] 타이머/카운터를 이용한 초음파센서 구동 회로도

US3은 MA40B8S1로 초음파 신호를 송파하는 초음파 모듈이며, US4는 MA40B8R1로 반대로 초음파를 수신하는 모듈이다.

① PF[2-3]을 이용하여, TTL 신호를 MAX232를 이용하여 증폭시켜 MA40B8S1으로 보내어 초음파를 송파시키고 타이머를 동작시켜 시간을 카운트한다.

② MA40B8R1 초음파 수신 센서를 통하여 MA40B8S1에서 송파시킨 초음파 신호를 수신 받으며, 인터럽트가 발생하고 타이머 동작을 정지시킨다. 이 타이머가 카운트된 시간과, 음파의 속도 340m/s를 계산하여 거리로 환산한다.

먼저 외부 인터럽트 마스크 레지스터 즉 EIMSK 레지스터의 1번 비트를 1로 Enable 시켜서 인터럽트 INT1 를 활성화 시키고, 외부 인터럽트 제어레지스터 A 즉 EICRA 레지스터 비트 2,3에 0x3값을 설정하여 상승에지에서 인터럽트가 발생하도록 설정한다. 이때 INT1 핀과 공용으로 사용되는 포트 D의 1번 비트는 굳이 입력 핀으로 설정해주지 않아도 EIMASK 레지스터에 의해 INT1가 활성화 되는 순간 입력으로 동작하게 된다. 한편 PF[2-3] 핀으로 펄스를 발생하기 위하여 위해 포트 F의 2,3 핀을 출력으로 사용할 수 있도록 포트 Data Direction 레지스터 즉 DDRF의 2,3 비트의 값을 1으로 세팅시켜 출력포트로 설정한다.

6.5.2 초음파 센서(Ultrasonic Sensor) 기본 지식

초음파란 일반적으로 인간의 귀에 들리지 않는 높은 주파수의 음 약 14kHz 이상을 통칭하여 초음파라고 하나 인간의 귀로 듣는 것을 목적으로 하지 않는 공업 분야에 적용하는 가청음도 초음파라고 부르기도 한다. 따라서 초음파 센서란“음향에너지 중에서 비교적 주파수가 높은 영역에서 검출하기 위한 센서로서 20kHz 이상의 음향에너지를 검출하는 소자”라고 정의할 수 있으며 이 종류의 센서 소자는 압전의 정효과 및 부효과를 동시에 이용하는 압전 세라믹 소자를 이용하는 경우가 많다.

초음파 센서에 적용되는 주파수는 그 사용 용도에 따라 결정되는 것이 원칙이나 일반적으로 공기중 물체 감지에 적용되는 초음파 센서에서 사용되는 주파수는 9kHz에서 50kHz 정도이며 그 이유는 이 범위의 주파수는 강력한 초음파 펄스를 발생하기 쉽고 지향특성을 얻기가 용이하기 때문이다.

초음파 센서의 측정원리는 초음파센서에서 발사된 초음파 펄스가 피 측정물의 표면에서 반사되어 다시 초음파 센서로 되돌아올 때까지의 시간을 측정하여 측정 대상에 따른 정보를 얻는 방법을 사용한다, 즉 초음파를 송신 후 되돌아 올 때까지의 지연시간을 측정하는 방법을 사용한다.

무라타의 초음파를 발생하는 송파기(MA40B8S), 장애물에 반사된 음파를 수신하는 수신기(MA40B8R)을 사용했다. 송파용 센서에 40kHz의 해당하는 펄스를 주고 수파용 센서에 음파가 되돌아오기까지의 시간을 측정하여 거리를 측정한다.

[그림 6-38] 초음파 센서 MA40B8R, MA40B8S

MA40B8Sx은 40kHz의 초음파를 이용하여 10[cm]~4[m]거리를 감지하는 모듈이며, 스타트 신호를 입력한 후에 거리에 따른 시간 지연 신호가 출력되고, 마이크로프로세서에서 타이머 기능을 이용하여 거리를 측정하는 방법으로 이용한다.

6.5.3 타이머/카운터를 이용한 초음파센서 제어 실습 프로그램

본 실습 프로그램은 초음파를 송파시키고 다시 돌아오는 시간을 재서 거리를 측정하는 원리이며, 마이크로프로세서에서 40kHz의 펄스 8개를 보내주게 되면 송신 모듈에서는 초음파를 송파시키고, 초음파 센서의 수신모듈에서 송파된 파형을 수신하기까지의 시간을 측정하여 거리로 환산하여 Text LCD에 표시한다.

io.h 헤더파일은 AVR-GCC에서 지원하는 AVR I/O 레지스터들에 대한 정의를 사용하기 위해 선언한다.(예: PORTE, DDRE, …)

interrupt.h 헤더파일은 인터럽트 관련 함수 sei()와 cli() 그리고 인터럽트 핸들러 ISR() 함수를 사용하기 위해 선언되어 있다.

delay.h 헤더파일은 Delay 함수인 _delay_ms() 함수를 사용하기 위해 선언되어 있다.

여기서 주의해서 살펴 볼 것이 #include"char_lcd.h" 파일이다. 이 헤더파일은 컴파일러에서 제공해 주는 것이 아니라 사용자가 정의한 헤더 파일이다. char_lcd.h 헤더파일은 앞 절에서 LCD를 제어한 함수들을 모아 놓은 파일 (앞절에서 main()함수만 제외하고 파일로 만들고 이름을 char_lcd.h 로하여 main.c와 동일 폴더에 저장함)이며 메인프로그램이 있는 파일에서 사용할 때에는 #include"char_lcd.h"로 해당 파일을 포함시켜주고 해당 함수들을 호출하여 사용하면 된다.

그리고 char_lcd.h 헤더파일은 현재 작업 중인 폴더에 같이 있어야 한다. 만일 다른 곳에 위치할 경우에는"〈경로〉char_lcd.h"과 같이 이 파일이 있는 전체 경로를 알려주어야 컴파일러가 파일의 경로를 찾아 컴파일을 수행한다.

char_lcd.h 안에 구현된 프로그램에 대한 설명은 앞 절에서 이미 했기 때문에 프로그램 소스에 대하여 이해가 되지 않는다면 앞 절을 다시 보기 바란다.

```
#include <avr/io.h>
#include <avr/interrupt.h>
#include <util/delay.h>
#include <stdio.h>
#include <string.h>
#include "char_lcd.h"
```

이때 100msec마다 40kHz의 파형을 송신부로 출력하기 위해 타이머1을 OCR1A의 값과 같을 때 타이머 출력비교 인터럽트가 발생하도록 하여 이 인터럽트 함수 안에서 송파를 하게 하였다.

#define으로 정의된 StartTimer1()는 타이머를 64분주로 시작하라는 레지스터를 설정하는 명령이며, 초음파 센서의 DDR, PORT, PIN 레지스터 설정 부분들을 정의하였다.

전역 변수로 선언된 CountValue 변수는 타이머 시작하고 종료할 때까지 카운트를 저장하며, fResult 변수는 타이머 종료 시의 저장된 카운터의 값인 CountValue와 음속을 이용하여 거리를 계산하여 저장하며, ultrasonic_sensor_value 변수는 fResult 값을 정수형으로 입력받아 LCD에 출력할 때 사용하는 변수이다.

타이머/카운터를 이용한 초음파센서 제어 실습 프로그램의 전체 순서는 아래와 같다.

① ultrasonic_Port_Init() 함수에서 본 프로그램에서 사용하는 PF[2-3]를 출력으로 설정하고 그 값을 초기화한다.

② timer1_Init() 함수에서 타이머1을 정지해놓고 TCNT1 값은 0으로 초기화하고 100ms마다 타이머1A 비교인터럽트 서비스 ISR(TIMER1_COMPA_vect) 함수가 실행되도록 즉 카운트가 1씩 증가하다가 OCR1A에 정의된 값과 일치하면 비교 인터럽트가 발생하여 실행되도록 한다.

OCR1A에 설정할 값은 0.1/(16000000Hz/64분주) = 25,000(0x61A8)이다.
ISR(TIMER1_COMPA_vect) 인터럽스 서비스루틴에서 초음파를 송신하는 코딩을 담당한다.

③ INT1_Init() 함수에서 반사된 초음파 수신되면 라이징 에지 신호가 발생되어 인터럽트1이 발생하도록 설정하여 ISR(INT1_vect) 인터럽트 서비스루틴이 실행되도록 한다. 여기서 초음파 송파 후에 되돌아온 시간을 측정하여 장애물까지 거리를 측정하게 한다.

④ ultrasonic_Init() 함수에서는 위 ①~③까지와 호출하며 64분주로 타이머/카운터1이 동작되도록 실행된다.

⑤ init_LCD() 함수에서 Text LCD 사용을 위해 설정한다.

⑥ 측정된 거리를 LCD에 출력한다.

```
// Ultrasonic 센서의 DDR, PORT, PIN 레지스스터 정의
#define ULTRASONIC_DDR          DDRF
#define ULTRASONIC_PORT         PORTF
#define ULTRASONIC_PIN          PINF

// Ultrasonic 센서의 출력 펄스 값 정의
#define ULTRASONIC_PULSE_BIT1           0x04            //비트 2
#define ULTRASONIC_PULSE_BIT2           0x08            //비트 3

unsigned int CountValue = 0;                //카운트 값
float fResult=0;                            //거리 결과 계산 값

// Ultrasonic 센서 값 저장 변수
unsigned int ultrasonic_sensor_value = 0;
```

Delay_125_us() 함수는 util/delay.h에서는 us의 지연시간을 지원하지 않기 때문에 만들어낸 함수이다. asm volatile("nop")은 어셈블리 명령어로 아무 명령도 수행하지 않는다. 이 함수가 수행하면서 약 12.5us 정도 지연된다.

```
void Delay_125_us()
{
  register unsigned char i;

  for(i=0; i<40; i++)
  {
        asm volatile("nop");
  }
}
```

ISR(INT1_vect)은 40kHz의 구형파 8개를 송파시킨 후 반사되어 수신되면 발생하는 인터럽트 서비스 루틴이다.

① 인터럽트가 발생되고 ISR(INT1_vect) 함수가 수행되면, 인터럽트 비활성화 시킨다.
② 이 인터럽트 함수 안에서 거리를 구하게 되는데 카운터클럭이 16MHz를 64분주한 것이므로 카운터가 하나 증가하는데 걸리는 시간은 1/(16000000/64)초로 4us가 되며, 섭씨 15℃ 기준으로 음파의 속도가 340m/s (v= 331+0.6t)이므로 거리 = 시간 * 속도의 공식으로 거리를 구하면 음파가 왕복하는데 걸린 TCNT1값을 저장한 countValue값을 이용해 거리를

구하면 countValue * 0.000004 / 2 * 340000mm가 됨을 알 수 있고 countValue * 0.68으로 표현할 수 있다. 왕복기준이므로 2로 나누어서 음파가 도달한 거리를 구하였다. 그러므로 현재까지 계산된 카운터 값을 TCNT1 레지스터로부터 읽어서 CountValue에 넣어주고, fResult = (float)CountValue * 0.68에 의해 거리를 계산한다.

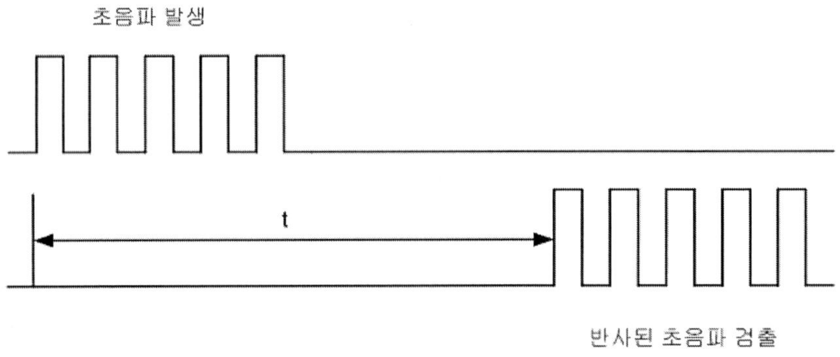

[그림 6-39] 초음파 거리측정 원리

거리를 계산하는 공식은 아래 공식과 같다.

$$H = \frac{t}{2} \times u$$

H : 센서와 측정물체까지 거리

u : 음속(340m/s)

t : 소요시간

```
ISR(INT1_vect)
{
  EIMSK &= ~0x02;                       // INT1 비활성화
  CountValue = TCNT1;                   // 카운터값 읽어옴. TCNT1=1 이면 4us
                                        // 속도 340m/s기준
  fResult = (float)CountValue * 0.68;   // 거리 = (t/2) x 음속(340m/s)
}
```

Pulse() 함수는 PF[2-3]번을 통하여 대략 40kHz의 주파수를 송신부로 출력하여 초음파를 송파하도록 하는 함수이다.

① PF[2]과 PF[3]은 서로 반대의 파형이 나올 수 있도록 PF[2]이 1(HIGH)일 때에는 PF[3]이 0(LOW)을 출력하고 PF[2]이 0일 때에는 PF[3]이 1을 출력하는데 반주기는 12.5[us]로 동작을 하고 한주기가 25[us]로 구형파를 만들면서 동작을 한다. 이것을 주파수롤 환산해 보면 $f=1/t$ 공식에 의해 40kHz가 된다.

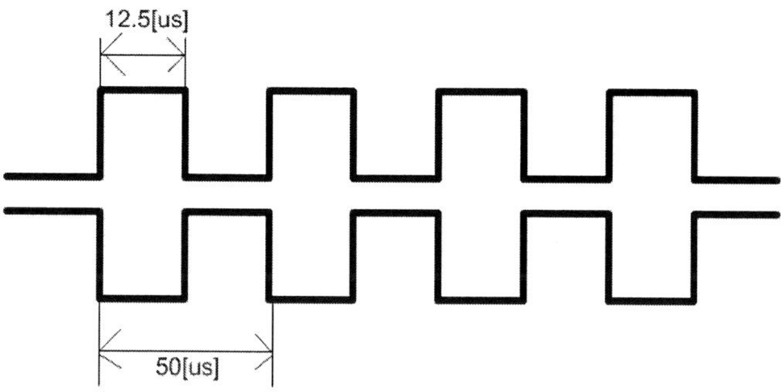

[그림 6-40] 40KHz 송신 주파수

결국 for()문에 의하여 주기가 50[us]인 구형파 8개를 만들어 MAX232를 통하여 레벨을 증폭하고 초음파 송신 모듈에 의해 송파한다.

```
void Pulse()
{
  unsigned char i;

  ULTRASONIC_DDR |= 0x0C;        // ULTRASONIC_PORT.2,3  output
  ULTRASONIC_PORT &= ~ULTRASONIC_PULSE_BIT1;          //PORT LOW
  ULTRASONIC_PORT |= ULTRASONIC_PULSE_BIT2;           //PORT HIGH

  // 약 40kHz로 펄스 출력
  for(i=0; i<8; i++)
  {
        ULTRASONIC_PORT |= ULTRASONIC_PULSE_BIT1;      //PORT HIGH
        ULTRASONIC_PORT &= ~ULTRASONIC_PULSE_BIT2;     //PORT LOW
        Delay_125_us();                                //12.5us 지연
        ULTRASONIC_PORT &= ~ULTRASONIC_PULSE_BIT1;     //PORT LOW
        ULTRASONIC_PORT |= ULTRASONIC_PULSE_BIT2;      //PORT HIGH
        Delay_125_us();                                //12.5us 지연
  }
}
```

ISR(TIMER1_COMPA_vect) 함수는 카운트가 1씩 증가하다가 OCR1A에 정의된 값과 일치하면 비교 인터럽트가 발생하여 실행되는 인터럽트 서비스 루틴이다.

① Pulse()함수를 호출하여 40kHz의 구형파 8개를 초음파 센서 모듈을 이용하여 송파한다.

② TCNT1 레지스터를 이용하여 타이머1 카운터 계수를 0으로 초기화하여 초음파가 돌아올 때까지 증가된 카운트 값을 이용하여 거리를 측정하는데 사용할 수 있게 한다.

③ 외부 인터럽트1을 활성시키고 Flag를 클리어시킨다.

```
ISR(TIMER1_COMPA_vect)
{
  Pulse();                    // 40Khz 펄스를 출력한다.
  TCNT1 = 0;                  // 타이머1 카운터 계수 초기화
  fResult = 999;              // 인식 못할 때 거리를 999로 함
  EIMSK |= 0x02;              // INT1: External Interrupt Request 1 Enable
  EIFR |= 0x02;               // INTF1: External Interrupt Flag 1 Clear
}
```

INT1_Init() 함수는 외부 인터럽트 1을 초기화 시켜주는 함수이다.

① 외부 인터럽트1을 라이징 에지 신호로 감지하게 설정한다.

② 초기화할 때는 외부 인터럽트1이 동작하지 않도록 하고 ISR(YIMER1_COMPA_vect)에서 초음파 송파 후에 인터럽트1을 활성화 시킨다.

```
void INT1_Init()
{
  EICRA |= 0x0C;        // INT1: The rising edge
  EIMSK  &= ~0x02;      // INT1: External Interrupt Request 1 Disable
}
```

void timer1_Init(void)에서는 100msec마다 Timer1_COMPA_vect 인터럽트가 발생하여 그 인터럽트 안에서 초음파를 송신부로 출력하는 Pulse()함수를 실행하기 위하여 환경을 설정한다.

① 타이머1을 일반 모드로 설정하고 정지시키고 카운터값을 초기화 한다.

② OCR1A 레지스터에 0x61A8 즉 25000으로 설정하여 TCNT1이 1씩 증가하여 카운터값이 25000(0.1/0.000004)이 될 때 Timer1_COMPA_vect 인터럽트가 발생하게 타이머1을 초기화 해준다.

③ 타이머/카운터1 출력비교 A 일치 인터럽트가 동작되게 한다.

```
void timer1_Init(void)
{
  TCCR1A = 0x00;      // 일반 모드로 설정
  TCCR1B = 0x00;      // 타이머 1 정지
  TCNT1 = 0;
  OCR1A = 0x61A8;     // 100 msec
        // 1 / (16000000Mhz / 64분주) = 0.000004s (4us)
        // 0.1(100ms) / 0.000004(4us) = 25000 카운트
        // 카운트는 업카운트로 TCNT1이 0부터 시작하여 1씩 증가하며
        // TCNT1 카운터 값이 OCR1A와 같은 경우
        // TIMER1_COMPA_vect 인터럽트가 발생한다.

  TIMSK |= 0x10; // 타이머/카운터 1 출력비교A 일치 인터럽트 활성화
}
```

ultrasonic_Port_Init() 함수에서는 초음파 센서에 펄스를 만들어 공급하기 위한 PF[2-3]번은 출력으로 설정하고 포트는'0'으로 초기화하였다.

```
void ultrasonic_Port_Init()
{
   DDRF  |= 0x0C;
   PORTF &= ~0x0C;
}
```

ultrasonic_Init() 함수는 cli() 함수로 모든 인터럽트를 비활성화 하고 초음파관련 포트를 I/O를 설정하고, 타이머1과 외부 인터럽트 1을 초기화 하고, sei() 함수에 의해 인터럽트를 활성화 시키고 타이머/카운터1을 64분주로 동작을 시작 시킨다.

```
void ultrasonic_Init()
{
  cli();
  ultrasonic_Port_Init();
  timer1_Init();
  INT1_Init();
  TCCR1B=0x03;          // 타이머1을 64분주로 시작한다.
  sei();
}
```

GetUltraSonic() 함수이다. 초음파가 송파되고, 반사되어 수신되는 시간과 음속을 이용하여 계산된 결과를 정수로 바꾸어 전역변수 ultrasonic_sensor_value에 저장한다. 이 값을 main() 함수에서 Text LCD에 출력한다.

```
void GetUltraSonic()
{
  ultrasonic_sensor_value = (unsigned int)fResult;
}
```

main() 함수이다. ultrasonic_Init() 함수를 호출하여 초음파 관련 레지스터를 설정하고, lcd_Init()함수를 호출하여 LCD를 사용할 수 있도록 초기화하고 LCD의 첫 라인에 "UltrasonicSensor"를 출력한다.

StartTimer1() 함수를 호출하여 타이머1을 동작시키고 무한루프인 while() 문으로 들어간다.

```
int main()
{
  char lcd_str[17] = "<< ULTRASONIC >>";

  ultrasonic_Init();
  init_LCD();

      // Char LCD의 첫번째 라인에 타이틀을 출력한다.
  lcd_string_Out(LCD_LINE1, lcd_str);

  while(1)
  {
        // Ultrasonic 센서의 거리 값을 읽어온다. (단위 : mm)
        GetUltraSonic();

        // Char LCD의 두번째 라인에 출력할 문자열을 생성한다.
        sprintf(lcd_str, "Distance: %4dmm", ultrasonic_sensor_value);
        lcd_string_Out(LCD_LINE2, lcd_str); // 두번째 라인에 문자열을 출력한다.
  }

  return 0;
}
```

While()문에서는 GetUltraSonic() 함수를 호출하여 Ultrasonic 센서의 거리 값을 읽어오고, 읽은 데이터가 정수이므로 LCD에 출력하기 위해 문자열로 변경해주기 위해 sprintf() 함수를 사용하였다. 문자열로 변경된 거리 데이터를 LCD의 두 번째 라인에 출력한다.

프로그램 소스 작성을 완료했다면 프로그램을 빌드하고 장비에 다운로드한 후 그 결과를 확인한다. 프로그램이 장비에 다운로드 완료되면 LCD의 첫 라인에"《 ULTRASONIC 》"라고 출력되고 두 번째 라인에는 초음파센서에서 계측된 데이터를 보여준다.

6.6 PWM을 이용한 PIEZO 제어 실습

■ **실습 목적:**

ATmega128에서 활용도가 높은 내부 타이머/카운터의 CTC 모드를 이용하여 PWM 출력을 생성하기 위한 관련 레지스터들에 대한 설정 방법 및 동작 방법을 이해한다. PWM 출력은 DC 모터 제어와 LED 및 Backlight 밝기 제어, Piezo 제어 등에 폭넓게 활용된다. 본 실습에서는 Keypad 입력에 따른 소리용으로 Piezo 제어에 관해 실습한다.

6.6.1 PWM를 이용한 PIEZO 구동 실습 회로

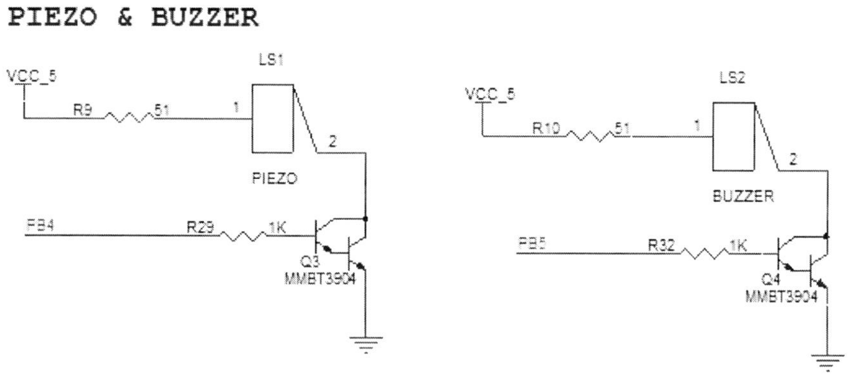

[그림 6-41] PWM를 이용한 PIEZO 구동 회로도

본 실습 제어 실습 회로도를 보면 (OC0/PWM0)PB[4] 포트에 연결된 트랜지스터 Q3을 통해 Piezo를 제어하게 되어있다. Keypad는 [그림 5-6] 3x4 Key 매트릭스 회로도를 참조하기 바란다.

PB[4] 핀을 통해서 CTC 모드에서 PWM 파형을 발생하기 위하여 위해 포트 B의 4번 핀을 출력으로 사용할 수 있도록 포트 Data Direction 레지스터 즉 DDRB의 4번째 비트의 값을 1으로 세팅시켜 출력포트로 설정한다.

6.6.2 PWM을 이용한 PIEZO 제어 실습 프로그램

본 실습 프로그램에서는 ATmega128의 외부 인터럽트 INT0로 Keypad의 Key 스위치가 눌렸는지를 감지하게 하고 Key 스위치가 눌려 입력되었을 경우 외부 인터럽트 서비스 루틴에서 Key 스캐닝 데이터를 읽어와 눌린 Key 스위치에 해당하는 Key 코드 값으로 변환하여 저장하도록 작성한다.

io.h 헤더파일은 AVR-GCC에서 지원하는 AVR I/O 레지스터들에 대한 정의를 사용하기 위해 선언한다. (예: PORTE, DDRE, …)

interrupt.h 헤더파일은 인터럽트 관련 함수 sei()와 cli() 그리고 인터럽트 핸들러 ISR() 함수를 사용하기 위해 선언되어 있다.

delay.h 헤더파일은 Delay 함수인 _delay_ms() 함수를 사용하기 위해 선언되어 있다.

```
#include 〈avr/io.h〉
#include 〈avr/interrupt.h〉
#include 〈util/delay.h〉
```

Keypad와 연결된 GPIO 포트를 관련 레지스터 설정을 통해 초기화하고 AUDIO 모듈의 Piezo와 연결된 핀을 타이머/카운터의 PWM 모드를 사용해 주파수가 변경 가능한 PWM 파형이 출력되도록 작성한다.

ISR(INT0_vect) 함수는 인터럽트 서비스 루틴이며, 외부인터럽트가 걸리면, 이 함수가 호출된다.

① 가장 먼저 cli()함수를 호출하여 모든 인터럽트들을 Disable한다.
② Key 값을 읽어 전역변수 key_data 변수에 저장하며 PE[4-7]로 읽어들였으므로 시프트 연산자를 통해서 하위 4비트로 옮겨서 저장한다.
③ 새로운 키가 입력되었음을 알리는 플래그 key_flag를 세팅한다.
④ 마지막으로 sei()함수를 호출하여 Disable 시킨 모든 인터럽트 요청을 Enable한다.

```
volatile unsigned char key_flags = 0;          // 새로운 키 입력 여부를 나타내는
                                               // 플래그 전역변수 선언.
volatile unsigned char key_data = 0;           // 눌린 키 번호 저장 0~11

/* 키에 대응하여 정의된 소리 주파수 */
const  unsigned long freq_tbl[12] = {1046, 1174, 1318, 1397, 1568, 1760,
                          1975, 2093, 2349, 2637, 2793, 3136};
ISR(INT0_vect)
{
        cli();      // Global 인터럽트 Disable. SREG 레지스터의 I-비트 클리어.
        key_data= PINE&0xF0; /* PORTE BIT 4-7 */
        key_data= key_data >> 4;

         key_flags = 1;   // 새로운 KEY 값이 입력됐음을 나타내는 플래그 비트 셋팅.
        sei();      // Global 인터럽트 Enable. SREG 레지스터의 I-비트 셋팅.

}
```

init_Keypad() 함수에서는

① 외부인터럽드[INT0]를 하강 에지로 동작되도록 설정하고, 활성화 하였다.

② PORTE[4-7]을 입력으로 설정하기 위해 DDRE[4-7]을 0으로 세팅하였다.

```
void init_Keypad()
{
  EICRA |= 0x02;          // INT0 외부 인터럽트를 하강에지로 설정
  EIMSK |= 0x01;          // INT0 외부 인터럽트 활성화
  EIFR |= 0x01;           // INT0 외부 인터럽트 플래그 Clear

  DDRE &= ~0xF0;          // 키패드 데이터 핀 방향을 입력으로 설정
}
```

main() 함수에서는

① init_Keypad() 함수를 호출하여 키보드 동작을 위한 환경 설정을 한다.

② PB[4]dp 0으로 초기화하여 시작할 때 소리가 꺼지게 하고 PWM0 출력으로 사용하기 위해 DDRB 4번째 비트를 1로 설정한다.

③ while() 문 안에서 키가 눌렸을 때 세팅되는 key_flag값을 판단하여 1이면 새로운 키값이

입력된 것으로 판단한다.

④ Piezo와 연결된 핀을 타이머/카운터의 PWM 모드를 사용해 주파수가 변경 가능한 PWM 파형이 출력되도록 작성한다.

이때 사용한 수식은 타이머/카운터 1과 3의 CTC 모드에 나와 있는 출력 주파수를 구하는 수식은 아래와 같다.

$$f_{OCnA} = \frac{f_{\text{clk\_I/O}}}{2 \cdot N \cdot (1 + OCRnA)}$$

여기서는 출력 주파수를 가변하는 것이므로 <u>OCR0 = 16000000/(64 * freq_tbl [key_data]) – 1</u>을 사용하여 타이머/카운터 0 출력 비교 레지스터 OCR0 값을 가변시켜 가면서 PB[4]로 출력되는 PWM 파형값의 출력 주파수를 변경시키게 되어 해당키 값에 따라 주파수를 달리하게 하여 Piezo 소리를 다르게 출력하게 하였다. 위 식에서 보면 OCR0 값이 key_data에 따라 달라지는 것을 알 수 있다.

⑤ TCCR0 값을 CTC 모드, Toggle OC0, 32분주 프리스케일러.로 PWM 출력시작하게 설정하여 PWM 신호가 Piezo에 전달되어 소리가 나게 한다.

⑥ _delay_ms(100)을 호출하여 Key 코드 값에 해당하는 주파수를 갖는 PWM 파형이 100ms 동안 출력되어 소리가 나게 하고 TCCR0을 0으로 하여 PWM 출력을 중지시켜서 소리를 끈다.

⑦ 새로운 Key 값이 입력됐음을 나타내는 플래그 key_flags를 0 으로 하여 새로운 키가 눌려질 때까지 소리가 반복해서 나는 것을 방지한다.

```
int main (void)
{
        init_Keypad();

        /* GPIO  Piezo  포트 초기화 */
        PORTB  &= 0xEF; // PB4를 초기값 0 설정.
        DDRB   |= 0x10; // PB4를 출력으로 설정.

        sei();    // Global 인터럽트 Enable. SREG 레지스터의 I-비트 셋팅.

        while (1)
        {
            if (key_flags)
            {
                cli();

        /* 입력된 KEY 값에 따라 해당 KEY 버튼 음을 출력하도록 TIMER0를 설정. */
                TCNT0  = 0;
        // 출력 주파수 = 시스템 클럭 / (2 * 프리스케일러 * (1 + OCR0))
        //OCR0 =시스템클럭 / (2*프리스케일러*출력주파수) -1
                OCR0   = 16000000/(64 * freq_tbl[key_data]) - 1;
        // CTC 모드, Toggle OC0, 32분주 프리스케일러.로 PWM 출력시작
                TCCR0  = (1<<WGM01)|(1<<COM00)|(3<<CS00);
                _delay_ms(100);

                /* KEY 버튼 음을 출력을 멈추게 하기 위해 TIMER0를 정지. */
                TCCR0  = 0x00;

                // 새로운 KEY 값이 입력됐음을 나타내는 플래그 비트 클리어.
                key_flags = 0;
                sei();
            }
        }
}
```

프로그램을 빌드하고 장비에 다운로드 한 후 전체 동작을 살펴보면, Keypad 모듈의 3x4 Key 스위치를 각각 한 번씩 눌러본다. 그러면 각각의 Key 스위치를 누를 때마다 Piezo를 통해 각각 다른 음이 출력되는 것을 확인해 볼 수 있을 것이다.

7
CHAPTER

Analog-to-Digital 컨버터

ADC란? 일반적으로 ADC 또는 A/D Converter라고도 한다. 즉 아날로그 디지털 변환기(Analog to Digital Converter)라고 하는데, 연속적인 양의 값을 표현하는 아날로그 형태로 구성된 신호를 입력으로 받아서, 단속적인 값을 표현하는 디지털 형태의 신호로 변환해주는 장치이다. 이 기능은 마이크로프로세서의 내부에 내장이 되어있는 기능으로 최대 10비트로 샘플링이 가능하다. 장비에서는 가변 저항의 이용하여 약 0V ~ 5V의 아날로그 신호를 마이크로프로세서의 ADC기능을 통하여 샘플링 하여 디스플레이 장치에 출력하게 된다.

■ 컨버터의 개요

ATmega128은 8-채널 10비트 연속근사(successive approximation) A/D 컨버터를 가지고 있다. 이 8-채널의 아날로그 입력신호는 모두 포트 F와 동일한 단자를 사용하며, MCU 내부의 아날로그 멀티플렉서(analog multiplexer)에 의하여 선택된다. Atmega128 A/D 컨버터에 대한 입력 방법에는 단일전압 입력과 차동 전압 입력이 있다. 단일전압 입력(single-ended voltage input)은 포트 F의 8개 입력(ADC0~ADC7) 중 하나와 0V (GND) 사이에 아날로그 입력신호를 주는 방식이고, 차동 전압 입력(differential voltage input)은 포트 F의 8개 아날로그 입력 중 2개에 아날로그 신호를 인가하여 그 차동 전압을 디지털 변환한다.

차동 전압 입력 중 2가지 결합(ADC1과 ADC0, ADC3과 ADC2)에 대해서는 입력된 아날로그 신호를 MCU 내부에서 신호를 증폭(0dB(1x), 20dB(10x) 또는 46dB(200x))하여 A/D 변환할 수도 있다. 1x 또는 10x 증폭의 경우에는 8비트 정밀도로 되고, 200x 증폭의 경우에는 7비트 정밀도로 된다.

A/D 변환시간은 사용 주파수 50kHz~200kHz에서 65~260s 범위에서 사용자가 설정할 수 있다. 아날로그 입력전압의 범위는 0~VREF이지만 차동 입력의 경우에는 입력전압의 범위가 -VREF~VREF로 되며, 기준전압 VREF는 전원전압 VCC를 넘을 수 없다.

VREF 전압은 외부의 AREF단자로 입력된 전압을 사용할 수 있고, 내부의 기준전압 2.56V를 사용할 수 있다. A/D컨버터에는 안정된 동작을 위해 MCU의 전원과 별도로 전원단자 AVCC를 가지고 있으며, A/D변환에 필요한 기준전압 단자 AREF도 가지고 있다.

여기서 AVCC의 전압은 VCC에 인가된 전압의 0.3V 이내로 유지되어야 한다.

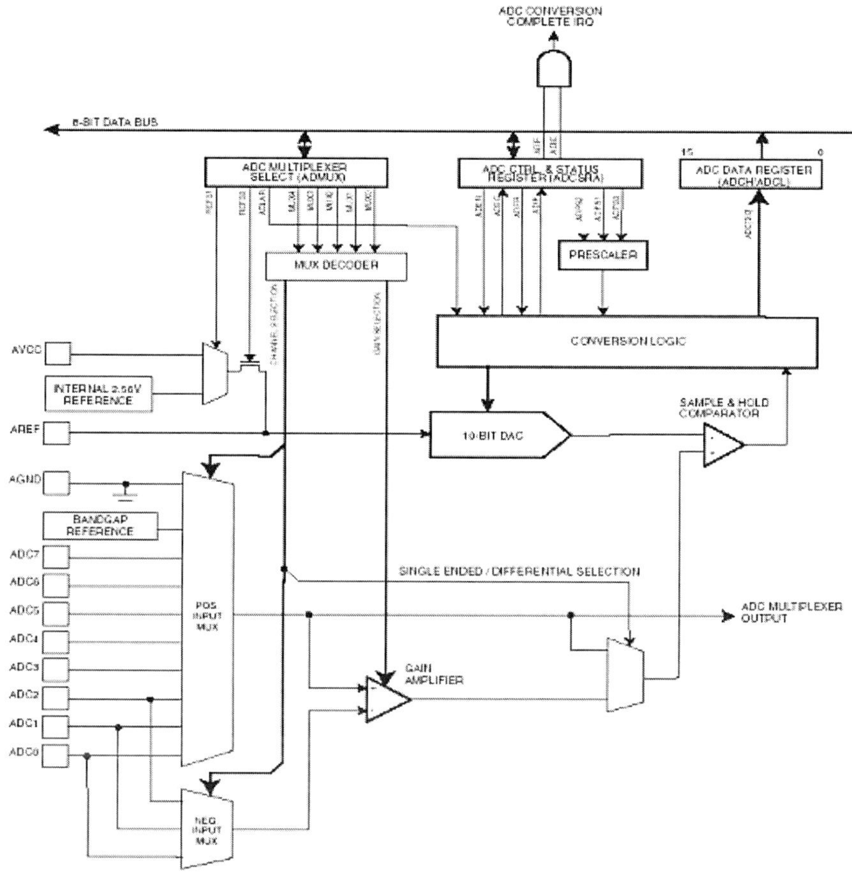

[그림 7-1] A/D 컨버터의 구성 블록도

A/D 변환 모드에는 single conversion mode와 free running mode가 있다.

Single conversion mode에서는 ADCSR 레지스터의 ADSC 비트에 1을 설정함으로써 A/D변환을 시작한다. 이 ADSC 비트는 A/D변환이 진행 중에는 1의 상태를 유지하다가 변환이 완료되면 자동적으로 클리어된다. A/D변환이 진행되고 있는 중에 데이터 채널이 바꾸어지면 현재의 변환을 마친 후에야 다른 채널에 대한 변환을 시작한다.

Free running mode에서는 A/D변환이 끊임없이 이루어지고 ADC 데이터 레지스터(ADCH : ADCL)를 갱신한다. Free running mode는 ADCSR 레지스터의 ADFR 비트를 1로 설정함으로써 선택되고, 최초의 변환은 ADCSR 레지스터의 ADSC 비트를 1로 설정함으로써 이루어진다. 이 모드에서 A/D변환은 ADC Interrupt flag인 ADIF 비트의 설정 값과 관계없이 이루어진다.

■ ADC Prescaler의 선택

Atmega128의 A/D 컨버터에는 클럭이 공급되어야 하며, 10비트 정밀도로 정상적인 동작을 위해서는 50kHz~200kHz의 입력 클럭이 사용되어야 한다. 이 A/D 컨버터의 클럭은 시스템 클럭을 프리스케일러로 분주되어 공급되는데, 이 프리스케일러의 분주비는 ADCSRA 레지스터의 ADPS2~ADPS0 비트에 의해 설정하며, ADCSRA 레지스터의 ADEN 비트를 1로 설정함으로써 AD 컨버터가 동작하는 순간부터 분주를 시작한다. 분주기는 ADEN 비트가 설정되어 있는 한 동작한다.

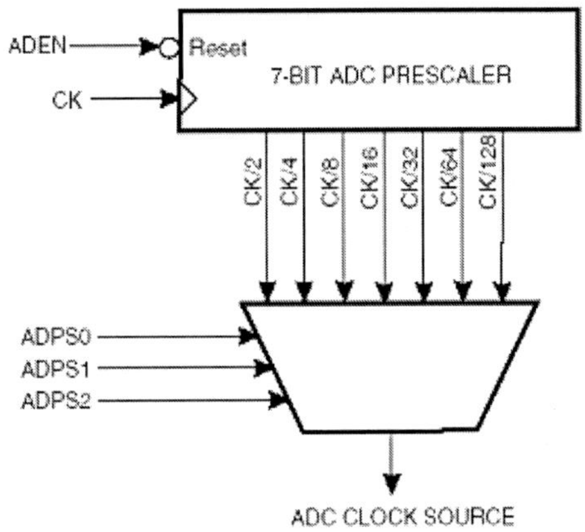

[그림 7-2] A/D 컨버터의 클럭 공급 프리스케일러

■ 기준전압

단일전압 입력(single-ended voltage input)에서 ADC 기준전압 VREF는 AVCC, 내부 2.56V, 외부 AREF 중 하나를 선택할 수 있다. AVCC는 수동 스위치를 통하여 ADC에 연결되고, 내부 2.56V 전압은 내부 기준전압(VBG)으로부터 발생된다. 어느 경우에도 외부 AREF 핀이 A/D 컨버터에 직접 연결된다. AREF 핀과 GND 사이에 콘덴서를 연결해 넣으면 기준전압은 잡음의 영향을 적게 받는다.

사용자가 AREF 핀에 고정 전압원을 연결할 경우에는 다른 기준전압을 쓸 필요가 없다. AREF 핀에 외부전압을 연결하지 않을 경우에 사용자는 AVCC와 내부 2.56V 중 어느 것으로 선택할 수 있다. 기준전압을 바꾼 후 최초의 변환결과는 정확하지 않을 수도 있으므로 사용하지 않는 것이 좋다. 차동 전압 입력의 경우에 기준전압의 AVCC값을 AVCC±0.3에 가까운 값을 사용해서는 안된다.

■ **변환 시간**

일반적인 경우의 A/D변환에 13 ADC 클럭 사이클이 소요되며, ADC가 ON상태가 된 후 (ADCSR 레지스터의 ADEN 비트가 1로 설정) 최초의 변환은 아날로그 회로를 초기화하기 위해서 25 ADC 클럭 사이클이 소요된다.

Sample & Hold 시간은 정상변환이 시작된 후에는 1.5 ADC 클럭 사이클이 소요되고, 최초의 변환이 시작된 후에는 13.5 ADC 클럭 사이클이 소요된다.

[표 7-1] ADC 변환 시간

조 건	Sample & Hold (변환 시작으로부터 사이클)	변환 시간 (사이클)
First Conversion	14.5	25
Normal Conversion, 단일전압 입력	1.5	13
Normal Conversion, 차동전압 입력	1.5 / 2.5	13 / 14

■ **A/D 변환의 결과**

A/D 컨버터가 변환을 완료하면 그 변환 결과는 ADC 데이터 레지스터인 ADCH와 ADCL에 저장되고, ADIF flag 비트는 1로 세트된다. 또한 단일전압 입력의 경우에는 ADSC 비트가 클리어된다. 프로그램에서 이 비트를 다시 1로 설정하면 새로운 변환이 ADC 클럭 에지의 최초 상승부에서 시작된다. Free running mode에서는 A/D변환 완료 직후에 새로운 변환이 시작된다. 이 때 ADSC 비트는 1의 상태를 유지한다.

단일전압 입력의 경우에 변환결과는,

$$ADC = \frac{V_{IN} \times 1024}{V_{REF}}$$

와 같이 표현된다

여기서 V_{IN}은 멀티플렉서로 선택된 단일 아날로그 입력전압이고, VREF는 선택된 기준전압이다. 이 변환 결과는 10비트 양의 정수 표현법을 사용하므로 0 ~ 1023 범위의 값을 갖는다.

이때 0의 값은 아날로그 입력전압이 GND와 같은 값이라는 것을 나타내고, 1023 (0x03FF)값은 아날로그 입력전압이 VREF-1과 같은 값을 나타낸다.

차동 전압 입력의 경우에 변환결과는

$$ADCH : ADCL = \frac{(V_{POS} - V_{NEG}) \times GAIN \times 512}{V_{REF}}$$

이와 같이 표현된다. V_{POS}는 멀티플렉서로 선택된 차동 아날로그 입력의 positive input 전압이 되고, V_{NEG}는 negative input 전압이다. GAIN은 아날로그 전압의 이득 값을 나타내며, 1, 10 또는 200중의 하나를 선택할 수 있다. 이 변환 결과는 10비트 2의 보수 표현법을 사용하므로 -512(0x0200)~+511(0x01FF) 범위의 값을 갖는다.

따라서, 이득이 1인 경우라면 0x0000은 차동 입력 전압이 GND라는 것을 나타내고, 0x01FF는 차동 입력 전압이 V_{REF} - 1과 같은 값을 나타낸다. 0x0200은 차동 입력 전압이 $-V_{REF}$와 같다는 것을 나타낸다.

7.1 A/D 컨버터 관련 레지스터

Atmega128의 A/D 컨버터와 관련된 레지스터는 다음과 같다.

- ADMUX(ADC Multiplexer Select Register)
- ADCH, ADCL(ADC Data Register)
- ADCSR(ADC Control and Status Register)
- SFIOR(Special Function I/O Register)

7.1.1 ADMUX Register

ADMUX Register는 기준전압을 선택하고 ADC 변환 결과를 ADC 데이터 레지스터에 저장할 때 저장위치를 결정하며, A/D 컨버터의 입력과 이득을 선택한다.

Bit	7	6	5	4	3	2	1	0
	REFS1	REFS0	ADLAR	MUX4	MUX3	MUX2	MUX1	MUX0
R/W	R/W	R/W	R/W	R/W	R/W	R/W	R/W	R/W
Initial Value	0	0	0	0	0	0	0	0

- REFS1, REFS0 : 기준전압 선택
- ADLAR : ADC 변환 결과 조정
  - 1: ADC 변환 결과 좌측으로 조정
  - 0: ADC 변환 결과 우측으로 조정
- MUX4 ~ MUX0 : 아날로그 채널 및 이득 선택

[그림 7-3] ADMUX 레지스터 구조

- Bit 7:6-REFS1:0:기준 전압 선택 비트(Reference Selection Bits)

REFS1:0 비트는 A/D 컨버터에 대한 기준 전압을 선택한다. 이들 비트가 AD변환 중에 기준 전압의 선택이 바뀌면 AD변환이 완료될 때까지 변화가 이루어지지 않는다. 외부 기준전압이 AREF 단자에 인가될 때에는 내부 기준 전압이 사용되지 않는다.

REFS1	REFS0	기준 전압 선택
0	0	외부 AREF로 입력을 기준 전압 사용.
0	1	외부 AVCC 입력을 기준 전압 사용.
1	0	Reserved.
1	1	내부 2.56V를 기준 전압으로 사용.

- Bit 5 - ADLAR : ADC 결과 좌측 조정(ADC Left Adjust Result)

ADLAR 비트는 ADC 변환 결과가 ADC 데이터 레지스터(ADCH:ADCL)에 들어있는 형태를 결정한다. ADLAR 비트를 1로 설정하면 AD변환 결과가 좌측으로 조정되고, 0으로 설정하면 우측으로 조정된다.

- Bit 4:0-MUX4:0:아날로그 입력채널 및 이득 선택 비트

MUX 4:0비트는 A/D 컨버터의 입력을 선택한다. 차동 전압 입력의 경우에는 이득도 선택한다. 변환 중에 이들 비트가 변경되면 변환이 완료된 후에 효과가 반영된다.

MUX4..0	Single Ended Input	Positive Differential Input	Negative Differential Input	Gain
00000	ADC0	N/A		
00001	ADC1			
00010	ADC2			
00011	ADC3			
00100	ADC4			
00101	ADC5			
00110	ADC6			
00111	ADC7			
01000	N/A	ADC0	ADC0	10x
01001		ADC1	ADC0	10x
01010		ADC2	ADC0	200x
01011		ADC3	ADC0	200x
01100		ADC4	ADC2	10x
01101		ADC5	ADC2	10x
01110		ADC6	ADC2	200x
01111		ADC7	ADC2	200x
10000		ADC0	ADC1	1x
10001		ADC1	ADC1	1x
10010		ADC2	ADC1	1x
10011		ADC3	ADC1	1x
10100		ADC4	ADC1	1x
10101		ADC5	ADC1	1x
10110		ADC6	ADC1	1x
10111		ADC7	ADC1	1x
11000		ADC0	ADC2	1x
11001		ADC1	ADC2	1x
11010		ADC2	ADC2	1x
11011		ADC3	ADC2	1x
11100		ADC4	ADC2	1x
11101		ADC5	ADC2	1x
11110	1.12V (VBG)	N/A		
11111	0V (GND)			

7.1.2 ADC Data Register(ADCH and ADCL)

ADC Data Register는 A/D변환이 완료된 후에 변환 결과를 저장하는 레지스터이다.

단일전압 입력을 사용할 경우에는 10비트 양의 정수 표현법으로, 차동 전압 입력을 사용할 경우에는 10비트 2의 보수 표현법으로 저장된다.

A/D변환이 완료되면 변환결과는 ADC Data 레지스터에 저장되고, A/D 인터럽트 플래그(ADIF)는 Enable된다.

ADMUX 레지스터의 ADLAR 비트를 이용하여 변환결과를 좌측으로 조정하면 8-비트 정밀도(차동 전압 입력의 경우에는 7-비트 정밀도, +부호)만이 요청되어 ADCH만을 읽어 들이면 된다. 변환결과를 우측으로 조정(ADLAR = 0)하면 10-비트 정밀도를 갖게 된다. 이 경우에는 반드시 ADCL를 먼저 읽어 들이고 그 뒤에 ADCH를 읽어 들여야 한다. ADCL을 읽어 들이면 ADCH가 읽혀지기 전까지 이 레지스터는 갱신되지 않는다.

■ **ADLAR = 0인 경우**

Bit	15	14	13	12	11	10	9	8
ADCH	-	-	-	-	-	-	ADC9	ADC8
ADCL	ADC7	ADC6	ADC5	ADC4	ADC3	ADC2	ADC1	ADC0
	7	6	5	4	3	2	1	0
R/W	R	R	R	R	R	R	R	R
	R	R	R	R	R	R	R	R
Initial Value	0	0	0	0	0	0	0	0
	0	0	0	0	0	0	0	0

■ **ADLAR = 1인 경우**

Bit	15	14	13	12	11	10	9	8
ADCH	ADC9	ADC8	ADC7	ADC6	ADC5	ADC4	ADC3	ADC2
ADCL	ADC1	ADC0	-	-	-	-	-	-
	7	6	5	4	3	2	1	0
R/W	R	R	R	R	R	R	R	R
	R	R	R	R	R	R	R	R
Initial Value	0	0	0	0	0	0	0	0
	0	0	0	0	0	0	0	0

[그림 7-4] ADC 데이터 레지스터 구조

7.1.3 ADCSRA(ADC Control and Status Register A) 레지스터

ADCSRA 레지스터는 A/D 컨버터에 관한 제어(ADC 허용, 변환 시작, free running mode 선택, ADC 인터럽트 허용 등)를 결정하고, 인터럽트 플래그 상태를 표시한다.

Bit	7	6	5	4	3	2	1	0
ADCSRA	ADEN	ADSC	ADFR	ADIF	ADIE	ADPS2	ADPS1	ADPS0
R/W	R/W	R/W	R/W	R/W	R/W	R/W	R/W	R/W
Initial Value	0	0	0	0	0	0	0	0

- ADEN : ADC Enable
  - 1: ADC Enable
  - 0: ADC Disable
- ADSC : ADC 변환 시작
  - 1: 단일전압 입력 모드에서 변환시작
  - 0: free running 모드에서 변환시작
- ADFR : ADC free running 선택
  - 1: free running
  - 0: free running 종료
- ADIF : ADC 인터럽트 허용
  - 1: ADC 인터럽트 개별 허용
  - 0: ADC 인터럽트 금지

[그림 7-5] ADCSRA 레지스터 구조

- Bit 7 - ADEN : ADC 허용(ADC Enable)

ADEN 비트를 1로 설정하면 ADC가 Enable되고, 0으로 설정하면 ADC는 차단된다. A/D변환이 진행되고 있는 중에 ADC를 차단시키면 A/D변환이 종료된다.

- Bit 6 - ADSC : ADC 변환 시작(ADC Start Conversion)

단일변환 모드에서 ADSC 비트를 1로 설정할 때 변환이 시작되고, free running 모드에서는 이 비트를 0으로 설정할 때 최초의 변환이 시작된다. ADC가 Enable되거나 ADC가 Enable됨과 동시에 ADSC 비트가 설정된 후 최초의 변환은 23 ADC 클럭사이클이 걸리고, 정상의 경우에는 13 클럭 사이클이 걸린다. 최초 변환과정에는 ADC 초기화를 수행한다.
A/D변환이 진행 중에도 ADSC 비트를 읽을 수 있다. 변환이 완료되면 이 비트는 0으로 된다. 이 비트를 0으로 설정하면 아무 소용이 없게 된다.

• Bit 5 – ADFR : ADC Free Running Select

ADFR 비트를 1로 설정하면 ADC는 free running 모드로 동작한다. 이 모드에서 A/D 컨버터는 ADC Data 레지스터를 계속해서 샘플하고 갱신한다. ADFR 비트를 0으로 설정하면 Free Running 모드를 종료한다.

• Bit 4 – ADIF : ADC Interrupt Flag

ADIF 비트는 A/D변환이 완료되고 ADC Data 레지스터가 갱신될 때 1로 설정된다. ADIE 비트와 SREG 레지스터의 I 비트가 설정되어 있으면 ADC 변환 완료 인터럽트가 발생한다. ADIF 비트는 해당 인터럽트에 벡터링 할 때 자동적으로 클리어된다.

• Bit 3 – ADIE : ADC Interrupt Enable

ADIE 비트를 1로 설정하고 SREG 레지스터의 I 비트를 1로 설정하면 ADC 변환 완료 인터럽트가 발생한다.

• Bit 2:0–ADPS2:0:ADCPrescalerSelectBits

이들 비트는 XTAL 주파수와 ADC에 대한 입력 클럭 간의 분주비를 지정한다.

ADPS2	ADPS1	ADPS0	분주비
0	0	0	2
0	0	1	2
0	1	0	4
0	1	1	8
1	0	0	16
1	0	1	32
1	1	0	64
1	1	1	128

7.2 A/D 컨버터를 이용한 CDS 센서 실습

■ **실습 목적:**

ATmega128에서 활용도가 높은 내부 A/D 컨버터를 사용하기 위한 관련 레지스터들에 대한 설정 방법 및 CDS 센서를 ADC로 입력 받은 데이터를 Text LCD에 출력하는 프로그램을 이해한다.

7.2.1 A/D 컨버터를 이용한 CDS 센서 제어 실습 회로

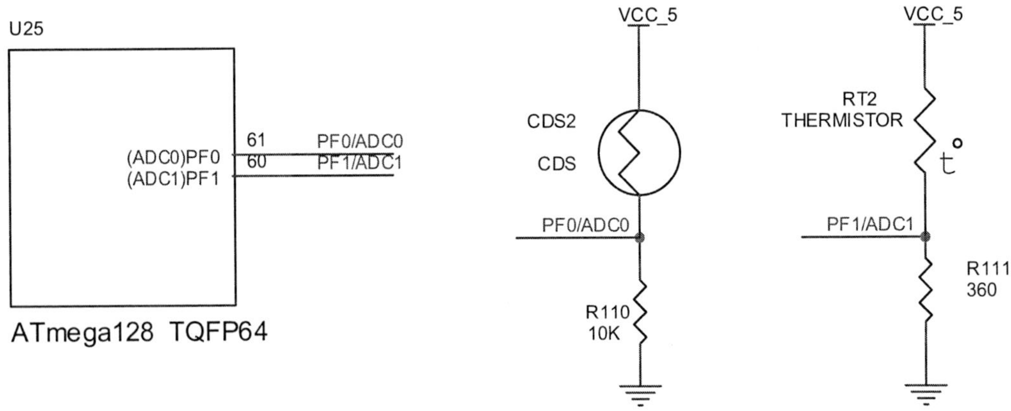

[그림 7-6] A/D 컨버터를 이용한 CDS / THERMISTOR 센서 제어 회로도

PF[0-1] 핀으로 CDS, Thermistor 데이터 값을 받기 위해 포트 F의 0,1 핀을 입력으로 사용할 수 있도록 포트 Data Direction 레지스터 즉 DDRF의 1,2 비트의 값 모두를 0으로 세팅 시켜 입력포트로 설정한다.

7.2.2 CDS 센서 기본 지식

CDS는 빛이 조사되면 도전율이 증가되는 광전효과(Photo-conductive Effect)를 이용한 광전형 센서들 중 하나이다. 아래 그림에서 보는 것과 같이 CDS는 황화 카드뮴 물질을 사용하여 광전도체를 만들어 놓은 것이다.

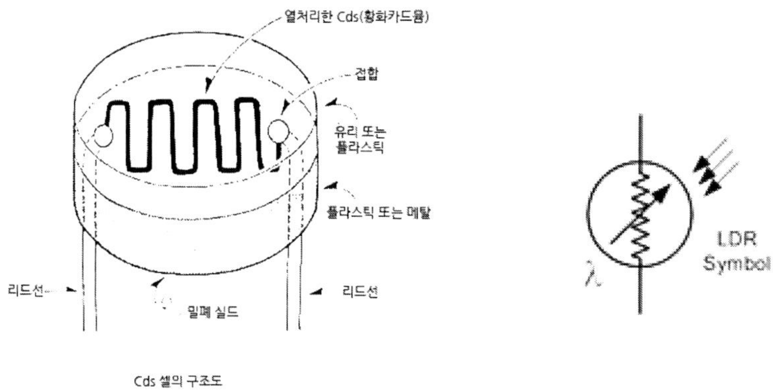

[그림 7-7] CDS 구조 및 심볼

이 광전도체는 다음 그림에서 보는 것과 같이 광전도체에 조사되는 빛의 양이 증가하면 저항성분이 감소하고, 조사되는 빛의 양이 감소하면 저항성분이 증가하는 특징을 갖는다.

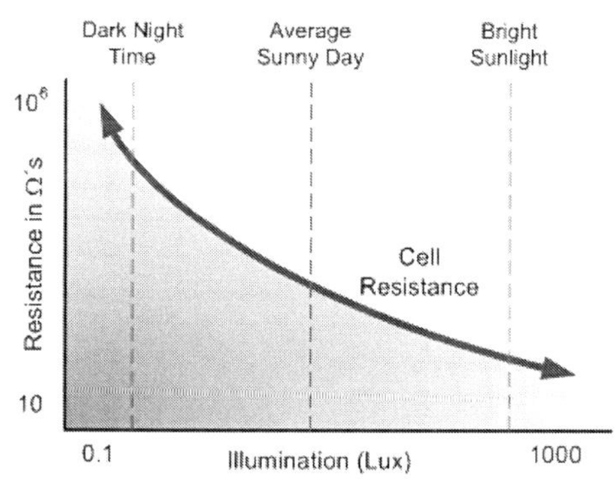

[그림 7-8] 빛 조사량에 따른 CDS 저항값 변화

아래 표는 GL5549 CDS 센서의 특징을 보여주고 있다.

[표 7-2] CDS 센서 특성

型号 Model	外型尺寸图 Outline	最大电压 Vmax (VDC)	最大功耗 Pmax (mW)	环境温度 Ambient Temp (℃)	光谱峰值 Spectral Peak (nm)	亮电阻 Photo Resistance (10Lux) (KΩ)	暗电阻 Dark Resistance (MΩ)	γ 100 10	响应时间 Response Time (ms)		照度电阻特性图 Illuminance Vs.Photo Resistance
									上升 Rise Time	下降 Decay Time	
GL 4526		150	50	-30 ~ +70	540	8 - 20	0.5	0.6	30	30	3
GL 4537	1	150	50	-30 ~ +70	540	18 - 50	2.0	0.7	30	30	4
GL 4548		150	50	-30 ~ +70	540	45 - 140	5.0	0.8	30	30	6
GL 5516		150	90	-30 ~ +70	540	5 - 10	0.2	0.6	30	30	2
GL 5528		150	100	-30 ~ +70	540	8 - 20	1.0	0.7	20	30	3
GL 5537		150	100	-30 ~ +70	540	18 - 50	2.0	0.7	20	30	4
GL 5539		150	100	-30 ~ +70	540	30 - 90	5.0	0.8	20	30	5
GL 5549	2	150	100	-30 ~ +60	540	45 - 140	10.0	0.8	20	30	6
GL 5616D		150	100	-30 ~ +70	560	5 - 10	1.0	0.6	30	30	2
GL 5626D		150	100	-30 ~ +70	560	8 - 20	2.0	0.6	20	30	3
GL 5637D		150	100	-30 ~ +70	560	18 - 50	5.0	0.7	20	30	4
GL 5639D		150	100	-30 ~ +70	560	30 - 90	8.0	0.8	20	30	5
GL 5649D		150	100	-30 ~ +70	560	50 - 160	20.0	0.8	20	30	6

아래 그림은 GL5549 CDS 센서의 빛 조사량에 따른 저항 성분의 변화를 보여주는 그래프이다.

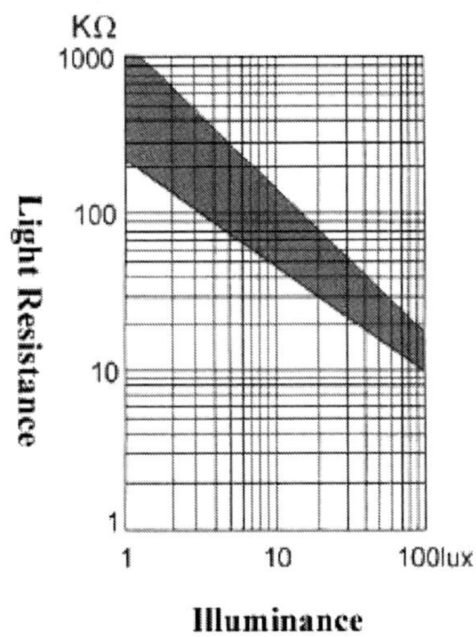

[그림 7-9] Illuminance Vs Photo Resistance

아래 그림은 빛의 파장에 따른 상대 감도 변화를 보여주는 그래프이다.

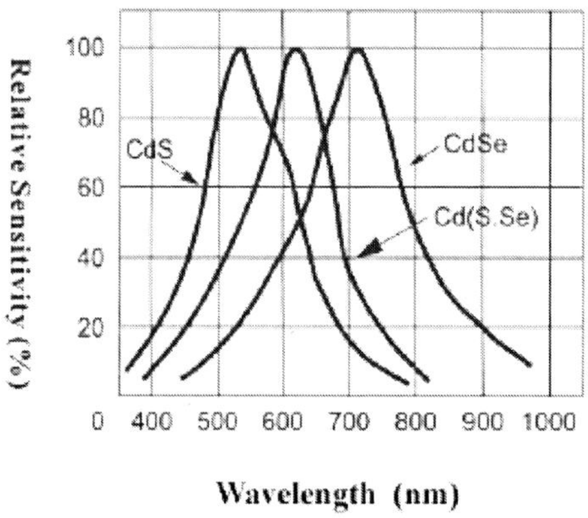

[그림 7-10] Spectral Response

아래 그림은 센서 모듈의 CDS 센서 회로도를 보여 주고 있다. CDS 센서는 전압공급을 위한 CDS_VIN 라인 그리고 직렬 저항과 연결된 센서의 출력 CDS_VOUT 라인을 갖고 있다.

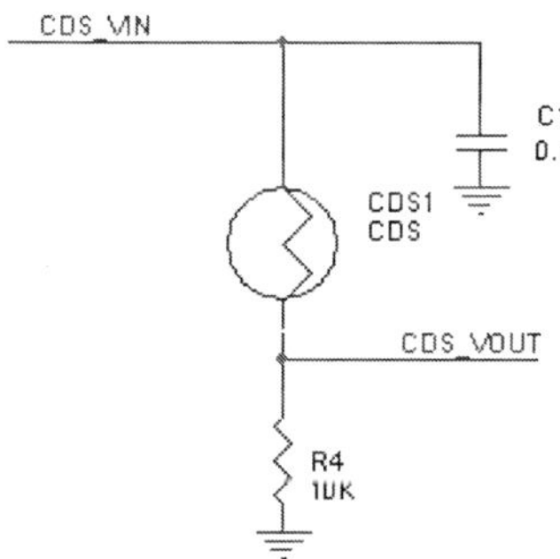

[그림 7-11] CDS 센서 회로도

7.2.3 A/D 컨버터를 이용한 CDS 센서 실습 프로그램

본 실습 프로그램에서는 CDS 즉 조도 센서와 Thermistor 즉 온도 센서값을 읽어서 Text LCD에 각각의 값들을 출력하도록 한다. 이때 조도와 온도는 아날로그 신호를 디지털 신호로 변환하여 사용해야 하기 때문에 ADC를 사용하며, 각각의 값들을 읽기 위해 두 개의 채널 즉 ADC0과 ADC1을 연결하여 사용한다.

io.h 헤더파일은 AVR-GCC에서 지원하는 AVR I/O 레지스터들에 대한 정의를 사용하기 위해 선언한다.(예: PORTE, DDRE, …)

delay.h 헤더파일은 Delay 함수인 _delay_ms() 함수를 사용하기 위해 선언되어 있다.

여기서 주의해서 살펴 볼 것이 #include "char_lcd.h" 파일이다. 이 헤더파일은 컴파일러에서 제공해 주는 것이 아니라 사용자가 정의한 헤더 파일이다. char_lcd.h 헤더파일은 앞 절에서 LCD를 제어한 함수들을 모아놓은 파일이며 메인프로그램이 있는 파일에서 사용할 때에는 #include "char_lcd.h"로 해당 파일을 포함시켜 주고 해당 함수들을 호출하여 사용하면 된다.

그리고 char_lcd.h 헤더파일은 현재 작업 중인 폴더에 같이 있어야 한다. 만일 다른 곳에 위치할 경우에는"〈경로〉char_lcd.h"과 같이 이 파일이 있는 전체 경로를 알려주어야 컴파일러가 파일의 경로를 찾아 컴파일을 수행한다.

char_lcd.h 안에 구현된 프로그램에 대한 설명은 앞 절에 이미 했기 때문에 프로그램 소스에 대하여 이해가 되지 않는다면 앞 절을 다시 보기 바란다.

① port_init() 함수를 호출하여 ADC0,1핀으로 사용되는 PF[0-1] 핀으로 CDS, Thermistor 데이터 값을 받기 위해 포트 F의 0,1 핀을 입력으로 사용할 수 있도록 포트 Data Direction 레지스터 즉 DDRF의 1,2 비트의 값 모두를 0으로 세팅시켜 입력포트로 설정한다.
② init_LCD() 함수를 호출하여 LCD관련 포트 등 초기화를 수행한다.
③ getADC(unsigned char channel) 함수를 이용하여 A/D 컨버터의 ADC0 채널로 입력되는 CDS와 ADC1 채널로 입력되는 Thermistor를 각각 ADC 채널을 변경하면서 아날로그 값을 읽어오기 위해서 ADC 변환을 시작시키고 ADC 인터럽트 플래그 비트(adc_flag)를 활용해 ADC 변환이 완료될 때까지 대기한다.
④ ADC 변환이 완료되면 ADC 인터럽트 루틴에서 변환된 데이터를 ADC 데이터 레지스터로부터 읽어오고 변환 완료 프래그 비트인 adc_flag를 1로 세트하여 getADC()함수에서 다음 변환을 시작시키고 빠져나오게 하고 main()함수에서 ADC변환 값을 활용할 수 있게 한다.
⑤ 그 후 메인프로그램에서 Text LCD 문자열 출력 함수인 lcd_string_Out()를 사용해 CDS와 Thermistor 값을 Text LCD의 두 번째 라인에 문자열을 표시하도록 프로그램을 작성한다.

프로그램을 빌드하고 장비에 다운로드 한 후 전체 동작을 살펴보면 SENSOR 모듈의 CDS 센서에 조사되는 빛을 손으로 가리면 Text LCD에 표시되는 데이터 값이 감소하고, 다시 CDS 센서를 가린 손을 치우면 Text LCD에 표시되는 데이터 값이 증가하는 것을 확인할 수 있다.

```
#include <stdio.h>
#include <avr/io.h>
#include <util/delay.h>
#include <avr/interrupt.h>
#include "char_lcd.h"
```

A/D 컨버터를 사용하기 위한 정의들과 데이터를 입력받을 변수들을 선언해 놓았다.

```
/* ADC 인터럽트시 값 저장변수 및 ADC 인터럽트 상태변수 */
unsigned int ADC_DATA_H;
unsigned int ADC_DATA_L;
unsigned char adc_flag;

/* 각 센서별 ADC 채널 정의 */
#define CDS_ADC_CHANNEL                                  0
#define THERMISTOR_ADC_CHANNEL                           1

/* 각 센서별 ADC 값 저장 변수 */
unsigned int CDS_ADC_H_VALUE;
unsigned int CDS_ADC_L_VALUE;

unsigned int THERMISTOR_ADC_H_VALUE;
unsigned int THERMISTOR_ADC_L_VALUE;
```

ISR(ADC_vect) 함수는 getADC() 함수에서 지정한 채널의 ADC변환이 발생하면 실행되는 인터럽트 서비스 루틴으로

① 변환된 ADC값 중에 하위 8비트 값을 ADC_DATA_L에 상위 8비트값을 ADC_DATA_H에 저장한다.
② 해당 채널에 대한 ADC 변환이 완료되었음을 알리는 플래그 adc_flag를 1로 세팅하여 getADC() 함수에서 다음 Free running 모드로 변환을 시작하게 하고 나갈 수 있도록 한다.

getADC(unsigned char channel) 함수는 원하는 채널에 대해 ADC변환을 수행하기 위한 함수이다.

① CDS의 경우 0, Thermistor의 경우 1에 대하여 64 분주로 ADC를 수행하고 수행 완료 후에 인터럽트가 발생하도록 모드를 세팅하기 위하여 ADCSRA 레지스터 값을 0x9E로 설정한다.
② ADMUX 레지스터에 0x40값과 채널 0 혹은 1을 비트 OR하여 해당 채널로 들어오는 아날로 그 값이 외부 AVCC 기준전압으로 ADC 동작하게 한다.
③ sei() 호출하여 인터럽트를 활성시키고 adc_flag 값을 0으로 하여 아직 ADC가 수행되지 않았음을 나타낸다.
④ 이전에 설정된 ADCSRA 레지스터 값에 0x40을 비트 OR하여 단일 전압 입력모드로 ADC변환을 시작한다.

⑤ ADC 변환이 이루어져서 인터럽트가 발생하고 ADC 값이 저장되고 ADC변환 완료 플래그인 adc_flag가 1이 될 때까지 기다린다.

⑥ 인터럽트를 비활성화 시키도록 ADC를 free running 모드로 변환을 시작시키고(이렇게 하면 ADC 인터럽트도 발생하지 않음) 다른 인터럽트 동작을 위하여 인터럽트를 활성화 한다.

port_Init() 함수는 ADC0,1 포트로 사용하는 PF[0-1]을 입력으로 설정하는 동작을 수행한다.

```
ISR(ADC_vect)
{
   ADC_DATA_L = ADCL;
   ADC_DATA_H = ADCH;

   adc_flag = 1;
}

void getADC(unsigned char channel)
{
  ADCSRA = 0x9E; // ADC enable, Free Running, Interrupt 허용, 분주비 64
  ADMUX = 0x40 | channel; // 외부 AVCC입력을 기준전압으로 사용 & AD
                                       // 채널 설정값

          sei();

          adc_flag = 0;

          ADCSRA|=0x40;   // 단일전압 입력모드에서 변환 시작

          while(1) // ADC 변환이 완료될 때까지 대기
          {
              if(adc_flag) break;
              _delay_ms(10);
          }

          cli();
          ADCSRA = 0;        // Free Running 모드에서 변환 시작
          sei();
}

void port_Init()
{
  DDRF &= ~0x03; //CDS, THERMISTOR 센서 입력용 ADC0,1(PORTF.0,1)
                           //포트를 입력으로 초기화 한다.
}
```

main() 함수에서는

① port_Init(), init_LCD() 함수를 통해서 필요한 포트 설정을 수행한다.
② Text LCD의 첫 번째 라인에 타이틀 〈CDS&THERMISTOR〉를 출력한다.
③ while(1) 문 안에서 먼저 getADC(CDS_ADC_CHANNEL) 함수를 호출하여 CDS에 대한 ADC변환을 시작하고 읽을 수 있도록 한다.
④ ADC 변환 인터럽트 서비스루틴 ISR(ADC_vect) 함수를 통해 읽어서 저장된 CDS Sensor의 ADC High, Low 값을 16bit 변수 CDS_sensor_value에 저장한다.
⑤ Thermistor에 대해 ③~④를 수행한다.
⑥ Text LCD의 두 번째 라인에 각각의 센서값을 출력한다.

```
int main()
{
  unsigned int CDS_sensor_value = 0;
  unsigned int thermistor_sensor_value = 0;
  char lcd_str[17] = "〈CDS&THERMISTOR〉";

  port_Init();
  init_LCD();

  // Text LCD의 첫번째 라인에 타이틀을 출력한다.
  lcd_string_Out(LCD_LINE1, lcd_str);

  while(1)
  {
        // CDS 센서의 ADC 값을 읽어온다.
        getADC(CDS_ADC_CHANNEL);
        CDS_ADC_H_VALUE = ADC_DATA_H;
        CDS_ADC_L_VALUE = ADC_DATA_L;

        // 읽어온 CDS Sensor의 ADC High, Low 값을 16bit 변수에 저장한다.
        CDS_sensor_value = (((unsigned int)CDS_ADC_H_VALUE << 8) &
                                 0xFF00) |  CDS_ADC_L_VALUE;
        // THERMISTOR 센서의 ADC 값을 읽어온다.
        getADC(THERMISTOR_ADC_CHANNEL);
        THERMISTOR_ADC_H_VALUE = ADC_DATA_H;
        THERMISTOR_ADC_L_VALUE = ADC_DATA_L;

// 읽어온 THERMISTOR Sensor의 ADC High, Low 값을 16bit 변수에 저장한다.
```

```
        thermistor_sensor_value =
                    (((unsigned int)THERMISTOR_ADC_H_VALUE << 8) &
                                    0xFF00) | THERMISTOR_ADC_L_VALUE;
        // Text LCD의 두번째 라인에 출력할 문자열을 생성한다.
        sprintf(lcd_str, " %04d  %04d ", CDS_sensor_value,
                                        thermistor_sensor_value);
        lcd_string_Out(LCD_LINE2, lcd_str); // Text LCD의 두번째 라인에
                                            // 각각의 센서값을 출력한다.
    }

    return 0;
}
```

프로그램을 빌드하고 장비에 다운로드 한 후 전체 동작을 살펴보면 SENSOR 모듈의 CDS 센서에 조사되는 빛을 손으로 가리면 Text LCD에 표시되는 데이터 값이 감소하고, 다시 CDS 센서를 가린 손을 치우면 Text LCD에 표시되는 데이터 값이 증가하는 것을 확인할 수 있을 것이다.

CHAPTER 8

범용 동기/비동기 시리얼 통신 -USART

ATmega128은 USART0와 USART1의 두 개의 USART 포트를 갖고 있다.

■ **AVR의 비동기 데이터 통신의 특징**

① Baud Rate 발생기
② 낮은 Clock에서 높은 Baud Rate
③ 8 or 9비트 Data
④ Noise Filtering
⑤ Overrun 검출
⑥ 플레밍 에러 검출
⑦ 비정상인 스타트 비트 검출
⑧ 3개의 인터럽트 송신 완료, 송신데이터 레지스터 비어 있음, 수신 완료

■ **MAX232**

RS-232C란? RS는 Recommended Standard의 약자이고 232는 특정규격의 식별번호이며 C는 버전을 의미한다. RS-232C는 직렬전송을 위한 규격이다. 직렬 통신전송은 한 번에 한 비트씩 전송된다.

직렬 통신 인터페이스는 최고 수 백 피트 거리의 비동기식 데이터 통신을 위해 EIA에 의해 발표되었다. 단일 종단형(차동형이 아님) 물리층으로 규정되는 직렬 통신 인터페이스는 전송을 위한 하나의 신호선, 수신을 위한 신호선, 접지선과 함께 타이밍 및 제어 신호를 사용한다. 스펙은 전기 기계적 장비 신호를 기반으로 한다. 여전히 매우 흔하게 쓰이는 인터페이스이나 최근에는 USB로 많이 대체되고 있다.

"직렬 통신"인터페이스라는 용어는 RS-232 인터페이스로 사용되곤 하는데, 이러한 용어 사용이 정확한 것은 아니다. RS-232가 직렬 통신 인터페이스이긴 하지만 RS-232 외에도 다른 직렬 통신 인터페이스가 존재한다.

1987년 직렬 통신 인터페이스가 도입되었을 때, MAX232는 단일 5V 전원만 필요했기 때문에 RS-232를 구현하는 가장 일반적인 방법이 되었다. 내장된 DC-DC 컨버터는 공식 스펙으로 요구되는 전압을 발생시켰다.

[그림 8–1] MAX232 IC 외형

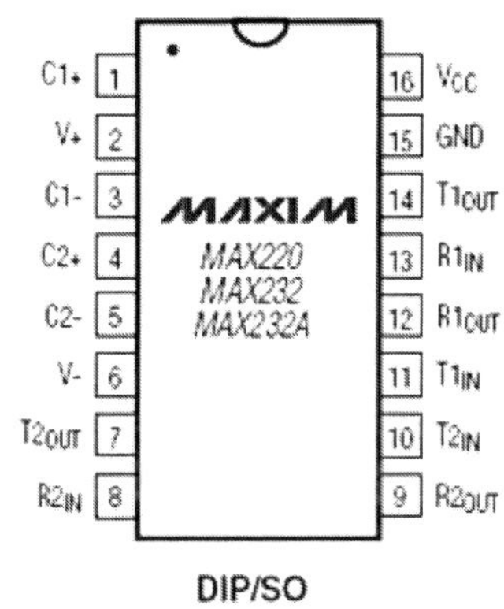

CAPACITANCE (μF)					
DEVICE	C1	C2	C3	C4	C5
MAX220	4.7	4.7	10	10	4.7
MAX232	1.0	1.0	1.0	1.0	1.0
MAX232A	0.1	0.1	0.1	0.1	0.1

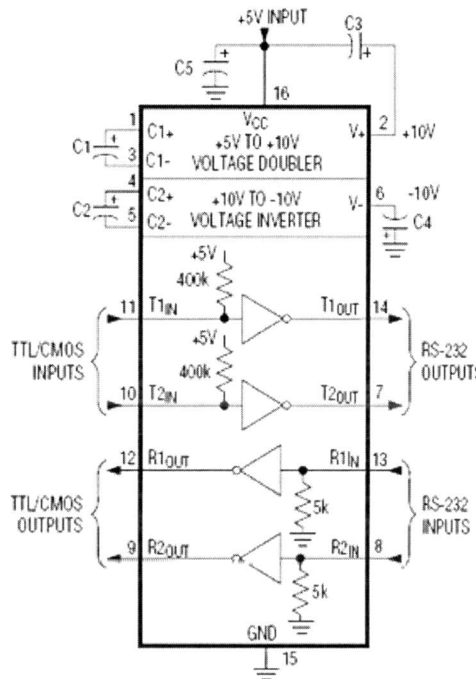

[그림 8–2] MAX 232의 내부 구조

■ **TTL–IC의 전원 단자와 다르게 15번 핀이 GND, 16번이 VCC이므로 전원인가 시 주의하자.**

PC와 장비 간에 직렬 통신을 하기 위한 컨넥터와 통신 IC이다. Max232라는 IC를 사용하고 있는데 이는 장비에서 나오는 신호를 직렬 통신 레벨로 변환시켜 주는 IC이다. 그리고 ATmega128에는 직렬 통신을 하기 위한 핀이 2종류가 있다. RXD0, RXD1, TXD0, TXD1 이렇게 단자가 두 개씩 있다. 때문에 컨넥터도 2개를 사용하고 mega128의 경우 2개의 통신포트를 여기에 연결하여 사용을 하게 된다.

[표 8-1] 데이터 신호 인식

데이터 신호	마이크로 프로세서	컴퓨터
0	0V	-10V
1	5V	10V

위와 같이 신호 차이를 해결해주는 역할을 하게 된다.

■ 핀의 정의

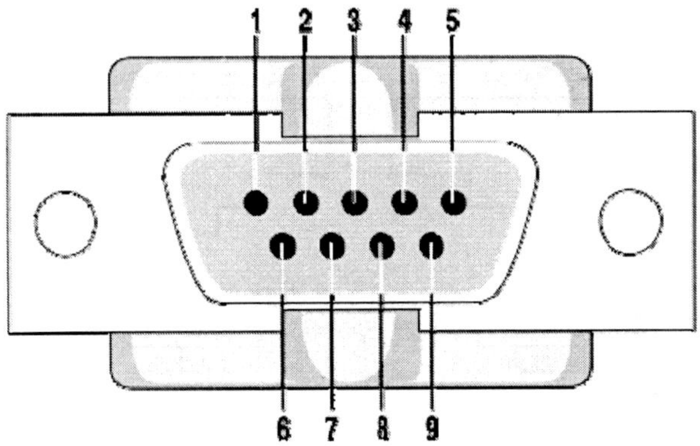

[그림 8-3] RS232C 핀 배열

[표 8-2] RS232C 핀의 정의

핀	기 능
1	반송파 검출 (Data Carrier Detect, DCD)
2	데이터 수신 (RX)
3	데이터 송신 (TX)
4	데이터 단말기 준비 (Data Terminal Ready, DTR)
5	접지 (GND)
6	송신요청 (Request to Send, RTS)
7	송신대기 (Clear to Send, CTS)
8	데이터 세트 준비 (Data Set Ready, DSR)
9	Common Return, Ring Indicator (RI)

■ RS-232C와 전송 방식

두 대의 컴퓨터가 상호 교신을 하기 위해서는 미리 규정된 약속을 지켜야 하듯이 RS-232C를 이용한 비동기식 전송에 있어서는 아래와 같은 사항이 서로 일치하지 않으면 통신이 되지 않는다.

① 통신속도

직렬 전송 시 송신측과 수신측의 전송속도를 일치시키는 일이다. 통신 속도는 시간당 데이터를 전송할 수 있는 양을 나타내며 bps로 표시.

② 스톱비트

데이터의 시작과 끝을 알리는 스타트와 스톱 비트를 사용하고 있다. 전송을 시작할 경우 논리 1을 내보내고 8비트를 전송한 후 스톱비트를 전송 한다. 스타트 비트는 고정되어 있어 사용자가 조정할 필요가 없지만 스톱 비트는 1과 1.5, 2비트중 하나를 선택한다.

③ 패리티

이것은 데이터를 전송할 때 데이터에 패리티 비트를 추가하여 외적인 방해에 의해 오류가 발생했을 경우 오류를 검출하기 사용한다. 종류로는 짝수 및 홀수 방식과 사용하지 않는 경우가 있다.

■ USART(Universal Synchronous and Asynchronous Receiver and Transmitter)의 개요

ATmega128에는 동일한 기능을 수행하는 2개의 USART(Universal Synchronous and Asynchronous Receiver and Transmitter)직렬통신 포트 USART0 및 USART1을 가지고 있는데, 이것들은 동기 및 비동기 전송 모드에서 전이중 통신이 가능하고, 멀티 프로세서 통신 모드로 동작하는 것도 가능하며, 높은 정밀도의 보레이트 발생기(Baud Rate Generator)을 내장하고 있다.

동기식 전송 모드에서 마스터(master)로 동작하는 경우에는 전송속도를 결정하는데 내부 클럭을 사용하지만, 슬레이브(slave)로 동작할 때는 XCKn 단자로 클럭 신호에 의하여 동작한다. 비동기식 전송 모드에서는 항상 내부 클럭에 의하여 보레이트가 결정된다.

전송 데이터는 5~9비트로 설정하고 스톱 비트는 1~2비트로 설정할 수 있으며, 전송 중에 패리티 비트를 사용하지 않을 수도 있고 짝수 또는 홀수 패리티(even or odd parity)를 임의로 설정하여 사용할 수 있다. 수신 동작에서는 패리티 에러(parity error), 오버런 에러(overrun error) 및 프레임 에러(frame error)를 검출하는 기능을 가지고 있다.

USART직렬통신 포트에서는 송신완료(TX Complete), 송신 데이터 레지스터 준비완료(TX Data Register Empty), 수신 완료(RX Complete) 등 3가지의 인터럽트를 사용할 수 있다.

ATmega128의 USART직렬통신 포트의 내부 구성 블록도를 보였다. 여기서 n은 2개의 USART에 해당하는 0 또는 1이다.

ATmega128의 USART0 및 USART1은 각각 크게 클럭 발생부, 송신부, 수신부의 3가지 구성 부분으로 이루어진다. 클럭 발생부는 보레이트 발생기와 동기 모드에서 클럭과 동기를 취하는 회로 등으로 구성된다. 송신부는 송신 버퍼, 송신 시프트 레지스터, 패리티 발생기 등으로 구성된다. 수신부는 가장 복잡하여 수신 버퍼, 수신시프트 레지스터, 패리티 검사기 등으로 구성된다.

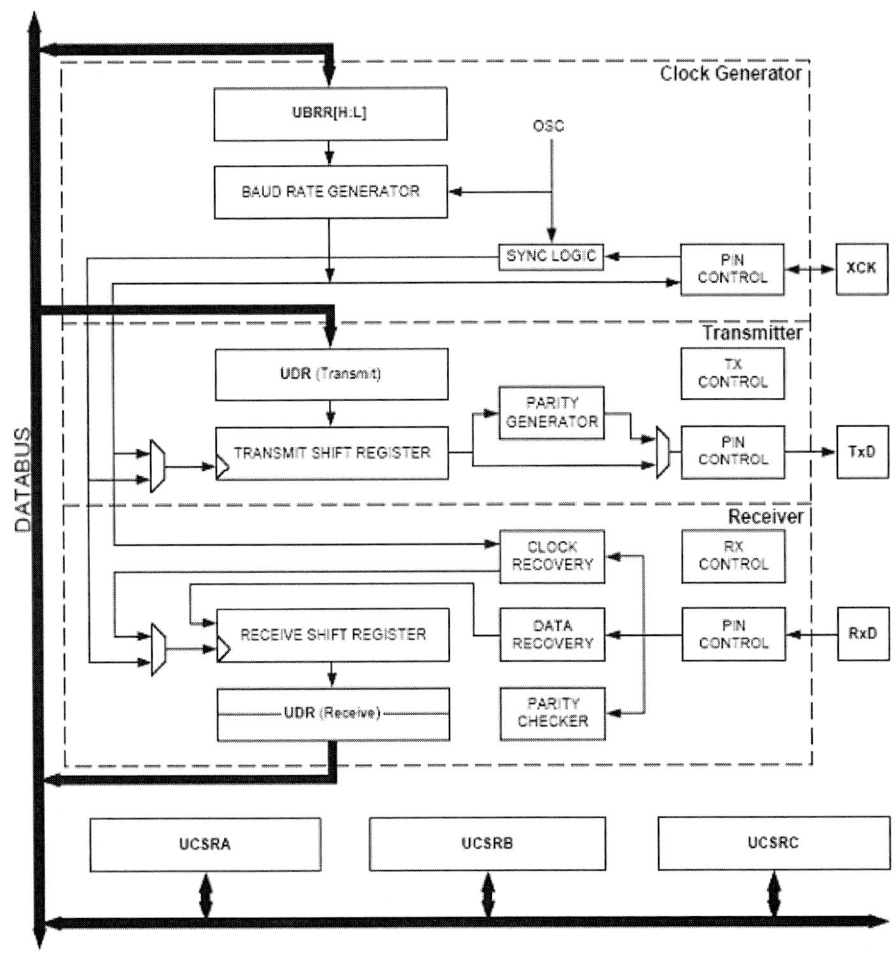

[그림 8-4] USART 직렬통신 포트의 구성 블록도

8.1 USART 통신

① 전송 데이터 포맷

직렬 전송 데이터의 구성 포맷(format)은 1 스타트 비트(start bit), 5~9 데이터 비트(data bit), 1 패리티 비트(parity bit), 1~2스톱 비트(stop bit)이다. 이와 같이 데이터 비트와 스톱비트의 길이는 사용자가 설정할 수 있으며, 패리티 비트는 사용하지 않을 수도 있고 사용한다면 짝수 패리티 방식과 홀수 패리티 방식을 지정할 수 있다.

이와 같이 ATmega128에서 1개의 전송 프레임은 최소 7비트에서 최대 13비트로 구성될 수 있는데, 이를 그림으로 설명하면 [그림 8-5]와 같다.

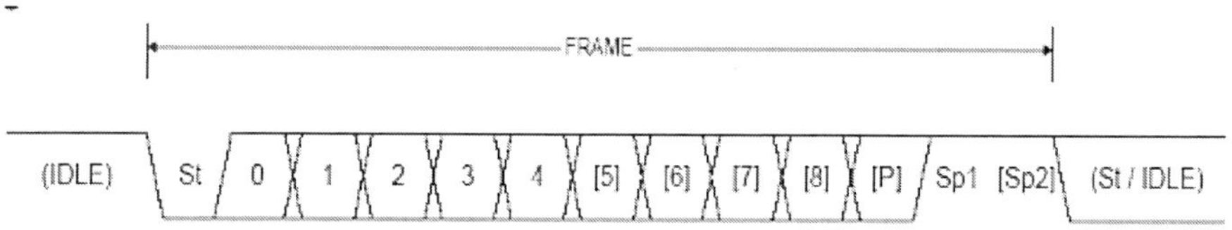

St	Start bit, always low.
(n)	Data bits (0 to 8).
P	Parity bit. Can be odd or even.
Sp	Stop bit, always high.
IDLE	No transfers on the communication line (RxD or TxD). An IDLE line must be high.

[그림 8–5] 직렬 전송 데이터의 포맷

데이터 포맷에 패리티 비트를 사용하도록 설정한 경우에는 데이터를 수신할 때 패리티를 계산하여 전송 에러를 체크한다. 또한, 첫 번째의 스톱 비트까지 프레임을 체크하여 이 비트가 low로 검출되면 프레임 에러가 된다. 2스톱 비트로 설정된 경우에도 2번째의 스톱 비트는 수신부에 의하여 무시되며, 이는 수신부의 처리동작이 느릴 경우에 대비하여 송신부에서 다음 데이터를 전송하는 동작을 지연시키는 효과가 있을 뿐이다.

② 동기식 통신

동기식은 일정의 클럭에 동기하여 데이터를 송수신하는 통신방법이다. ATmega128에서 동기식 모드가 사용될 때(UMSEL=1)에는 XCK핀이 동기 클럭 입력(slave) 또는 동기 클럭 출력(master)으로 동작한다. 이 때 클럭 에지와 데이터 샘플링 그리고 클럭 에지와 데이터 변화간의 상호의존 관계는 같다. RxD상의 데이터 입력은 TxD상의 데이터 출력이 바뀔 때의 에지와 반대 에지에서 샘플링 된다.

UCRSC 레지스터의 UCPOL 비트는 어떤 XCK클럭 에지가 데이터 샘플링에 사용되고 어떤 것이 데이터 변화에 사용되는지를 지정한다. [그림 8-6]과 같이 UCPOL=0이면 입력데이터는 XCK의 상승에지에서 변화하고 하강에지에서 샘플된다. 그리고 UCPOL=1 이면 입력데이터는 XCK의 하강에지에서 변화하고 상승에지에서 샘플링된다.

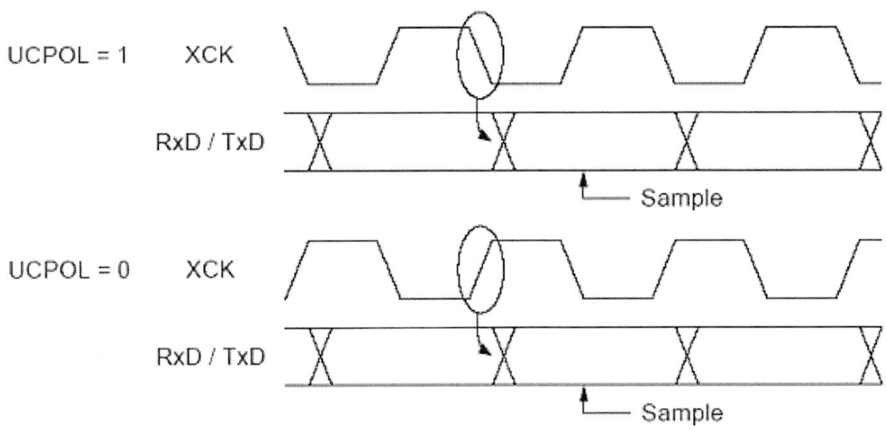

[그림 8-6] 동기 모드에서 XCKn 클럭의 동작 타이밍

USART의 동기식 모드는 동기식 통신 그 자체라기보다는 병렬 I/O포트 확장방법으로 주로 사용된다. 이 모드에서는 단지 시프트 레지스터를 외부에 더함으로써 이것을 병렬 I/O포트로 사용할 수 있다. 즉 동기식 모드의 I/O확장 기능을 이용하면 직렬포트를 마치 병렬포트처럼 사용할 수 있어서 병렬 I/O포트가 부족한 경우에 매우 긴요하게 사용할 수 있다. 이 경우 동기 클럭은 다른 마이크로컨트롤러와는 달리 XCK을 통하여 송수신되고, 시프트레지스터로 가는 직렬 데이터는 TxD를 통하여 출력되고, 시프트레지스터로부터 들어오는 직렬 데이터는 RxD를 통하여 입력된다.

③ 비동기식 통신

비동기 전송 모드에서는 수신 데이터의 정확한 검출을 위하여 16배 주파수 또는 8배수 주파수를 사용하여 데이터를 샘플링한다. 즉 일반 모드에서는 데이터를 샘플링한다. 즉 일반 모드에서는 데이터 샘플링에 사용되는 주파수를 보레이트의 16배 주파수로 사용하고, 2배속 모드에서는 8배 주파수로 사용한다. 이렇게 하면 1비트의 신호를 샘플링 할 때 16개 또는 8개의 클럭 주기에서 중앙부를 사용함으로써 클럭 주파수에 어느 정도의 오차가 있는 경우에도 검출의 정확도를 높일 수 있게 된다.

그런데 이러한 기능 이외에도 ATmega128에는 전압 스파이크(spike)잡음에 의하여 데이터 수신에 오류가 발생하는 것을 방지하기 위하여 1비트를 3차례 검출하는 방법을 사용한다. 즉 아래의 그림 (a)에서 보면 스타트 비트를 검출할 때 일반 모드에서는 16개의 샘플링 클럭 주기 중에 8~10번째 주기에서 각각 1번씩 신호를 샘플링하고 이중에서 2차례 이상 검출된 논리값을 검출 결과로 처리한다. 2배속 모드에서는 8개의 샘플링 클럭 주기 중에 4~6번째 주기에서 각각 1번씩 신호를 샘플링하고 이중에서 2번 이상 검출된 값을 검출 결과로 처리한다. 그림에서 검출 순서를 0으로 표시한 것은 직렬전송 동작이 수행되지 않는 idle 상태를 나타낸다.

이와 같이 스타트 비트가 검출되면 16개(2배속 모드에서는 8개)의 클럭 주기가 지난 후에 데이터 비트가 시작되는 것으로 동기를 취하여 n개의 데이터 비트를 수신한다. 데이터 비트나 패리티 비트의 수신 동작도 위의 그림 (b)와 같이 1비트의 중앙부에서 3차례 샘플링 된다.

그러나 스톱비트의 수신 동작은 다소 다르다. 이는 위의 그림 (c)에 보였는데, 1비트의 중앙에서 3차례 샘플링되는 것은 앞에서와 동일하지만, 일단 스톱 비트가 검출되고 나면 그 이후의 스톱 비트 지속시간은 수신부에 의해 무시된다. 그 이후에는 (a)~(c)의 경우처럼 아무 때나 하강 에지가 발생하더라도 이는 그 다음 프레임의 스타트 비트로 간주된다.

만약, 데이터가 실제로 입력되는 전송속도에 비하여 수신부가 내부적으로 동작하는 보레이트가 너무 빠르거나 느리다면 올바른 데이터의 수신을 기대할 수 없다.

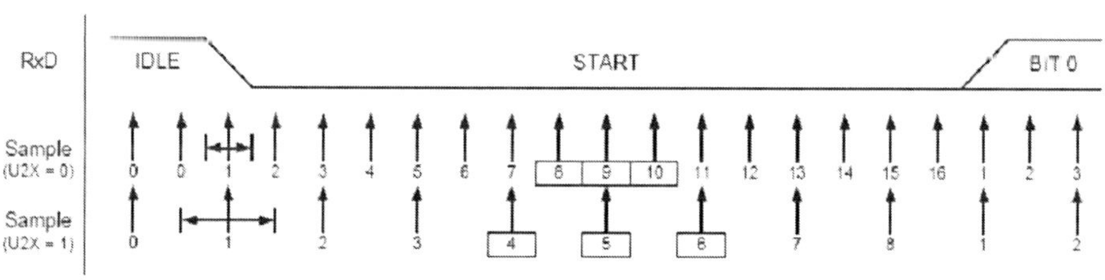

(a) 스타트 비트의 샘플링

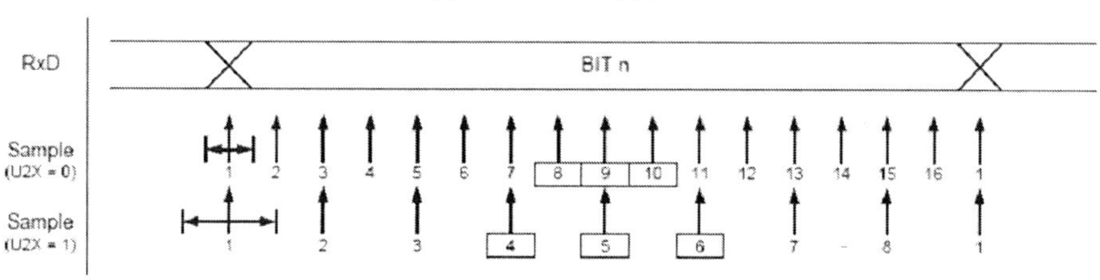

(b) 데이터 비트 또는 패리티 비트의 샘플링

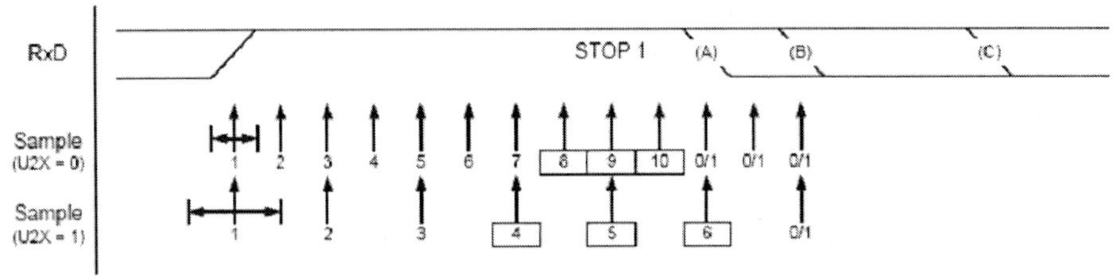

(c) 스톱 비트의 샘플링

[그림 8-7] 비동기 모드에서 1비트의 샘플링 동작

④ 멀티프로세서 통신 모드

멀티프로세서 통신 모드는 1개의 마스터 프로세서가 여러 개의 슬레이브 프로세서에게 특정한 어드레스를 전송함으로써 1개의 슬레이브만을 지정하여 데이터를 전송하는 동작 모드이다. 이를 위해 마스터인 송신 측에서는 특별한 모드 설정이 필요 없지만 여러 개의 슬레이브 수신 측은 UCSRnA 레지스터의 MPCMn 비트를 1로 지정하여 어드레스 프레임이 수신되기를 기다린다. 이때 마스터는 8데이터 비트에 지정하고자 하는 어드레스와 함께 9번째 비트 TXB8n을 1로 만든 어드레스 프레임을 송신한다.

그러면 모든 슬레이브는 이 어드레스 프레임을 수신하여 자신에게 해당되는 어드레스인지를 확인하고 이것이 자신의 어드레스인 것을 확인한 1개의 슬레이브만 MPCMn 비트를 0으로 클리어하여 이후에 전송될 데이터 프레임을 수신할 수 있도록 한다. 나머지의 선택되지 않은 슬레이브들은 계속하여 MPCMn 비트를 1로 유지한 채 어드레스 프레임이 수신되기를 기다린다. 선택된 슬레이브는 데이터 프레임을 수신하고 이것이 완료되면 다시 MPCMn 비트를 1로 설정하여 어드레스 프레임의 수신 대기 상태로 들어간다.

8.2 USART 관련 레지스터

8.2.1 UDR(USART I/O Data Register) 및 UDRn 레지스터

UDR레지스터는 USART포트의 데이터 버퍼의 기능을 수행한다. 각 포트의 송신 및 수신 버퍼는 동일한 번지에 위치하지만 내부적으로는 서로 다른 별개의 레지스터로서, 송신할 데이터를 UDRn에 쓰면 이는 송신 데이터 버퍼 TXBn에 저장되고, 수신된 데이터를 UDRn으로 읽으면 이는 수신 데이터 버퍼 RXBn에 수신되어 있는 값이 읽혀진다. 전송 데이터 문자를 5~7비트로 설정하면 송신의 경우에는 사용하지 않은 상위 비트들이 무시되고, 수신의 경우에는 이 상위 비트들이 수신부에서 0으로 처리된다. 송신버퍼는 UCSRnA레지스터의 UDREn 플래그 비트가 1로 되어 있는 경우에만 쓸 수 있으며, UDREn 플래그비트가 0으로 되어 있는 경우에는 만약 UDRn에 데이터를 쓰더라도 이는 송신부가 무시한다.

Bit	7	6	5	4	3	2	1	0
UDR0(Read)	RXB0[7:0]							
UDR0(Write)	TXB0[7:0]							
R/W	R/W	R/W	R/W	R/W	R/W	R/W	R/W	R/W
Initial Value	0	0	0	0	0	0	0	0

[그림 8-8] UDRn 레지스터 구조

8.2.2 UCSRA(USART Control and Status Register A)

UCSRA(USART Control and Status Register A)레지스터는 USART포트의 송수신 동작을 제어하거나 송수신 상태를 저장하는 기능을 수행한다.

Bit	7	6	5	4	3	2	1	0
UCSRA	RXC	TXC	UDRE	FE	DOR	UPE	U2X	MPCM
R/W	R	R/W	R	R	R	R	R/W	R/W
Initial Value	0	0	1	0	0	0	0	0

- RXC : 수신 완료 플래그
  - 1: 수신버퍼에 판독하지 않은 데이터가 있음
  - 0: 수신버퍼가 empty되어 있음
- TXC : 송신 완료 플래그
  - 1: TSR내의 모든 frame이 Shift out되었음 송신 UDR에는 데이터가 없음
  - 0: 송신 완료 인터럽트가 실행되면 리셋
- UDRE : UDR Empty 플래그
  - 1: 송신 UDR Empty, 기록 가능 상태
- FE : Frame Error 플래그
  - 1: 수신버퍼에 있는 문자에 frame error가 있을 때
  - 0: UCSRA에 기록을 할 때는 0으로 함
- DOR : Data Over Run 플래그
  - 1: 데이터 Over Run 조건이 검지되면 세트됨
  - 0: UCSRA에 기록을 할 때 0으로 됨
- UPE : Parity Error 플래그
  - 1: 수신버퍼에 있는 문자에 Parity Error가 있을 때
  - 0: UCSRA에 기록을 할 때는 0으로 해야 함
- U2X : USART의 송신속도를 배가
  - 1: 비동기 통신의 송신률를 배가(double)
  - 0: 동기식으로 사용할 때는 0으로 함
- MPCM : 다중 프로세서 모드 enable
  - 1: 주소정보를 포함하지 않는 frame은 무시됨
  - 0: 무시되지 않음

[그림 8-9] UCSRA 레지스터 구조

■ Bit 7 – RXC : USART Receive Complete

이 플래그는 아직 읽지 않은 데이터가 수신 버퍼에 남아 있을 때, 즉 수신된 문자가 수신 시프트 레지스터에서 UDR에 옮겨갈 때 세트된다. 이 비트는 Framing Error의 발생여부에 관계없이 세트된다. 이 비트가 세트되고 UCSRB의 RXCIE비트와 SREG의 I비트가 이미 세트되어 있으면 USART0의 경우 벡터번호 19(벡터주소 $0024)의 수신완료(RX Complete) 인터럽트가 발생한다. 이 플래그는 수신버퍼가 empty될 때 즉 UDR을 읽어 들이면 클리어된다.

인터럽트에 의해서 데이터를 수신할 때에는 인터럽트 루틴에서 UDR을 읽어 들여야 이 비트가 클리어된다.

■ Bit 6 – TXC : USART Transmit Complete

이 비트는 송신 시프트레지스터에 있는 모든 frame(stop 비트를 포함한 문자 비트)가 시프트 아웃되고 새로운 데이터가 송신용 UDR에 들어오지 않을 때 세트된다. 이 플래그는 특히 반이중(half-duplex)통신 인터페이스에 유용한데, 여기서는 송신 시에 수신모드로 들어가야 하고 송신이 끝나자마자 통신버스를 놓아주어야 하기 때문이다.

이 비트가 세트되고 그 이전에 UCSRB의 TXCIE 비트와 SREG의 I비트가 세트되어 있으면 USART0의 경우 벡터번호 21(벡터주소 $0028)의 송신완료(Tx Complete) 인터럽트가 발생한다. 이 비트는 해당 인터럽트에 벡터 될 때 하드웨어에 의해서 클리어된다.

■ Bit 5 – UDRE : USART Data Register Empty

이 플래그는 송신용 UDR에 기록된 데이터가 TX시프트레지스터에 옮겨갈 때, 즉 송신용 UDR가 새로운 데이터를 받아들일 준비가 되어 있을 때 세트된다. 그러므로 이 비트가 세트되는 것은 송신부가 송신할 새로운 데이터를 받아들일 준비가 되어 있음을 뜻한다.

이 비트가 세트되고 그 이전에 UCSRB의 UDRIE 비트와 SREG의 I비트가 세트되어 있으면 USART0의 경우 벡터번호 20(벡터번호 $0026)의 Data Register Empty인터럽트가 발생한다. 인터럽트에 의해서 송신을 할 때는 그 루틴에서 UDR에 데이터를 다시 기록해야만 이 비트가 클리어된다. 이것도 예외적인 것이니 유의하기 바란다. 리셋 후에 이 비트는 1로 세트된다. 즉 이 비트의 디폴트 값은 1이다. 이것을 리셋 후에 별다른 조치 없이 송신을 할 수 있음을 뜻한다.

■ Bit 4 – FE : Framing Error

이 비트는 수신버퍼 내에 문자에 Framing Error가 있을 때, 즉 수신버퍼에 있는 문자의 최초 Stop비트가 0일 때 세트된다. 이 비트는 수신버퍼(UDR)를 읽어 들일 때까지 유효하다. 이 비트는 수신된 데이터의 Stop비트가 1일 때 자동적으로 클리어된다. UCSRA의 해당 비트에 1을 기록할 때에도 이 비트는 클리어된다.

■ Bit 3 – DOR : Data OverRun

이 비트는 Data OverRun조건이 검출될 때, 즉 수신버퍼가 찰 때, 다시 말해서 2개의문자가 수신버퍼에 있을 때 세트된다. 이 비트는 수신버퍼(UDR)에 있는 데이터가 읽혀지기까지 유효하다. UCSRA의 해당 비트에 1을 기록할 때 이 비트는 클리어된다.

■ Bit 2 – UPE : Parity Error

이 플래그는 패리티 검사가 허용(UPM1 = 1)된 가운데 수신버퍼에 있는 문자가 parity error를 가질 때 세트된다. 이 비트는 수신 UDR을 읽어 들일 때까지 유효하다. UCSRA의 해당 비트에 1을 기록할 때 이 비트는 0으로 클리어된다.

■ Bit 1 – U2X : Double the USART Transmission Speed

이 비트는 비동기식 동작에서만 의미가 있는 것이고, 동기식 동작에서는 이 비트를 0으로 해야 한다. 이 비트를 1로 하면 보율의 분주를 16에서 8로 함으로써 비동기식 통신의 송신율을 2배로 한다.

■ Bit 0 – MPCM : Multi-Processor Communication Mode

이 비트는 다중 프로세서 통신 모드를 가능케 한다. 이 비트를 1로 하면 수신되는 frame이 주소정보를 포함하지 않으면 무시된다. 송신 그 자체는 이 비트와는 무관하다

8.2.3 UCSRB(USART Control and Status Register B)

UCSRB 레지스터는 USART포트의 송수신 동작을 제어하거나, 전송 데이터를 9비트로 설정한 경우에 전송 데이터의 9번째 비트 값을 저장하는 기능을 수행한다.

Bit	7	6	5	4	3	2	1	0
	RXCIE	TXCIE	UDRIE	RXEN	TXEN	UCSZ2	RXB80	TXB8
R/W	R/W	R/W	R/W	R/W	R/W	R/W	R/W	R/W
Initial Value	0	0	0	0	0	0	0	0

- RXCIE : 수신완료 인터럽트 허용
  - 1: 허용
  - 0: 불허
- TXCIE : 송신완료 인터럽트 허용
  - 1: 허용
  - 0: 불허
- UDRIE : UDRE 인터럽트 허용
  - 1: 허용
  - 0: 불허
- RXEN : 수신 허용
  - 1: 허용
  - 0: 불허
- TXEN : 송신 허용
  - 1: 허용
  - 0: 불허
- UCSZ2 : 문자 길이 UCSZ1:0과 함께 송수신 데이터 길이를 결정
- RXB8 : 수신된 9번째 데이터 비트
- TXB8 : 송신될 9번째 데이터 비트

[그림 8-10] UCSRB 레지스터 구조

■ Bit 7 – RXCIE : 수신완료 인터럽트 허용

이 비트는 USART 수신완료 인터럽트를 개별적으로 허용한다. 이 비트가 세트되고 SREG의 I비트가 세트되어 있으면 UCSRA의 RXC비트가 세트될 때 USART0의 경우 벡터번호 19(벡터주소 $0024)의 USART 수신완료 인터럽트(Rx Complete)가 발생한다.

■ Bit 6 – TXCIE : 송신완료 인터럽트 허용

이 비트는 USART 송신완료 인터럽트를 개별적으로 허용한다. 이 비트가 세트되고 전체허용 비트(I)가 세트되어 있을 때 UCSRA의 TXC비트가 세트되면 USART0의 경우 벡터번호 20(벡터주소 $0028)의 USART 송신완료(Tx Complete)인터럽트가 발생한다.

■ Bit 5 – UDRIE : USART Data Register Empty 인터럽트 허용

이 비트는 UDRE인터럽트를 개별적으로 허용한다. 이 비트가 세트되고, 전체허용 비트(I)가 세트되어 있을 때 UCSRA의 UDRE비트가 세트되면 USART0의 경우 벡터번호 20(벡터주소 $0026)의 USART 데이터레지스터 Empty(UDRE)인터럽트가 발생한다.

■ Bit 4 – RXEN : 수신허용

이 비트를 세트해두면 USART 수신이 가능해진다. 수신이 가능해지면 RxD/PE0핀은 포트 기능이 불가능해진다. 수신부가 수신 불허 상태이면 UCSRA의 UPE, DOR, FE 등의 상태플래그는 세트될 수 없다. 이 비트를 클리어해도 UPE, DOR, FE등의 플래그는 클리어되지 않는다.

■ Bit 3 – TXEN : 송신허용

이 비트를 세트해두면 USART송신이 가능해진다. 역시 송신이 가능해지면 TxD/PE1핀은 포트 기능이 불가능해진다. 송신 중에 송신불허로 하면 현재 TX시프트레지스터에 있는 데이터와 UDR에 있는 데이터가 완전히 송신된 후에야 송신이 금지(disable)된다.

■ Bit 2 – UCSZ2 : Character Size

이 비트는 UCSRC의 UCSZ1:0비트와 결합하여 수신 및 송신 데이터 비트의 수를 지정한다. USCZ2:0가 111이면 송수신 문자는 9비트 길이로 된다. 리셋 상태에서 UCSRC의 USCZ1:0은 11로 되므로 결국 USCZ2=1이면 9비트 문자로 된다.

■ Bit 1 – RXB8 : 수신 데이터 비트 8

USCZ2:0 = 111이어서 9비트 길이의 직렬 frame을 사용하면 RXB8은 수신 데이터의 9번째 데이터 비트가 된다. UDR로부터 하위 비트들을 읽어 들이려면 그 이전에 이 비트부터 읽어 들어야 한다.

■ Bit 0 – TXB8 : 송신 데이터 비트 8

USCZ2:0 = 111인 경우에는 이 비트가 송신될 9번째 데이터 비트가 된다. UDR에 하위 비트들을 기록하려면 그 이전에 이 비트부터 기록해야 한다.

8.2.4 UCSRC 레지스터(USART Control and Status Register C)

UCSRC레지스터는 USART포트의 송수신 동작을 제어하는 기능을 수행한다.

Bit	7	6	5	4	3	2	1	0
UCSRC	-	UMSEL	UPM1	UPM0	USBS	UCSZ1	UCSZ0	UCPOL
R/W	R/W	R/W	R/W	R/W	R/W	R/W	R/W	R/W
Initial Value	0	0	0	0	0	1	1	0

[그림 8-11] UCSRC 레지스터 구조

■ **Bit 6 – UMSEL : USART모드 선택**

이 비트는 비동기와 동기 모드를 선택한다.

UMSEL	모드
0	비동기 동작
1	동기 동작

■ **Bit 5:4–UPM1:0:패리티 모드**

이들 비트는 패리티의 생성 및 체크 형태를 허용 및 지정한다. 패리티가 허용되면 송신기는 각 frame 내 송신 데이터 비트 중 패리티 비트를 생성해서 내보낸다. 수신기는 수신된 데이터에 대한 패리티 비트를 만들어서 UPM0와 비교한다. 만약 서로 맞지 않으면 UCSRA의 UPE 플래그를 세트한다.

UPM1	UPM0	패리티 모드
0	0	패리티 금지
0	1	예약
1	0	우수 패리티
1	1	기수 패리티

■ **Bit 3 – USBS : Stop 비트 선택**

이 비트는 송신기가 삽입할 Stop비트의 수를 선택한다. 수신기는 이것을 무시한다.

■ **Bit 2:1–UCSZ1:0:문자의 길이**

UCSZ2	UCSZ1	UCSZ0	문자 길이
0	0	0	5비트
0	0	1	6비트
0	1	0	7비트
0	1	1	8비트
1	0	0	예약
1	0	1	예약
1	1	0	예약
1	1	1	9비트

이들 비트는 UCSRB의 UCSZ2와 결합하여 송수신기에 사용하는 frame의 데이트 비트 수를 지정한다.

■ Bit 0 – UCPOL : 클럭 극성

이 비트는 동기모드에서만 사용된다. 비동기 모드에서는 이 비트를 0으로 해야 한다. 이 비트는 데이터 출력 변화와 데이터 입력 샘플, 그리고 동기 클럭(XCK)간의 관계를 세트 한다.

8.2.5 UBRRH/L 레지스터(USART Baud Rate Register)

UBRRH/L 레지스터는 16비트 중에서 12비트만 유효한 것으로서, USART포트의 송수신 속도를 설정하는 기능을 수행한다. 즉 이 레지스터 값은 클럭의 분주비로 작용하여 직렬포트의 전송속도인 보레이트를 결정한다. 16비트 레지스터에 데이터를 쓰는 경우에는 항상 상위 바이트인 UBRRH를 먼저 쓰고 하위 바이트인 UBRRL를 나중에 써야 한다.

Bit	15	14	13	12	11	10	9	8
	-	-	-	-	UBRR[11:8]			
	UBRR[7:0]							
Bit	7	6	5	4	3	2	1	0
R/W	R	R	R	R	R/W	R/W	R/W	R/W
	R/W	R/W	R/W	R/W	R/W	R/W	R/W	R/W
Initial Value	0	0	0	0	0	0	0	0
	0	0	0	0	0	0	0	0

[그림 8-12] UBRRH/L 레지스터 구조

설정된 UBRR레지스터에 대하여 보레이트를 계산하는 공식이나, 반대로 원하는 보레이트를 설정하기 위한 UBRR레지스터의 값을 구하는 공식을 동작 모드 별로 요약하면 다음과 같다.

[표 8-3] UBRR 레지스터의 값을 구하는 공식을 동작 모드 별로 요약

동작 모드	비트/초를 결정하는 공식	UBRR 레지스터 값을 결정하는 공식
비동기 일반 모드 (U2Xn=0)	$Baud = \frac{f_{osc}}{16(UBRR+1)}$	$UBRR = \frac{f_{osc}}{16 \times BAUD} - 1$
비동기 2배속 모드 (U2Xn=1)	$Baud = \frac{f_{osc}}{8(UBRR+1)}$	$UBRR = \frac{f_{osc}}{8 \times BAUD} - 1$
동기 마스터 모드	$Baud = \frac{f_{osc}}{2(UBRR+1)}$	$UBRR = \frac{f_{osc}}{2 \times BAUD} - 1$

동기 슬레이브 모드에서 XCKn단자로 입력되는 클럭의 주파수가 그대로 보레이트가 된다. 여기서 BAUD의 단위는 bps(bit per second)이며, UBRR은 12비트만을 사용하므로 0~4095 범위의 값을 가질 수 있다. 이 공식에 따라 ATmega128에 16MHz의 시스템 클럭을 사용하는 경우 각 비트/초 별로 이에 필요한 UBRR 레지스터의 값을 계산해보면 다음과 같다.

[표 8-4] 비트/초 별로 이에 필요한 UBRR 레지스터의 값

Baud Rate (bps)	f_{osc} = 1.0000 MHz				f_{osc} = 1.8432 MHz				f_{osc} = 2.0000 MHz			
	U2X = 0		U2X = 1		U2X = 0		U2X = 1		U2X = 0		U2X = 1	
	UBRR	Error	UBRR	Error	UBRR	Error	UBRR	Error	UBRR	Error	UBRR	Error
2400	25	0.2%	51	0.2%	47	0.0%	95	0.0%	51	0.2%	103	0.2%
4800	12	0.2%	25	0.2%	23	0.0%	47	0.0%	25	0.2%	51	0.2%
9600	6	-7.0%	12	0.2%	11	0.0%	23	0.0%	12	0.2%	25	0.2%
14.4k	3	8.5%	8	-3.5%	7	0.0%	15	0.0%	8	-3.5%	16	2.1%
19.2k	2	8.5%	6	-7.0%	5	0.0%	11	0.0%	6	-7.0%	12	0.2%
28.8k	1	8.5%	3	8.5%	3	0.0%	7	0.0%	3	8.5%	8	-3.5%
38.4k	1	-18.6%	2	8.5%	2	0.0%	5	0.0%	2	8.5%	6	-7.0%
57.6k	0	8.5%	1	8.5%	1	0.0%	3	0.0%	1	8.5%	3	8.5%
76.8k	–	–	1	-18.6%	1	-25.0%	2	0.0%	1	-18.6%	2	8.5%
115.2k	–	–	0	8.5%	0	0.0%	1	0.0%	0	8.5%	1	8.5%
230.4k	–	–	–	–	–	–	0	0.0%	–	–	–	–
250k	–	–	–	–	–	–	–	–	–	–	0	0.0%
Max [1]	62.5 kbps		125 kbps		115.2 kbps		230.4 kbps		125 kbps		250 kbps	

이 표에서는 UBRR레지스터의 값을 이와 같이 설정하는 경우 표준 보레이트와 실제로 동작하는 전송 속도 사이의 오차를 계산하여 제시하였는데, 나중에 설명하는 바와 같이 230.4kbps인 경우를 제외한 모든 전송 속도에서는 거의 동작에 영향을 주지 않는 무시할 수 있는 오차가 된다.

8.3 UART 통신 Loopback 실습

■ **실습 목적:**

ATmega128에서 활용도가 높은 UART를 사용하기 위한 관련 레지스터들에 대한 설정 방법 및 시리얼 통신 방식을 이해한다.

8.3.1 UART 통신 Loopback 실습 회로

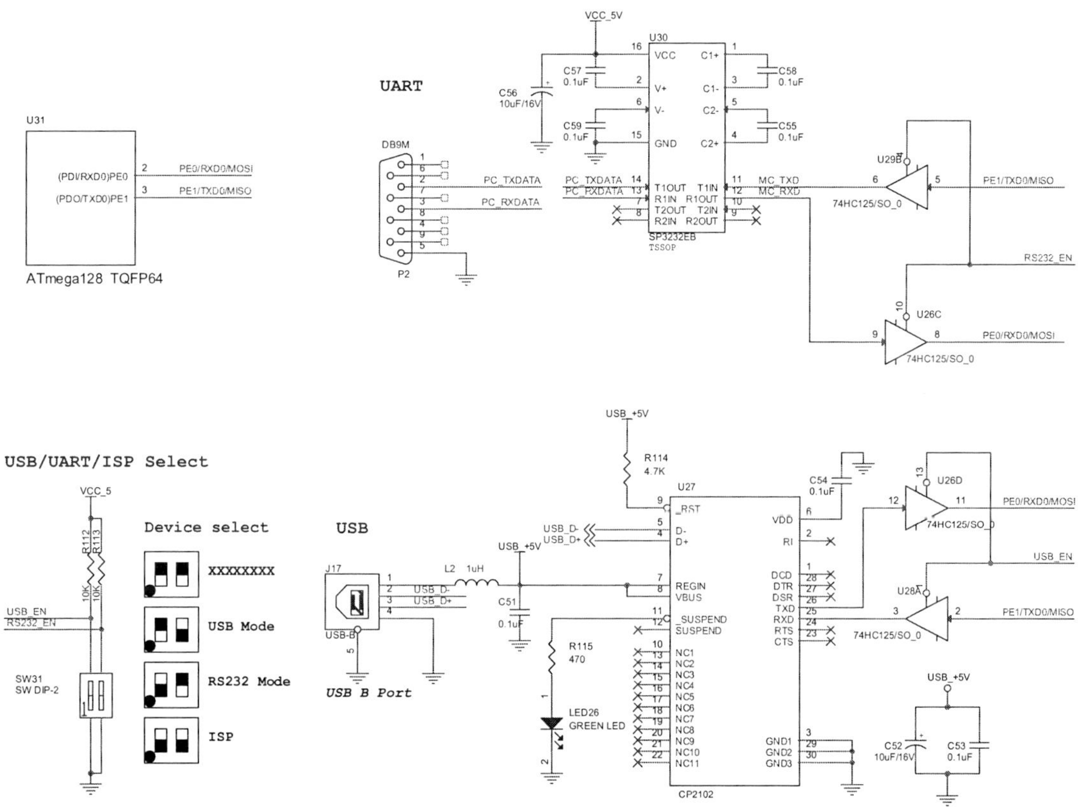

[그림 8-13] UART 시리얼 Loopback 실습 회로도

ATmega128의 UART0의 RXD0와 TXD0포트는 AVR Studio에서 프로그램을 작업을 하고, 컴파일 후 생성된 이미지를 다운로드 시 ISP 포트의 기능을 수행하는 MOSI, MISO 포트로도 동작을 한다.

만일 UART0 포트쪽에 다른 RS232나, FT232 등과 같은 통신 드라이버가 연결되어 있다면

ISP 장비를 이용하여 프로그램을 다운로드 시 오동작을 수행할 수도 있기 때문에 3상태 버퍼인 74HC125 IC를 이용하여 UART0의 RXD0와 TXD0 포트에 연결된 디바이스를 선택할 수 있도록 회로가 구성되어 있다.

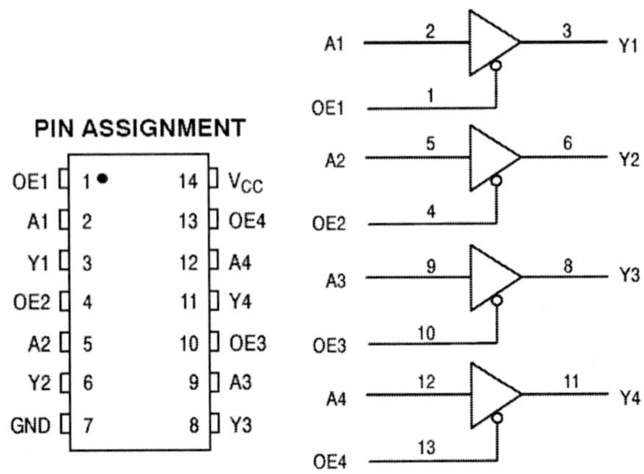

FUNCTION TABLE

HC125		
Inputs		Output
A	OE	Y
H	L	H
L	L	L
X	H	Z

[그림 8-14] 7HC125 구성

74HC125 로직 심볼을 살펴보면 OE1~OE4번을 살펴보면 '1'일 때에는 출력이 High-Z 상태이고 '0'일 때 출력은 입력된 출력을 바이패스 시켜주는 동작을 한다.

이러한 동작상태를 이용하여 UART로 사용할 때에는 DIP Switch를 이용하여 OE 포트를'0'으로 설정하고, 나머지 USB나 ISP 포트는'1'로 설정하고 UART외 포트들은 사용하지 못하도록 한다.

같은 방법으로 USB 포트를 이용하려면 DIP Switch를 '0'으로 설정하고 UART와 ISP 포트의 OE를 '1'로 설정하여 사용하면 된다.

ISP 포트를 이용하려면 USB 포트와 UART 포트의 OE 단자 모두 '1'로 하면 ISP를 사용할 수 있다.

이렇게 하나의 통신 포트를 이용하여 여러 개의 통신을 이용하기 위해 3상태 버퍼인 74HC125를 사용하여 회로를 설계하였다.

여기서 FT232BM는 RS232 TO USB Driver IC이다. 간단하게 TTL232 레벨로 IC의 입력을 넣어주면 USB로 자동으로 변환하기 때문에 회로 구성이 쉽다.

8.3.2 UART 시리얼 통신 Loopback 실습 프로그램

본 실습 프로그램에서는 보레이트를 9600bps로 설정하고, UART 제어레지스터 UCSR0B/C 값 셋팅을 통해 8비트 전송, 1STOP 비트로 설정한다. 그리고 UART0의 TXD0 라인으로 테스트 프로그램 문자열을 출력하고 직렬 포트 0에 연결된 PC로부터 RXD0 라인으로 시리얼 데이터가 입력될 때까지 기다린다. RXD0 라인으로 데이터가 입력되면 입력 받은 데이터를 바로 TXD0 라인으로 출력하는 Loopback 프로그램으로 작성한다.

io.h 헤더파일은 AVR-GCC에서 지원하는 AVR I/O 레지스터들에 대한 정의를 사용하기 위해 선언한다.(예: PORTE, DDRE, …)

delay.h 헤더파일은 Delay 함수인 _delay_ms() 함수를 사용하기 위해 선언되어 있다.

```
#include <avr/io.h>
#include <util/delay.h>
```

UART0_Init(unsigned int baud) 함수는 설정할 Baudrate 레지스터 값을 전달받아 USART0 동작을 설정하는 함수이다.

① 전달받은 baud 값를 UBRR0H, UBRR0L에 상, 하위 8비트씩 잘라서 저장하여 Baudrate를 설정한다. 여기서 Baudrate 레지스터 값은 [표 8-3]에서 비동기 일반 모드 방식의 계산식인 시스템 클럭 / (16 * baudrate) - 1 수식을 사용했다.
② 송, 수신을 설정하는 것으로 여기서 RXEN은 4로 TXEN은 3으로 정의되어 있어 4번째 비트와 3번째 비트를 1로 하여 송수신을 가능하게 한다. [그림 8-10] UCSRB 레지스터 구조 참조 바란다.
③ 데이터 포맷을 비동기, 8비트, 1 스톱 비트로 설정한다. UCSZ0는 1로 3을 1만큼 좌로 시프트 하면 6이 된다. [그림 8-11] UCSRC 레지스터 구조 참조 바란다.

USART0_Transmit(unsigned char data)은 UART0를 통해서 8비트 데이터를 전송할 때 사용하는 함수이다.

① UCSR0A 레지스터에서 UDRE 비트 즉 Tx 버퍼가 비어 있는 여부를 판단하여 빌 때까지 기다리고 비면 Tx 버퍼에 데이터를 써서 전송한다. 버퍼에 쓴 후 전송하기 전까지는 UDRE 비트가 0으로 되고 전송 후에 1로 되어 비어 있음을 나타낸다.

USART0_Receive()는 UART0에 수신된 데이터를 읽을 때 사용하는 함수이다.

① UCSR0A 레지스터의 RXC 비트가 1이면 Rx 버퍼에 수신된 데이터가 있는 경우여서 이 비트가 1이 될 때까지 기다린다.

② 수신되어 UDR0 에 저장된 데이터를 호출한 함수에 돌려준다.

```
#define SYSCLK  16000000ul
#define BAUD_9600       ((SYSCLK / 16 / 9600) - 1) // Baudrate 레지스터 값
                                                   //= 시스템 클럭 / (16 * baudrate) - 1

void USART0_Init( unsigned int baud )
{
  /* baud rate 설정 */
  UBRR0H = (unsigned char)(baud>>8);
  UBRR0L = (unsigned char)baud;
  /* Enable receiver and transmitter */
  UCSR0B = (1<<RXEN)|(1<<TXEN); // 0x18
  /* Frame format 설정: 비동기, 8data, 1stop bit */
  UCSR0C = 3 << UCSZ0 ; // 0x06
}

void USART0_Transmit( unsigned char data )
{
  /* Tx 버퍼가 비워질 때 까지 대기. */
  while ( !( UCSR0A & (1<<UDRE)) );
  /* 전송할 데이터를 Tx 버퍼에 저장. */
  UDR0 = data;
}

unsigned char USART0_Receive()
{
  /* Rx 버퍼에 데이터가 입력 될 때까지 대기. */
  while ( !(UCSR0A & (1<<RXC)) );
  /* 입력된 데이터를 Rx 버퍼로 부터 읽음. */
  return UDR0;
}
```

main () 에서는

① USART0_Init(BAUD_9600) 함수를 호출하여 비동기, 8비트, 1 스톱비트, 9600 Baudrate로 UART0를 초기화한다.

② 배열 print_str[]dp 저장되어 있는 문자열을 USART0_Transmit(print_str[i++])를 호출하여 송신한다. 문자열은 항상 '₩0' (Null 문자)으로 끝나므로 '₩0'가 나올 때까지 보낸다.

③ USART0_Receive() 함수를 통해서 수신된 문자를 다시 보내온 곳으로 송신한다.

```
int main ()
{
  unsigned int    i = 0;
  char print_str[] = {"₩r₩n******** UART Loopback Test Program! Press any key.
********₩r₩n"};

  /* UART0 초기화 baudrate: 9600, 8bit, 1stop. */
  USART0_Init(BAUD_9600);

  /* UART0에 초기 문자열 출력. */
  while (print_str[i]!='₩0')
        USART0_Transmit(print_str[i++]);

  while (1)
  {
        /* UART0에 입력된 문자를 바로 UART0에 출력. */
        USART0_Transmit(USART0_Receive());
  }
}
```

그럼 이제 프로그램 작성을 완료한 후 프로그램을 빌드하고 장비에 다운로드 한 후 전체 동작을 살펴본다. PC상에서 하이퍼 터미널을 실행시켜 장비와 연결된 PC의 COM 포트를 선택하고 다음과 같이 비트/초 9600, 8비트 1Stop 비트, 흐름제어 없음으로 설정한다.

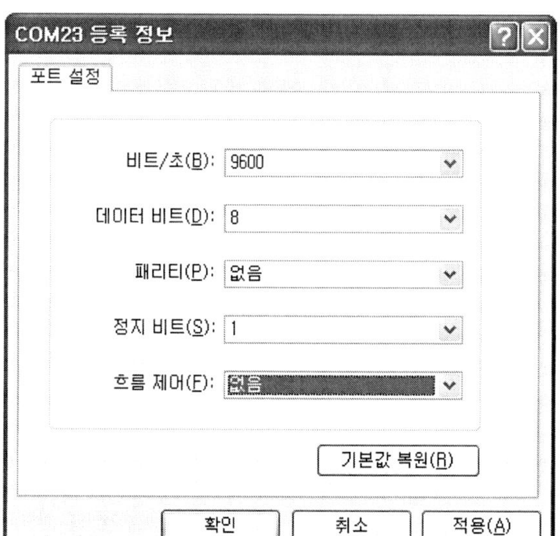

[그림 8-15] PC 시리얼 포트 설정

그리고 장비 전원을 OFF시켰다 ON시키거나 리셋 버튼을 한번 눌렀다가 때면 다음 그림과 같이 테스트 문자열이 출력되는 되고, PC의 키보드를 통해 아무 키나 누르게 되면 다음 그림과 같이 입력된 키가 바로 출력되어 화면에 나타나는 것을 확인할 것이다.

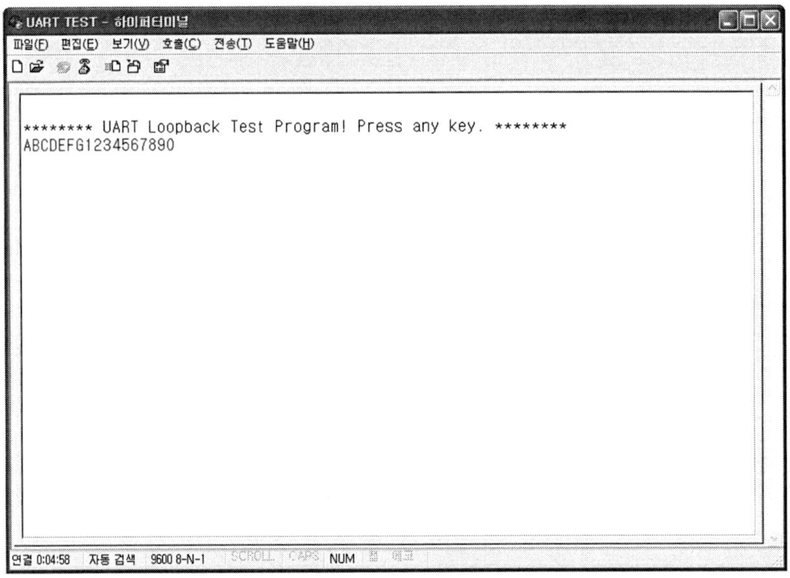

[그림 8-16] 결과확인

9
CHAPTER

스탭 모터 제어

스탭 모터는 스태핑 모터나 펄스 모터라고 부르며, AC/DC Servo 모터에 비해 가격이 저렴하고 정확한 각도 제어에 유리하기 때문에 OA 및 FA 장비에 많이 사용되고 있다. 스탭 모터는 그 구조에 따라 크게 VR(Variable Reluctance) Type, PM(Permanent Magnet) Type 그리고 Hybrid Type의 세 가지로 나뉘며, 고정자라 부르는 구동권선에 따라 2상, 3상, 4상 등으로 구분된다.

아래의 그림은 스탭 모터의 종류별 구조와 고정자 및 회전자의 구성을 보여주고 있다.

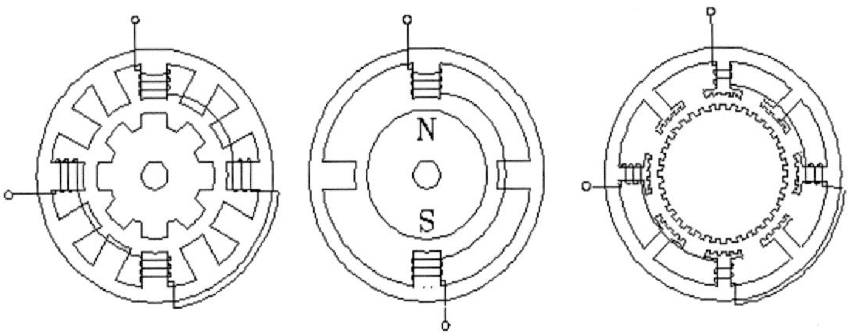

(a) VR Type　(b) PM Type　(c) Hybrid Type

[그림 9-1] Step Motor 구조

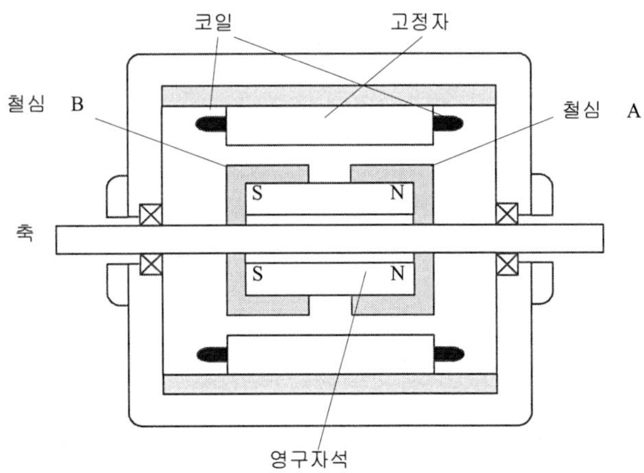

[그림 9-2] Step Motor의 고정자와 회전자 구성

9.1 스탭 모터 구동 방식

스탭 모터는 Digital 펄스를 입력받아 회전 운동을 하는 전동기이다. 스탭 모터는 직류 전압이나 전류 입력을 가하면 주어진 각도만큼 회전한다. 스탭 모터를 적절히 제어하면 그 회전각은 항상 입력 펄스의 수에 비례한다.

각각의 펄스는 회전자를 1 Step만큼씩 회전시키며 회전자는 자기적으로 정확한 위치에 정지한다.

■ 스탭 모터의 장점

- 피드백 없이 오픈 루프만으로 구동할 수 있다.
- 안정도에 문제가 없다.
- 디지털 입력 펄스에 의해 구동되므로 디지털 컴퓨터로 쉽게 제어된다.
- 기계적 구조가 간단하다. 따라서 유지 보수가 거의 필요 없다.
- 브러시가 없으므로 오염으로부터 안전하다.
- 필요시 발열을 쉽게 발산시킬 수 있다.
- 상대적으로 견고하고 튼튼하다.

■ 단점

- 고정된 스탭 각도만큼 이동하므로 분해능에 제약이 따른다.
- 보통의 드라이버로는 효율이 낮다.
- 스탭 응답에 대해 상대적으로 큰 오버슈트와 진동을 나타낸다.
- 관성이 큰 부하를 다루기 어렵다.
- 오픈 루프 제어 시 마찰이 증가할수록 위치 오차가 커진다.
  단 오차가 누적되지는 않는다.
- 출력과 크기에 제약을 받는다.

■ 스탭 모터의 분류

다음은 스탭 모터의 분류에 대해서 알아보자. 스탭 모터는 권선의 상의 개수에 의해 분류한다. 바이폴라(양극성)와 유니폴라(단극성)방식으로 나뉘는데, 바이폴라 방식은 다음과 같다.

양극성 스탭 모터는 2상 브러시 없는 모터로 4개의 단자선이 나와 있다. 양극성 스탭 모터는 2상, 즉 2개의 권선을 가지므로 회전하기 위해서는 하나의 권선에 서로 다른 방향으로 전류가 흐를 수 있어야 한다. 즉 양극성 권선이 2개 필요하다.

유니폴라 방식은 4상 브러시 없는 모터로 5~6개의 단자선이 나와 있다. 단극성 스탭 모터는 4상, 즉 4개의 권선이 있으므로 한 번에 한 권선씩 차례로 전류를 흘려주면 영구자석 회전자가 회전하게 된다.

■ **스탭 모터의 여자 방식**

- 1상 여자 : 한 번에 1개의 상을 여자하는 방식

입력이 1상 뿐이므로 모터의 온도 상승이 낮고, 전원이 낮아도 된다. 출력토크는 크지만 스탭 했을 때에 감쇠 진동이 큰 난조를 일으키기 쉬우므로 광범위한 스탭 레이트로 회전시킬 때는 주의를 요한다.

	스텝 1	스텝 2	스텝 3	스텝 4
A	1	0	0	0
B	0	1	0	0
/A	0	0	1	0
/B	0	0	0	1

[그림 9-3] 1상 여자 방식

- 2상 여자 : 한 번에 2개의 상을 여자하는 방식

항상 2상이 여자되어 있으므로 기동 토크가 주어져 난조가 일어나기 어렵다. 상 전환 시에도 반드시 1상은 여자되어 있으므로 동작 시 제동 효과가 있다. 다만, 모터의 온도 상승이 있고 1상 여자에 비해 2배의 전원 용량을 필요로 한다

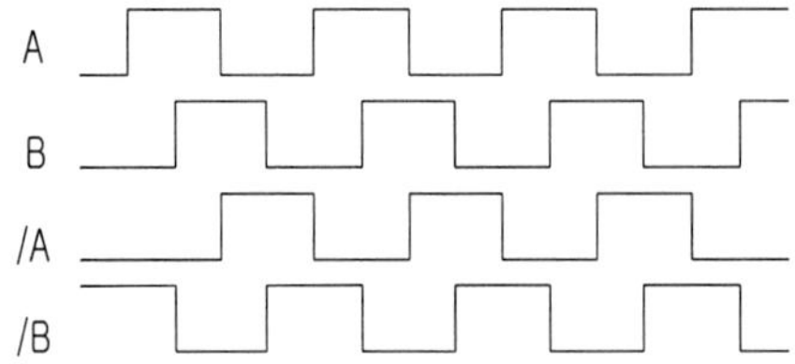

	스텝 1	스텝 2	스텝 3	스텝 4
A	1	0	0	1
B	1	1	0	0
/A	0	1	1	0
/B	0	0	1	1

[그림 9-4] 2상 여자 방식

- 1-2상 여자 : 1상 여자와 2상 여자를 조합하여 여자하는 방식
  1상, 2상 여자의 용량을 특징을 가지며 스탭각이 1상, 2상에 비교해서 1/2이 된다. 응답 스탭 레이트는 1상, 2상 여자의 2배가 된다.

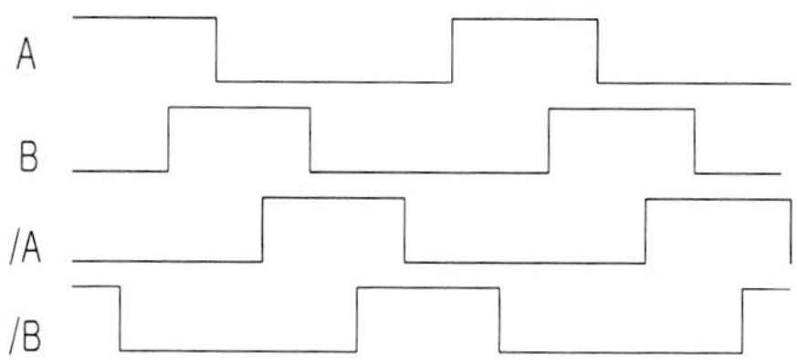

	스텝1	스텝2	스텝3	스텝4	스텝5	스텝6	스텝7	스텝8
A	1	1	0	0	0	0	0	1
B	0	1	1	1	0	0	0	0
/A	0	0	0	1	1	1	0	0
/B	0	0	0	0	0	1	1	1

[그림 9-5] 1-2상 여자 방식

- 스탭 모터의 상 진행 순서
  - 전 스탭 : 스탭 모터의 기본 동작
  - 반 스탭 : 전 스탭 회전각의 1/2로 회전, 2배의 분해능
  - 마이크로 스탭 : 전 스탭 회전각을 수십 조각으로 나눠 회전한다.
    수십 배의 분해능으로 부드럽게 회전한다.

9.2 스탭 모터 구동 실습

■ **실습 목적:**

ATmega128의 GPIO 포트를 사용하여 스탭 모터를 구동하는 방법 스탭 모터의 구동 원리를 이해한다.

9.2.1 스탭 모터 구동 실습 회로

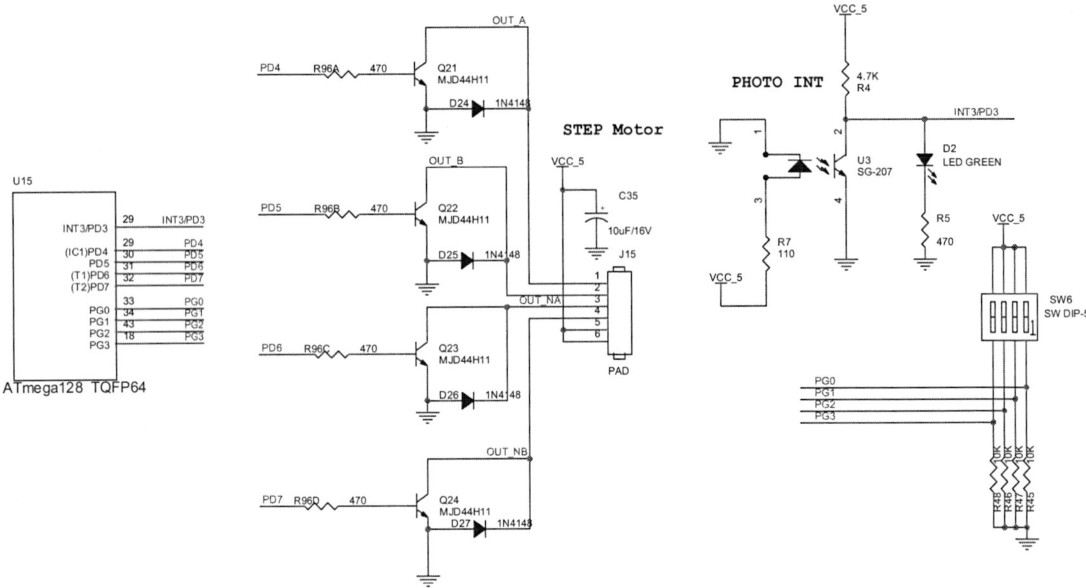

[그림 9-6] 스탭 모터 구동 회로도

ATmega128의 GPIO 포트 PD[4-7]이 트랜지스터 O21~Q24를 통해 스탭 모터에 연결된다. 여기서 트랜지스터 Q21~Q24는 스탭모터에 공급되는 전류 제어를 위해 사용된다. 그리고 트랜지스터와 함께 연결된 다이오드는 스탭모터로부터 발생되는 역기전력을 제거하기 위한 목적으로 사용된다.

한편 PD[4-7] 핀으로 스탭 펄스를 발생하기 위하여 위해 포트 D의 상위 4핀을 출력으로 사용할 수 있도록 포트 Data Direction 레지스터 즉 DDRD의 상위 4 비트의 값을 1로 세팅시켜 출력포트로 설정한다.

PG[0-3] 핀으로 Dip Switch를 통한 요구 회전수 값을 받기 위해 포트 G의 하위 4개 핀을 입력으로 사용할 수 있도록 포트 Data Direction 레지스터 즉 DDRG의 하위 4개 비트의 값 모두를 0으로 세팅시켜 입력포트로 설정하고 포트 G의 하위 4개 비트로 입력되는 값을 알기위해 포트 Input Pins Address 레지스터 즉 PING 레지스터의 하위 4개 비트를 읽어본다.

9.2.2 스탭 모터 구동 실습 프로그램

본 실습 프로그램에서는 Dip Switch의 좌측 첫 번째를 ON 하면 1회전 두 번째는 2회전, 세 번째는 3회전, 4번째는 4회전을 시계 방향으로 먼저 회전시키고, 다시 시계 반대 방향으로 회전수만큼을 회전하는 것을 반복하고 모든 Dip Switch가 OFF면 정지한다. 이후 이 동작을 무한 반복하게 한다.

io.h 헤더파일은 AVR-GCC에서 지원하는 AVR I/O 레지스터들에 대한 정의를 사용하기 위해 선언한다.(예: PORTE, DDRE, …)

interrupt.h 헤더파일은 인터럽트 관련 함수 sei()와 cli() 그리고 인터럽트 핸들러 ISR() 함수를 사용하기 위해 선언되어 있다.

delay.h 헤더파일은 Delay 함수인 _delay_ms() 함수를 사용하기 위해 선언되어 있다.

```
#include <avr/io.h>
#include <avr/interrupt.h>
#include <util/delay.h>
```

본 실습 프로그램은 ATmega128의 GPIO 포트 PD[4-7]을 이용하여 스템모터를 구동하는 스탭 펄스를 출력할 수 있도록 하고 스탭 모터의 회전수를 지정하기 위해 Dip Switch를 사용하였다.

본 실습 프로그램은 크게 2가지 함수로 구성되어 있다.

① 스탭 모터를 구동하기 위해 PD[4-7]을 통해서 전달되는 펄스 폭을 25ms로 유지하기 위해 업 카운터인 타이머 0를 25ms(195*1/(16000000/1024))마다 오버플로우가 발생하도록 카운터 값을 설정하고, 타이터 0 오버플로우 인터럽트 Enable한다. 타이터 0 오버플로우 인터럽트에서는 25ms마다 호출되는 타이머 0 오버블로우 인너텁트 서비스 루틴 ISR(TIMER0_OVF_vect)에서는 타이머 0 카운트 레지스터의 값을 재설정하며, 회전 방향에 따라 매번 8 종류 스탭에 따른 동작을 순차적으로 반복 진행하게 되고 이 동작을 96 스탭이 실행되면 1바퀴를 회전하게 된다.

② 설정된 회전수만큼 회전하면 회전 방향을 바꾼다.

③ 메인 함수에서는 포트초기화, 타이머0 설정 및 시작, 인터럽트 설정 등을 수행하고 DIip Switch를 통해서 회전수를 입력받아 수행할 회전수를 설정하고 Dip Switch 값이 변경되면 이전에 회전 도중에 변경될 수 있으므로 시계방향으로 다시 시작하게 하고 이전에 회전한 횟수는 초기화한다. Dip Switch를 통해 새로운 회전수를 입력받는 루틴을 무한 반복하게 된다.

ISR(TIMER0_OVF_vect) 함수는 타이머 0가 오버플로우 즉 카운트 최대 값을 넘어설 때 발생하는 인터럽트 서비스루틴이다.

① cli() 함수를 호출하여 인터럽트를 비활성 시킨다.

② 업 카운터인 타이머 0를 다음 25ms(195*1/(16000000/1024))에 오버플로우가 발생하도록 카운터 값을 다시 설정한다.

③ 시계방향 혹은 반시계 방향으로 설정된 회전수 만큼 회전시키기 위하여 회전한 수를 저장하는 변수 motor_rotation_count 값이 회전하기를 원하는 값이 저장되어 있는 setup_rotation_count 값보다 작으면 동일 방향으로 계속 회전시키고 원하는 만큼 회전한 경우 회전 방향을 변경하고 회전한 횟수를 초기화하여 반대 방향으로 다시 원하는 만큼 회전할 수 있도록 한다.

④ 1-2상 제어시 1회전을 하기 위해서는 96 스텝을 진행해야 하므로 25ms 단위로 한 스텝씩 진행하고 anlge_pulse_cnt 변수를 증가시킨다.

⑤ 96 스텝이 진행되면 한 바퀴를 회전한 것이므로 회전한 바퀴 수를 저장한 변수 motor_rotation_count를 증가시키고 스텝 단계 저장 변수인 angle_pulse_cnt 변수는 0으로 초기화한다.

⑥ mot_step[]에 저장되어 있는 8개의 값들은 PD[4-7]을 통해서 모터 구동을 위해서 스텝 모터에 전달할 값들이다. 1-2상 형식으로 시계 방향으로 스텝모터를 구동하기 위해서는 스텝모터에 P[4-7]로 스텝 위상값 0x10 ⇒ 0x30 ⇒ 0x20 ⇒ 0x60 ⇒ 0x40 ⇒ 0xC0 ⇒ 0x80 ⇒ 0x90의 8단계로 순서로 보내야 한다. 포트 D의 상위 4비트만 사용하므로 실제로는 상위 4비트 값들만 전달되도록 PD 포트에 상위 4비트를 0으로 초기화하고 하위 4비트는 0으로 한 값으로 비트 OR 연산을 수행하여 상위 4비트 값만 전달되도록 수식을 구성한다. 반시계 방향의 경우는 반대의 순서로 값들이 전달되게 한다. mot_step[] 배열은 8개의 항목으로 이루어져 있으므로 0~95까지 변하는 angle_puse_cnt 값을 % 8 연산자를 이용하여 0~7 인덱스로 변환하여 순차적으로 스텝 위상값이 전달되도록 한다.

⑦ sei() 함수를 호출하여 인터럽트를 활성화한다.

```
/* Step Motor 회전방향 정의 */
#define DIR_CCW1                              // 반시계 방향 회전
#define DIR_CW2                               // 시계 방향 회전
#define ONE_ROUND_STEP 96                     // 1-2상 제어 시 96펄스가 360' 회전임

volatile unsigned char       phase = 0;       // 현재 상 펄스
volatile unsigned char       mot_dir = 0;     // 모터 회전 방향.
volatile unsigned short angle_pulse_cnt = 0;  // 회전 각 펄스 카운트.

/* 8단계 스텝 phase */
```

```
const char        mot_step[8] = {0x10,0x30,0x20,0x60,0x40,0xC0,0x80,0x90};

volatile unsigned char     motor_rotation_count = 0;    // 모터 회전수 카운트.
volatile unsigned char     setup_rotation_count = 0;    // 설정 회전수 저장

ISR(TIMER0_OVF_vect)
{
  cli(); // Global 인터럽트 Disable. SREG 레지스터의 I-비트 클리어.

  TCNT0 = (~195 & 0xFF);         // TIMER0 카운터 값을 설정.

  if(motor_rotation_count < setup_rotation_count) // 설정한 회전수 만큼 회전
  {
        if(angle_pulse_cnt < ONE_ROUND_STEP)        // 96펄스가 360' 회전임
        {
                angle_pulse_cnt++;
        }
        else
        {
                angle_pulse_cnt = 0;
                motor_rotation_count++;
        }

        /* 현재 상 데이터 인덱스 계산 */
        if ((mot_dir == DIR_CW))          // CW - 시계 방향 스탭 카운트.
        {
                phase = angle_pulse_cnt % 8;
        }
        else                                  // CCW - 반 시계 방향 스탭 카운트.
        {
                phase = 7 - (angle_pulse_cnt % 8);
        }

        /* 스탭 펄스를 포트에 출력하고, 스탭 카운터 증가/감소. */
        PORTD &= ~0xF0;
        PORTD |= mot_step[phase];
  }
  else if(motor_rotation_count > 0) // 설정 회전 수 만큼 회전 후 방향 전환
  {
        motor_rotation_count = 0;

        if(mot_dir == DIR_CW)
        {
```

```
                    /* 모터를 반시계 방향으로 바꿈 */
                    mot_dir = DIR_CCW;
            }
            else
            {
                    /* 모터를 시계 방향으로 바꿈 */
                    mot_dir = DIR_CW;
            }

            _delay_ms(300); // 0.3초 후에 회전을 바꿔서 시작 하도록
    }
}
```

main() 함수에서는

① 스텝 모터 스텝 구동 포트인 PD[4-7]을 출력으로 설정하고 출력을 0으로 초기화하며, Dip Switch 연결 포트인 PG[0-3]을 입력으로 설정한다.

② TIMER0을 오버플로우 인터럽트가 25ms 간격으로 발생하도록 설정하며 TIMER0 카운터 클럭을 메인 클럭(16MHz)의 1024 분주한 값으로 설정하여 카운팅을 시작시킨다.

③ while(1)안에서 Dip Switch 값을 읽어서 저장하고 바로 이전 값과 비교하여 변경되었을 경우만 프로그램이 반응하게 한다. 즉 이전 값과 같으면 변경될 때까지 Dip Switch 값을 읽는다.

④ Dip Switch 값이 변경되면 이전에 회전 도중에 변경될 수 있으므로 시계방향으로 다시 시작하게 하고 이전에 회전한 횟수는 초기화한다. Dip Switch를 통해 새로운 회전수를 입력받는 루틴을 무한 반복하게 된다.

⑤ Dip Switch의 모두 OFF시는 정지하고 좌측 첫 번째를 ON 하면 1회전 두 번째는 2회전, 세 번째는 3회전, 4번째는 4회전을 할 수 있도록 회전할 횟수를 변수 setup_rotation_count에 저장하여 ISR(TIMER0_OVF_vect)에서 사용하여 원하는 만큼 회전하게 한다.

```
int main ()
{
  unsigned char dip_switch_state = 0;        // 딥 스위치 상태 저장
  unsigned char dip_switch_old = 0;          // 이전 딥 스위치 상태 저장

  /* GPIO 포트 초기화 */
  PORTD &= ~0xF0; // PORT D의 4~7번 핀 초기화.
  DDRD |= 0xF0; // PORT D의 4~7번 비트를 출력으로 설정
  DDRG &= ~0x0F; // DIP Switch 입력을 읽기 위하여 PG[03] 입력으로 설정

/* TIMER0을 25ms마다 오버플로우 인터럽트가 발생하도록 초기화 */
  TCNT0 = (~195 & 0xFF);        // TIMER0 카운터 값을 설정.
  TIFR  |= (1<<TOV0);         // TIMER0 오버플로우 인터럽트 플래그 클리어.
  TIMSK |= (1<<TOIE0);     // TIMER0 오버플로우 인터럽트 Enable.
  TCCR0 = (7<<CS00); // TIMER0 카운터 클럭을 메인 클럭(16MHz)의
                          // 1024 분주한 값으로 설정.
  sei(); // Global 인터럽트 Enable. SREG 레지스터의 I-비트 셋팅.

  while (1)
  {
      // DIP Switch 상태를 입력받는다.
      dip_switch_state = PING & 0x0F;

      /* Dip Switch가 변경이 안되면 이전 동작 유지 */
      if(dip_switch_state == dip_switch_old) continue;

      dip_switch_old = dip_switch_state; // Dip Switch 변경 정보 저장
      mot_dir = DIR_CW; // 새로 시계 방향부터
      motor_rotation_count = 0; // 새로 회전 횟수 초기화

       switch(dip_switch_state) {
              case 0x01: // 1번 스위치만 ON 시
                     setup_rotation_count = 1; break; // 설정 회전수 설정
              case 0x02: // 2번 스위치만 ON 시
                     setup_rotation_count = 2; break;
              case 0x04: // 3번 스위치만 ON 시
                     setup_rotation_count = 3; break;
              case 0x08: // 4번 스위치만 ON 시
                     setup_rotation_count = 4; break;
              default:   setup_rotation_count = 0;                        }
  }
return 1;
}
```

프로그램을 빌드하고 장비에 다운로드 한 후 전체 동작을 살펴보면, Dip Switch로 입력된 회전수만큼을 시계 방향으로 먼저 회전시키고, 다시 시계 반대 방향으로 회전수만큼을 회전시킨다. 이후 이 동작을 무한 반복한다. 모든 Dip Switch가 OFF면 정지한다.

저자와의
협의에 의해
인지 생략

AVR ATmega128로
시작하는 마이크로프로세서 프로그래밍

2판 1쇄 2024년 3월 4일

저 자 박신성
발행인 송광헌
발행처 복두출판사
주 소 서울특별시 영등포구 경인로82길 3-4
센터플러스 807호
(우) 07371
전 화 02-2164-2580
FAX 02-2164-2584
등 록 1993. 11. 22. 제 10-902 호

정가 : 18,000원
ISBN : 979-11-6675-261-2 93560

한국과학기술출판협회 회원사